AF891708

Kohlhammer

Die Herausgeber

Prof. Dr. Andreas Hamburger ist Professor für Klinische Psychologie an der International Psychoanalytic University, Psychoanalytiker (DPG), Dozent, Lehranalytiker und Supervisor der Akademie für Psychoanalyse und Psychotherapie München/DGPT und forschte in Rahmen eines großen Projektes zur Jugendhilfe.

Ulrich Vogelheim ist Leiter einer großen stationären Jugendhilfeeinrichtung in Schmallenberg-Dorlar und hat jahrzehntelange Praxiserfahrung auf diesem Gebiet. Als Soziologe und nach dem Studium der Psychologie an der IPU, mit Schwerpunkt in der objektbeziehungstheoretischen Psychoanalyse, ist er mit dem Thema bestens vertraut.

Andreas Hamburger &
Ulrich Vogelheim (Hrsg.)

Supervision in der Jugendhilfe

Verlag W. Kohlhammer

1. Auflage 2020

Gesamtherstellung: W. Kohlhammer GmbH, Stuttgart

Print:
ISBN 978-3-17-036600-8

E-Book-Formate:
pdf: ISBN 978-3-17-036601-5

Vorwort der Reihenherausgeber

Supervision wird seit vielen Jahren in therapeutischen, sozialen, pädagogischen, ärztlichen und organisatorischen Handlungsfeldern eingesetzt. Im Verlauf des 20. Jahrhunderts hat sich eine Vielzahl an unterschiedlichen Richtungen ergeben. In der Kohlhammer-Reihe Supervision im Dialog sollen die wichtigsten methodischen Auffassungen berücksichtigt werden: Psychodynamische, systemische, kognitiv-verhaltenstherapeutische und humanistische Ansätze werden einbezogen, wobei es viele Überschneidungen in den supervisorischen Vorgehensweisen gibt.

Auch die Anwendungsfelder von Supervision haben sich seit den ersten Anfängen in der Psychoanalyse und in der Sozialen Arbeit ausdifferenziert. Die Buchreihe Supervision im Dialog widmet solchen Einsatzbereichen und Handlungsfeldern je einen eigenen Band, um ein lebendiges und praxisnahes Bild der spezifischen Aufgaben und Bedingungen zu vermitteln. Therapien und Beratungen für Einzelpersonen, Paare, Familien, Gruppen und Organisation sind die wichtigsten Einsatzbereiche von Supervision. Neben der berufsbegleitenden Anwendung ist Supervision auch einer der wichtigsten Bausteine in vielen Ausbildungen, sei es zum Psychotherapeuten, Facharzt oder in der Sozialen Arbeit. Es gibt auch Gebiete, in denen die Einführung bzw. verstärkte Durchführung regelmäßiger Supervisionen ein Desiderat darstellt, wie etwa in Lehr- und Betreuungseinrichtungen und Krankenhäusern.

Die Besonderheit der Reihe ist der Dialog. Jeder Band wird von mindestens zwei Autoren gestaltet, die unterschiedliche Positionen vertreten und diese nach jedem Hauptkapitel miteinander vergleichen. So lernen Leser nicht nur die wichtigsten Themen, Hintergründe und Kontroversen kennen, sondern erleben dabei auch einen lebendigen Austausch zweier engagierter Fachvertreter. Die Diskussion in Dialogform dient dem Zweck, den zuvor abgehandelten Text aus unterschiedlichen Perspektiven zu beleuchten, die Essenz noch einmal zu benennen, offene Fragen, Probleme und Verbesserungsvorschläge zu diskutieren.

Wir hoffen, durch diese dialogische Präsentation des in Bewegung befindlichen Kompetenzfeldes der Supervision auch die Leser unserer Reihe zum Austausch anzuregen.

Andreas Hamburger
Wolfgang Mertens

Autorenverzeichnis

Bäuchle, Christine, Dipl.-Psych., Psychologische Psychotherapeutin, Psychoanalytikerin (DPG/DGPT), Leitende Psychologische Psychotherapeutin der Abteilung Psychosomatische Medizin und Psychotherapie, Psychoanalyse. Klinik Wittgenstein, Sählingstraße 60, 57319 Bad Berleburg.

Czerwinski, Rainer, Dipl.-Psych., Psychologischer Psychotherapeut (i.A.), Supervisor, Belgradstraße 9, 80796 München.

Hamburger, Andreas, Prof. Dr. phil. Dipl.-Psych., Professor für Klinische Psychologie, International Psychoanalytic University Berlin; Psychoanalytiker (DPG) und Lehranalytiker/Supervisor (DGPT) in eigener Praxis, Nußbaumstraße 10, 80336 München.

Kellnhofer, Heribert, Dipl.-Soz. Päd. (FH), Analytischer Kinder- und Jugendlichenpsychotherapeut, Poststraße 17, 57076 Siegen.

Kriebel, Reinholde, Dr. rer.nat. Dipl.-Psych., Psychologische Psychotherapeutin, Psychoanalytikerin (DPV), Gesprächspsychotherapeutin (GwG), 1989–2011 Psychologische Direktorin der Gelderland-Klinik, Fachklinik für Psychotherapie und Psychosomatik e.V in Geldern am Niederrhein, Halbe Höhe 8, 45147 Essen.

Krupp, Jurian, Dipl.-Psych., Psychologischer Psychotherapeut, wissenschaftlicher Mitarbeiter International Psychoanalytic University Berlin, Stromstraße 1–3b, 10555 Berlin.

Lechat, Katrin, Psychologin M.A., psychologische Psychotherapeutin (i. A.), Berlin.

Pauluth-Cassel, Beate, M.A. Soziologie, M.A. Psychologie, Supervisorin (DGSv) und Organisationsberaterin, Psychologische Psychotherapeutin (i.A.), Staudingerstraße 30, 22607 Hamburg.

Reichard-Dorrer, Elisabeth, Dipl.-Soz. Päd., Bachelor of Musictherapy, Analytische Kinder- und Jugendlichenpsychotherapeutin, Wörthstraße 43, 81667 München.

Schmidt, Stephan, Psychologe M.A., psychodynamischer Organisationsberater und Gruppenanalytiker (i.A.), Lisztstraße 26, 713874 Weinstadt.

Schneider, Susan, Dipl.-Hdl., Psychologin M.A., München Klinik, Klinik für Psychosomatik und Psychotherapie Harlaching, Sanatoriumsplatz 2, 81545 München.

Schragner, Christiane, Psychologin M.A., Driesener Straße 12, 10439 Berlin.

Stietz, Wolfgang, Dipl.-Supervisor, Dipl.-Sozialarbeiter, Holsteiner Straße 15, 34246 Vellmar.

Vogelheim, Ulrich, Dipl.-Soz., Martinswerk e.V. Dorlar, Pfarrer-Birker-Straße 1, 57392 Schmallenberg.

Inhaltsverzeichnis

1 Vorwort

Andreas Hamburger & Ulrich Vogelheim

Der vorliegende Band zur Supervision in der Jugendhilfe fügt sich in die Reihe *Supervision im Dialog*, die dem Austausch zwischen unterschiedlichen Positionen in verschiedenen Anwendungsfeldern von Supervision gewidmet ist. Er präsentiert sogar mehrere Dialoge zugleich. So stehen die beiden Herausgeber zum einen für den Dialog zwischen Forschung und Praxis. Ulrich Vogelheim, Leiter des Martinswerks Dorlar, verfügt über Jahrzehnte an Erfahrung in der Leitung einer großen Jugendhilfeeinrichtung und ein ebenso lange bestehendes Interesse an psychoanalytischer Pädagogik. Andreas Hamburger besitzt eine ähnlich lange klinische Erfahrung – freilich nicht in der Praxis der Jugendhilfe, sondern im Behandlungsraum des Psychoanalytikers. Ihn verbindet mit dem Thema seine wissenschaftliche Auseinandersetzung mit der Supervision und die Leitung eines großen Forschungsprojektes zur psychoanalytischen Supervision in der Jugendhilfe, zu dem im dritten Teil dieses Bandes eine Reihe von Ergebnissen berichtet werden.

Die Orientierung an der Psychoanalyse, die beide Herausgeber prägt, sorgt für den Ansatz zu einem zweiten Dialog, der ebenfalls in diesem Buch erkennbar wird, wenn auch nicht mit der gleichen Ausgewogenheit. Denn Supervision im Feld der Jugendhilfe wird derzeit nur in Ausnahmefällen von Psychoanalytikern durchgeführt; einige Erfahrungsberichte dazu finden sich in Teil II dieses Bandes. Mit großer Mehrheit haben die in der Jugendhilfe tätigen Supervisoren ein Studium der Supervision oder eine von der Deutschen Gesellschaft für Supervision (DGSv) zertifizierte Ausbildung durchlaufen, die nicht an eine Therapieschule gebunden ist. Diese Supervisionsform ist weniger an der psychoanalytischen Fallsupervision orientiert als an der vor allem im Bereich der Sozialen Arbeit entwickelten Teamsupervision, weshalb das systemische Paradigma im Hintergrund oft mitgedacht ist. Vor allem der Beitrag von Wolfgang Stietz (▶ Kap. 5) vertritt diese in der Jugendhilfe eigentlich in der Mehrheit befindliche Supervisionstheorie und -praxis, und wir sind ihm umso dankbarer dafür, dass er in diesem eingestandenermaßen psychoanalyselastigen Band seine Position vertritt. Warum wir uns dafür entschieden haben, hinsichtlich der Frage Fallversus Teamsupervision und psychoanalytische versus allgemeine Supervision die Gewichte so ungleich zu verteilen, liegt – neben den eingestandenen Interessen der Herausgeber – auch daran, dass die Teamsupervision in der Sozialen Arbeit einschließlich der Jugendhilfe ein gut untersuchtes Feld ist, während die Fallsupervision im Team eher an den Rand, auch der verfügbaren Publikationen, geraten ist. Der Band soll dieses Verfahren erneut zur Diskussion stellen und seine Anschlussfähigkeit an den Mainstream der Supervisionsdiskussion aufzeigen.

Dieser Anschluss liegt vor allem darin, dass die Psychoanalyse schon seit der Mitte des letzten Jahrhunderts eine deutliche Entwicklung in Richtung einer Beziehungstheorie genommen und wesentliche Aspekte auch des systemischen Ansatzes mit aufgenommen hat. Übertragung und Gegenübertragung werden inzwischen nicht nur als individuelle Phänomene verstanden, sondern als Pole eines interpersonalen Feldes oder einer »Szene«. Diese interaktionelle Auffassung von Psychoanalyse erlaubt es, ihre Anwendung im Feld der Sozialen Arbeit neu zu bestimmen. Damit sind Fall- und Teamsupervision nicht mehr so weit voneinander entfernt – denn die Gruppendynamik im Team kann oft als Spiegelung der vom Klienten mitgebrachten und in der Einrichtung neu belebten Szene verstanden werden. Umgekehrt erlaubt es die neue soziale Sensibilität der Psychoanalyse, viel mehr als in ihren Anfangszeiten, zu berücksichtigen, wie sehr Menschen auf die präsente Umgebung reagieren. Es werden also auch in psychoanalytischen Supervisionen Team- und Institutionsdynamik nicht mehr ausklammert. Die Psychoanalyse hat inzwischen alle Voraussetzungen erfüllt, dorthin zurückzukehren, wo sie einmal sehr stark war und von wo aus entscheidende innovative Impulse in die Psychoanalyse eingegangen sind: in der frühen psychoanalytischen Pädagogik (▶ Kap. 2). Genannt seien nur Autoren wie Anna Freud, August Aichhorn, Siegfried Bernfeld, Melanie Klein und Donald Woods Winnicott.

Beide Herausgeber gehen in ihren Ausführungen zur Supervision in der Jugendhilfe (▶ Kap. 2 und ▶ Kap. 3) ausführlich auf die gesellschaftlichen Bedingungen der Arbeit in der Kinder- und Jugendhilfe ein. Sie mit zu reflektieren, ist Aufgabe der Supervision.

Der Anstoß für diese gemeinsame Publikation war das oben erwähnte Forschungsprojekt zur psychoanalytischen Supervision in der Jugendhilfe, das in den Jahren 2012–2014 gemeinsam mit Svenja Taubner (Heidelberg) und Wolfgang Mertens (München) am Martinswerk Dorlar und in Einrichtungen des Jugendhilfeverbundes München durchgeführt wurde. Wir danken allen Mitarbeiterinnen und Mitarbeitern der beteiligten Einrichtungen sowie den Supervisorinnen und Supervisoren, die sich daran beteiligt haben, namentlich Bärbel Ahrberg, Christine Bäuchle, Christiane Bakhit, Gerhard Bliersbach, Angela Dornacher, Gabriele Heinemann, Günther Klug, Reinholde Kriebel, Hermann Rath, Eva Randebrock, Wolfgang Stietz und Bruno Waldvogel.

Um die Lesbarkeit der Beiträge zu verbessern und mit Rücksicht auf die Einheitlichkeit des Verlagsprogramms haben wir uns in Absprache mit dem Verlag entschieden, das generische Maskulinum zu verwenden bzw. die von den Autoren unterschiedlich gehandhabten Sprachregelungen diesbezüglich zu vereinheitlichen.

Die Namen aller in den Fallbeispielen und Untersuchungen genannten Personen wurden geändert.

Teil I – Jugendhilfe und Supervision

Einleitung zu Teil I

Ulrich Vogelheim & Andreas Hamburger

Der erste Teil des Bandes bietet zunächst einen Aufriss der Fragestellung aus der Sicht der beiden Herausgeber. Beide Beiträge bringen die Überzeugung zum Ausdruck, dass das Feld der Kinder- und Jugendhilfe unauflöslich mit gesellschaftlichen Bedingungen verwoben ist, die in der Supervision mit reflektiert werden müssen.

Ulrich Vogelheim skizziert vor allem die Rolle der Jugendhilfe im gesellschaftlichen Wandel – mit Fokus darauf, wie sehr sie in der Geschichte als gesellschaftliches Disziplinierungsinstrument eingesetzt wurde. Er geht dann auf die Rolle der psychoanalytischen Pädagogik ein, die seit einem Jahrhundert um Aufklärung und Anerkennung bemüht ist und so als kritische Gegenströmung verstanden werden kann.

Andreas Hamburger greift diesen Faden auf und verdeutlicht die gegenwärtige Rolle der Kinder- und Jugendhilfe in der postmodernen Konsum- und Dienstleistungsgesellschaft. Er präsentiert die Grundgedanken der psychoanalytischen Supervision, die nach seiner Auffassung über ein Verstehen individueller Psychodynamiken hinausgeht. Entsprechend der Entwicklung der Psychoanalyse von der Ein-Personen-Psychologie zur Beziehungswissenschaft muss auch die psychoanalytische Supervision, zumal in Anwendungsfeldern wie der Kinder- und Jugendhilfe, die Team- und Institutionsdynamik sowie den gesellschaftlichen Kontext mit reflektieren.

Der dritte Beitrag in diesem Teil beschreibt ein hoch aktuelles Feld der Kinder- und Jugendhilfe, an dem sich die geschilderten Verwerfungen deutlich zeigen. Durch den seit 2015 stark gestiegenen Zustrom von Geflüchteten nach Deutschland stand die Kinder- und Jugendhilfe fast unvermittelt vor der Aufgabe, unbegleitete minderjährige Flüchtlinge (UMF) entsprechend den gesetzlichen Vorgaben zu betreuen. Rainer Czerwinski (Psychologe und Psychoanalytiker in Ausbildung) ist seit Jahren als Supervisor in Einrichtungen tätig, die mit UMF arbeiten.

2 Zur strukturellen Funktion der Supervision in der professionellen Erziehung

Ulrich Vogelheim

2.1 Vorbemerkung

Der vorliegende Beitrag soll darauf aufmerksam machen, dass Supervision in der Jugendhilfe sich immer auch damit zu beschäftigen hat, wie sich Jugendhilfe in der Bundesrepublik soziokulturell institutionalisierte und welche unbewussten Residuen in der Folge immer noch in ihr wirksam sind. Über die Entwicklung der individuellen pädagogisch-therapeutischen Qualität hinaus hat die Supervision die Funktion, strukturelle Mängel aufzudecken und Momente des kollektiven und institutionellen Unbewussten gewahr werden zu lassen. Um hierfür ein näheres Verständnis zu erhalten, bedarf es des Blickes zurück auf die Urgründe und Entwicklung des bundesdeutschen Heim- und Jugendhilfewesens. Überdies erfordert es die Auseinandersetzung mit dem zivilisationsgeschichtlichen Prozess, der Erziehung als Beruf hat entstehen lassen und schlussendlich muss die Frage gestellt werden: Wer oder was treibt Menschen dazu, andere Menschen erziehen zu wollen, was verführt uns dazu, zu glauben, für diesen Beruf geeignet oder gar berufen zu sein? Bestreben dieses Entwurfs ist es, einen Beitrag zum Verständnis dieses Prozesses zu leisten. Orientierung dabei soll sein, was Horkheimer und Adorno in der Dialektik der Aufklärung postulierten: »Nicht das Gute sondern das Schlechte ist Gegenstand der Theorie. Sie setzt die Reproduktion des Lebens in den je bestimmten Formen schon voraus. Ihr Element ist die Freiheit, ihr Thema die Unterdrückung« (Horkheimer & Adorno, 1977, S. 195).

2.2 Soziokulturelle Entwicklungslinien der professionellen Erziehung in Deutschland

Nach der Katastrophe des ersten Weltkrieges stieg die Zahl der Sozial- und Kriegswaisen beträchtlich an. Die bestehenden Waisenhäuser waren nicht mehr in der Lage, die Flut der bedürftigen Kinder und Jugendlichen aufzunehmen; Mittel für den Bau moderner Heimeinrichtungen waren nicht vorhanden. In diesem Zusammenhang erinnerte man sich der an Arbeitskräften notleidenden ostdeutschen Landwirtschaft und es wurden die sprichwörtlichen zwei Fliegen mit einer Klappe erschlagen. Man verband die *heilende Wirkung des Landlebens* mit der Bekämpfung der Landflucht aus den ostdeutschen Provinzen. Kinderarme Aussiedlerfamilien und Altlandwirte waren gern bereit, Kinder und Jugendliche zu arbeitstüchtigen Landbewohnern zu erziehen. Dass dies einer staatlich verordneten Verschleppung gleichkam und zu staatlich sanktionierter Kinderarbeit und Ausbeutung führte, bedrückte in den Zeiten der Not, außer den Kindern und Jugendlichen, niemanden. Übergroße Gruppen und militärische Disziplin führten zu einer Massenabfertigung, die bestenfalls Grundversorgungscharakter hatte. Besonderen Widerstand provozierten bei den Zöglingen die Fürsorgeheime, die als Nachfolgeeinrichtung der kaiserlichen Zwangserziehungsheime wie Pilze aus dem Boden schossen, um entwurzelte und verwahrloste Kinder und Jugendliche, Strandgut des Ersten Weltkrieges, wieder in die Nachkriegsgesellschaft *einzugliedern*. Zwangseinweisungen und gewaltbesetzte Disziplin erzeugten mangelnde Kooperationsbereitschaft der Zöglinge, die wiederum mit noch härteren Sanktionen und drastischerem Freiheitentzug beantwortet wurden. Was sich bereits vor dem ersten Weltkrieg als Widerstand der bürgerlichen Jugend gegen den Wachstumsfetisch als *Jugendbewegung* etablierte, wurde nun zum Ausgangspunkt und zur Grundlage der *Pädagogischen Reformbewegung*. Hermann Nohl, der Göttinger Pädagoge, sah »das unbedingte Vertrauen des Zöglings dem Erzieher gegenüber« als »Voraussetzung jeder fruchtbaren pädagogischen Arbeit« (zit. nach Heitkamp, 1984, S. 35). Die sozialpädagogische Bewegung, die aus solchen Ansätzen entstand, konnte ansehnliche Erfolge nachweisen. Neben diesen Erfolgen gab es Bemühungen, Konzepte auf der Basis der psychoanalytischen Pädagogik zu entwickeln. So die Einrichtungen *Ober-Hollabrunn* und *St. Andrä an der Traisen*, in denen der Pädagoge und Psychoanalytiker August Aichhorn den Nachweis führte, dass Bindung weitaus tragfähiger ist und nachhaltiger wirken kann als Zwangserziehung. Gleichermaßen ist der Psychoanalytiker Siegfried Bernfeld zu nennen, der, aus der Reformpädagogik stammend, im *Kinderheim Baumgarten* mit mehr als 300 *verwahrlosten* Kindern und Jugendlichen ebenfalls beeindruckende Erfolge verbuchen durfte. Die Landerziehungsheimbewegung, mit Namen wie Herman Lietz, Gustav Wyneken sowie Paul Geheeb verbunden, und die Waldorfschulen des Anthroposophen Rudolf Steiner suchten nach weiteren alternativen Formen zur Ablösung der traditionellen Anstaltserziehung. Daneben allerdings wurde weiter in den Fürsorgeanstalten gewütet. Gerichte mussten sich mit grauenhaften Misshandlungen an Kindern und Jugendlichen auseinandersetzen, wobei die Täter-Pädagogen mit unvorstellbar geringen Strafzumessungen davonkamen. Die Reformbewegung, die gute Chancen gehabt hätte, der institutionalisierten Gewalt gegen Kinder und Jugendliche ein Ende zu bereiten, kam mit der Machtübernahme des Faschismus in Deutschland zum Erliegen.

Der Nationalsozialismus brach mit der pädagogischen Reformbewegung, den psychoanalytisch orientierten Ansätzen in der Pädagogik, der Landheimerziehungsbewegung und den Waldorfschulen. Die meisten Heimeinrichtungen, die sich bis dahin in kirchlicher oder freier Trägerschaft befanden, wurden nun gleichgeschaltet. Wenngleich die *deutsche* Familie idealisiert wurde, gab es massive Eingriffe ins elterliche Erziehungsrecht. Kam es nach offizieller Lesart zum Versagen der Eltern, schritten die Fürsorgerinnen der Nationalsozialistischen Volkswohlfahrt (NSV) zur Tat. Entwickelten die Eltern dagegen Widerstände, wurden die Kinder diesen *verderblichen Einflüssen* entzogen und landeten in einem der Fürsorgeerziehungsheime der NS-Jugendheimstatt, deren Leitung Führern der Hitlerjugend übertragen wurde. Diejenigen, die den Kriterien der NSV nicht entsprachen, die sogenannten *Erbkranken* und *extrem* Verwahrlosten, wurden in Bewahrhäusern untergebracht, wo sie unter einfachsten Bedingungen lebten und von *geeigneten* Personen, ohne jegliche Ausbildung, *gehalten* wurden, um in der Industrie oder der Landwirtschaft Zwangsarbeit zu leisten. Kinder und Jugendliche, die nach nationalsozialistischer Diktion keine *beschränkte Lebenstüchtigkeit* erreichten (Rieforth, 1935, S. 64), fielen dem Euthanasieprogramm zum Opfer.

Die Heimpädagogik der Nachkriegszeit darf als Fortsetzung der nationalsozialistisch geprägten Erziehung mit demokratisch gefärbten Mitteln bewertet werden. Die Zöglinge der bundesdeutschen Heimeinrichtungen waren nach wie vor entrechtet und an einem Bildungsniveau orientiert, das sie zu einem gesellschaftlichen Aufstieg in keiner Weise befähigen konnte.

Die Zöglinge der Heimerziehung waren Bedingungen ausgeliefert, wie sie sich eins zu eins im Machtbegriff von Norbert Elias wiederfinden. Auch, wenn er sich nicht exklusiv für die Jugendhilfe anwenden lässt, spiegelt er doch sehr genau die Ambivalenz wider, denen die Heimzöglinge zwischen Gewalt und Zuneigung ausgesetzt waren: »Insofern als wir mehr auf andere angewiesen sind als sie auf uns, haben sie Macht über uns, ob wir nun durch nackte Gewalt von ihnen abhängig geworden sind oder durch die Liebe oder durch unser Bedürfnis, geliebt zu werden.« (Elias, 2014 S. 107)

Die rigide Pädagogik der Nachkriegsjahre schaffte kaum den Boden für die Entwicklung selbstbestimmter Charaktere. Die Erziehungspersonen verfügten in den seltensten Fällen über pädagogische Qualifikationen. Mitleid und Mitgefühl waren nicht die tragenden Säulen dieser Pädagogik. In der Selbstwahrnehmung opferte man sich für die Verwahrlosten auf. Im Vordergrund stand eine Disziplin, die die Kinder und Jugendlichen zu nützlichen Gliedern der Gesellschaft machen sollte. Prügel und sexueller Missbrauch waren paradigmatisch für den Grad des Ausgeliefertseins der Zöglinge. Zur Züchtigung mittels eines Gartenschlauches heißt es in einer Rechtsexpertise, von einer gefährlichen Körperverletzung könne nur die Rede sein, wenn dieser gegen empfindliche Körperteile eingesetzt werde (Runder Tisch Heimerziehung in den 50er und 60er Jahren, 2010, S. 15).

Im Adenauerstaat waren die Heimzöglinge rechtlos und ihre Erziehungspersonen einer Ethik des Mitleids nicht verpflichtet. Max Horkheimer hat die Folter einmal als die in Regie genommene, beschleunigte Anpassung des Menschen an die Kollektive bezeichnet. Diese Erkenntnis fand ihren manifesten Ausdruck im postnationalsozialistischen Heimerziehungswesen der frühen, noch nicht demokratisch durchdrungenen Republik. Zur Palette der *Sanktionen* gehörten neben Prügel Arreststrafen, Essensentzug und Zwangsessen, Kontaktsperren, Briefzensur und religiöser Zwang sowie demütigende Torturen und Kollektivstrafen.

Als ehemalige Heimkinder in den späten Achtziger-, den Neunziger- und Zweitausenderjahren auf ihr frühes Leid aufmerksam machten, war mitunter die Rede von *systematischer* Folter und Unterdrückung. In der Wahrnehmung der Betroffen mag das so gewesen sein, genaugenommen aber war es noch schlimmer, weil es gar keine Möglichkeit gab, sich auf irgendeine Form von System und Struktur einzustellen. Es war gerade die Strukturlosigkeit, die es den Zöglingen unmöglich machte, gegen etwaige unhaltbare Rahmenbedingungen und Rechtsvorschriften aufzubegehren. Die Heimerziehung der Fünfzigerjahre war von Zufall und Willkür, von Ausgeliefertsein geprägt.

In den sechziger Jahren wich der Stock zunehmend der *chemischen Keule*. Kinder, die auffällig waren und antisoziale Tendenzen zeigten, wurden nun sediert. Wenn der Begriff der repressiven Toleranz (vgl. Marcuse, 1965) in der bundesrepublikanischen Entwicklung einen manifesten Ausdruck gefunden hat, dann in der Art und Weise, wie die Anpassung sogenannter *renitenter* Kinder, Jugendlicher und junger Erwachsener in den Sechzigerjahren bewerkstelligt wurde. Im Abschlussbericht des Runden Tisches Heimerziehung aus dem Jahre 2010 heißt es zur Vergabe von Psychopharmaka: »Bei den Diagnosen [wurde] oft nicht gefragt, ob die psychische Gesundheit des jungen Menschen beeinträchtigt sei, sondern er wurde nur als Störer gesehen. Ziel der Behandlung, etwa durch Medikamentenvergabe, war daher allzu häufig nicht, den Kindern und Jugendlichen ein Genesen und gesundes Aufwachsen zu ermöglichen, sondern sie ruhigzustellen« (Abschlussbericht des Runden Tisches, 2010, S. 20). Ende der Sechzigerjahre, als Studenten und Arbeiterjugendliche auf die Verkrustungen der Adenauer-Restauration aufmerksam machten, fiel der Blick auch auf Fürsorgeheime, in denen der *autoritäre Charakter* so etwas wie eine ökologische Nische gefunden hatte. Was dort als totale Institution überlebt hatte, wurde zum Paradigma gesellschaftlicher Strukturen, die es zu bekämpfen und aufzulösen galt. Neben den Frankfurter Aktivitäten von Andreas Baader, Gudrun Ensslin und Thorwald Proll (vgl. Aust, 1998, S. 85 ff.), sind das Filmprojekt Ulrike Meinhofs über das Westberliner Fürsorgeheim *Eichenhof* von 1970 (vgl. Meinhof, 1976) und die Besetzung des hessischen Landfürsorgeheims Staffelberg, bei der 250 Studenten und Jungarbeiter eine Diskussion mit der Heimleitung und einem Vertreter des Landeswohlfahrtsverbandes erzwangen, zu nennen. Noch in der Nacht darauf entwichen 30 Heimzöglinge, denen weitere folgten. Nachdem auf dieser Basis zunächst illegale Wohnkollektive gegründet wurden, sah sich die Landesjugendbehörde Hessens gezwungen, aus diesen wilden Wohnprojekten der Staffelbergflüchtlinge Kleingruppenkonzepte zu entwickeln. Dass diese schließlich scheiterten, war einmal der Tatsache geschuldet, dass die Konzepte auf finanziell tönernen Füßen standen, der Solidarität der Studenten die Luft ausging und die ehemaligen Staffelberger sich reihenweise kriminalisierten. Was von dieser *Blüte* blieb, war, dass bundesweit in neue Heimeinrichtungen investiert wurde und die Standards für die Ausbildung von Erziehern durch die Kultusministerkonferenz von 1967 systematisiert und gehoben worden waren. Der nun folgende Entwicklungsstillstand hielt bis zum Beginn der achtziger Jahre, als die ersten Kleinsteinrichtungen gegen den Strom schwammen und sich durch Supervision professionalisierten. 1990/91 erst wurde aus der Heimerziehung die Jugendhilfe. Das Kinder- und Jugendhilfegesetz (KJHG/SGB VIII) löste das Jugendwohlfahrtgesetz ab, das in seinem Kern noch dem Reichsgesetz für Jugendwohlfahrt (RJWG) von 1924 entsprochen und überdies Restbestände nationalsozialistischen Gedankenguts in sich getragen hatte. Die Eltern- und Kinderrechte wurden nun gestärkt. Es entwickelten sich Grundlagen, auf denen eine wirkliche Kooperation von Eltern und Jugendhilfeeinrichtungen, im Sinne der anvertrauten Kinder, Jugendlichen und jungen Volljährigen, entstehen konnte.

Erste Ansätze der Veränderung von Strukturen wurden sichtbar und verkrustete pädagogisch-therapeutische Grundhaltungen gerieten ins Wanken. Als etwa zur gleichen Zeit ehemalige Zöglinge begannen, auf erlittenes Unrecht aufmerksam zu machen, wurde die Wirkmacht überkommener Strukturen und alter Ressentiments gegen die nun aufbegehrenden früheren Heimkinder deutlich. Statt das erlittene Leid jener anzuerkennen, wurde abgewehrt und die Geschädigten in alter Manier diskreditiert.

Als Theodor W. Adorno (1969) die Forderung, »dass Ausschwitz nicht noch einmal sei«, als »die allererste an Erziehung« bezeichnete (Adorno, 1970, S. 85) – immerhin fast ein Vierteljahrhundert nach dem zweiten Weltkrieg –, muss er sich bewusst gewesen sein, wie stark die restaurativen Kräfte im bundesrepublikanischen Deutschland noch nachhaltig wirksam waren. Mit Verweis auf Freud (1921, 1930) hebt Adorno hervor, »dass die Zivilisation ihrerseits das Antizivilisatorische hervorbringt und es zunehmend verstärkt« (Adorno, 1970, S. 85). Weil es aber so schwierig sei, die objektiven, gesellschaftlichen und politischen Voraussetzungen zu verändern, seien alle Bemühungen, der Wiederholung des Barbarischen entgegenzuarbeiten, notwendig auf die subjektive Seite abgedrängt. Ja, er legt nahe, die manipulativen Charaktere des NS-Regimes einer Psychoanalyse zu unterziehen, um dadurch Erkenntnisse zu gewinnen, wie ein neues Ausschwitz zu verhindern sei (Adorno, 1970, S. 96)

Von Theodor Adorno kann gelernt werden, dass Arbeit im Sozialen den Blick über das Subjekt auf das Gesellschaftliche zu richten hat. Demzufolge darf Supervision nicht in der Betrachtung Einzelner oder gruppendynamischer Prozesse verharren. Sie muss immer auch den Blick richten und halten auf die Erziehung in ihrer institutionalisierten Form, als Organisation also, in der wir agieren und die uns agitiert. Wir müssen verstehen, wie wir uns lenken und was uns unbewusst lenkt und leitet. »Liebe allein genügt nicht« bemerkt Bettelheim (Bettelheim, 1997) und Adorno ergänzt: »Die Aufforderung den Kindern mehr Wärme zu geben, dreht die Wärme künstlich an und negiert sie dadurch. Überdies lässt sich in beruflich vermittelten Verhältnissen wie dem von Lehrer und Schüler, Arzt und Patient, von Anwalt und Klient, [man darf ergänzen Pädagoge oder Therapeut und Kind, d. Verf.)] Liebe nicht fordern. Sie ist ein Unmittelbares und widerspricht wesentlich vermittelten Beziehungen« (Adorno, 1970, S. 99). Keine Frage, pädagogische und therapeutische Arbeit wird in der Abwesenheit von Bindung und Empathie nicht gedeihen, aber sie müssen auch getragen sein vom Verstehen unserer selbst und den Strukturen, die wir bewusst und vor allem unbewusst produzieren und reproduzieren. Wenngleich Adorno die Bewusstmachung subjektiver Mechanismen nicht zum Fetisch und Allheilmittel erhebt, postuliert er dennoch: »Wenn rationale Aufklärung auch – wie die Psychologie genau weiß – nicht geradewegs die unbewussten Mechanismen auflöst, so kräftigt sie wenigstens im Vorbewusstsein gewisse Gegeninstanzen und hilft ein Klima bereiten, das dem Äußersten ungünstig ist« (Adorno, 1970, S. 99). Welche Möglichkeiten bestehen, dem Äußersten zu entgehen, ist abschließend zu erläutern. Zuvor erscheint es vonnöten, noch einen Blick auf die Pädagogik, auf das Erziehen und die Voraussetzungen seiner Institutionalisierung zu werfen.

2.3 Der zivilisationsgeschichtliche Entwicklungsverlauf der Erziehung zum Beruf

Folgen wir Norbert Elias (1997) und Philippe Ariés (2014), stellen wir fest, dass der Prozess der Zivilisation, die Entstehung des Begriffes der Kindheit sowie die Institutionalisierung dessen, was wir heute Pädagogik nennen, eng miteinander verwoben sind. Elias stellt fest, dass das psychische Erwachsenwerden aus dem Zivilisationsprozess heraus zu erklären sei, das Erwachsenwerden gewissermaßen eine verkürzte Fassung des Zivilisationsprozesses darstelle und die Genese der Gesellschaft sich so in der Psychogenese eines jeden Einzelnen, Erwachsenem wie auch Kind, widerspiegele.

Elias kann nachweisen, dass es größere Schübe in der zivilisatorischen Entwicklung immer dann gegeben hat, wenn gesellschaftlich Aufstrebende in der Auseinandersetzung mit gesellschaftlich Mächtigeren standen. Die Entdeckung der Kindheit und damit der Erziehung sind untrennbar verbunden mit dem Konkurrenzkampf, den Bürgertum und Adel im 18. Jahrhundert auszufechten hatten. Der Bürger musste sich der Person von *Stand*, nachdem sein wirtschaftliches Potential offenbar geworden war, auch als der moralisch Überlegene präsentieren: »Das Bürgertum erwies sich dem Adel insofern überlegen, als es die pädagogische Operationalisierung des zivilisatorischen Zwanges zum Prinzip der Entwicklung machte oder besser: machen wollte« (Rutschky, 2001, S. XXXV). Das Bürgertum war gezwungen, sich mehr zivilisatorischen Zwang, mehr Gewalt anzutun, mehr Triebunterdrückung und Affektkontrolle zu leisten, um seine Überlegenheit dem Adel gegenüber wenigstens moralisch zu repräsentieren. Hieraus entstand, wie Ariés es ausdrückt, das erzieherische Interesse (vgl. Ariés, 2014). Die mittelalterliche Kultur und Gesellschaft kannte solch ein Interesse nicht. Nach kurzen Eingewöhnungszeiten, gegebenenfalls Initiationsriten, erhielt das Kind seinen Platz an der Seite der Erwachsenen. Die mittelalterliche Gesellschaft hatte noch keinen Begriff von einer Übergangszeit zwischen Geburt und Erwachsenenwelt. Kindheit als Begriff ist unverbrüchlich verbunden mit der Erstarkung des Bürgertums und seinem Verständnis von Moralität. Die Familie wird moralische Anstalt: »Zwischen der physischen Erzeugung und der rechtlichen Institution bestand eine Kluft, die fortan die Erziehung ausfüllen wird« (Ariés, 2014, S. 561). Institutionalisierte Erziehung und Schule sind Resultate dieses Prozesses.

Erziehung ist schlussendlich, dort wo sie zur institutionalisierten Pädagogik wird, Ausdruck der gewaltsamen Affektregulierung und Triebunterdrückung, der sich das Bürgertum zu unterwerfen hat (Rutschky, 2001, S. XXXV). Die Herauslösung des Kindes aus der Welt der Erwachsenen geht einher mit einer zunehmenden, strengen Disziplinierung, die im 18. und 19. Jahrhundert, so Ariés, in die totale Abgeschlossenheit des Internats mündet: »Die Besorgnis der Familie, der Kirche, der Moralisten und der Verwaltungsbeamten hat dem Kind die Zuchtrute, das Gefängnis, all die Strafen beschert, die den Verurteilten der niedrigsten Stände vorbehalten waren« (Ariés, 2014, S. 562). Einher mit diesem Prozess entwickeln sich die Klassenschranken in der institutionalisierten Erziehung. Es verwundert nicht, dass sich die Religionen zunehmend an die Spitze der Moralisierung der Gesellschaft stellen. Zu diesem Zweck gründen sich ganze Orden, wie beispielsweise die Jesuiten und die Oratorianer. Erziehung wird zum Opfer; man opfert sich den Verderbten, den Verwahrlosten und moralisch Unentwickelten. Dieser Antrieb bleibt der institutionalisierten Erziehung immanent. Aus der Opferbereitschaft heraus legitimierte sich immer auch eine latente, institutionalisierte Gewalt: »Die Erzieher erkennen der Uniform und der militärischen Disziplin nunmehr einen moralischen Wert zu« (Ariés, 2014, S. 383). An die Stelle von Vielfalt tritt Uniformität: »Der Familiensinn, das Klassenbewusstsein, anderswo vielleicht auch das Rassenbewusstsein, scheinen verschiedene Äußerungsformen derselben Intoleranz gegenüber der Vielfalt und desselben Strebens nach Uniformität zu sein« (Ariés, 2014, S. 564). Verantwortung ist damit nicht mehr Sache des Einzelnen, er enthebt sich ihrer und tritt sie an die Herrschenden ab: »Was der Einzelne jeweils tun soll, braucht er sich nicht mehr in einer schmerzhaften inneren Dialektik von Gewissen, Selbsterhaltung und Trieben abzuringen« (Horkheimer & Adorno, 1977, S. 182).

2.4 Der Erzieher zwischen Beruf und Berufung – psychoanalytische Aspekte der Berufswahl

Nachdem zunächst ein Blick auf die Erziehung in ihrer zeitgeschichtlichen Abhängigkeit geworfen wurde und anschließend die Soziogenese der Erziehung im Kontext des Zivilisationsprozesses eingeordnet werden konnte, stellt sich die Frage, wie es um die bestellt ist, die Pädagogik als Beruf betreiben und was deren Beweggründe sind. Mit dieser Frage beschäftigen sich zwei frühe Werke der psychoanalytischen Pädagogik. Da ist zum einen Siegfried Bernfelds *Sisyphos* (Bernfeld, 1928 [1926]) aus dem Jahr 1926 und zum anderen ein Aufsatz den Wilhelm Reich im gleichen Jahr (Reich, 1926) beigesteuert hat. Obgleich sich Wilhelm Reich, worauf schon der Titel des Aufsatzes *Eltern als Erzieher* hinweist, in erster Linie damit beschäftigt, welchen Irrungen und Wirrungen Eltern bei der Kindererziehung ausgesetzt sind, gibt er auch einige wertvolle Hinweise darauf, was die eigentlichen Veranlassungen und Triebfedern sind, Erziehung als Beruf zu betreiben.

Bernfeld spricht dem Erzieher nicht etwa ab, dass er den Beruf des Pädagogen aus Liebe wähle. Wohl sei es Liebe, die den Erzieher zu seiner Berufswahl dränge, aber eben eine verdrängte, eine zielabgelenkte, sublimierte Liebe. Der Wunsch nach Liebe in einer Beziehung werde auf die Kinder gelenkt, die diesen Wunsch nicht erfüllen können. Der Wunsch zu erziehen, liege in einem ödipalen Konflikt, in unerwiderter, verdrängter Liebe. »So trägt die scheinbare sublime Liebe des Erziehers den Keim zur tiefsten Unbefriedigung in sich, denn sie ist es aus Not – innerer und auch äußerer – und darum bloß zur Not.« (Bernfeld, 1928, S. 144). Das Verdrängte wirke nachhaltig und unbemerkt auf das erzieherische Tun. Der Erzieher »wiederholt den Untergang des eigenen Ödipuskomplexes am fremden Kind, an sich selbst« (Bernfeld, 1928, S. 147) In der Erziehung komme es zu einer komplexen Situation. Der Erzieher sei gleich mit drei Partnern im Erziehungsprozess konfrontiert: dem Kind vor ihm, dem Kind in ihm und seinem Ich: »Die beiden Kinder wollen die Wiederholung der Ödipussituation, das Ich will die Wiederholung ihrer Überwindung, ihres Untergangs. Es antwortet mit Schuldgefühlen – oder seinen mannigfaltigen Äquivalenten […], die aber alle Unlust erzeugen Hemmung, Überdruss« (Bernfeld, 1928, S. 147 f.). Allerdings liegt es Bernfeld hier nicht allein daran, die Komplexität des Erziehungsprozesses zu schildern. Gleichzeitig geht es darum, das Konfliktpotential im Binnenverhältnis von Zögling und Erzieher bis hin zum Ursprung möglicher gewaltsamer Auseinandersetzungen zu verdeutlichen: »Sich meint er und den Zögling schlägt er; und verliert dessen Liebe, die er doch, freilich im erlaubten Maß, in vorgeschriebener Weise erstrebt« (Bernfeld, 1928, S. 148). Bernfeld insistiert deshalb, dass sich der Erzieher der Prozesse, denen er in der Erziehung ausgesetzt sei, gewahr werden müsse und fordert die *Erziehung des Erziehers*.

Wilhelm Reich sieht die Strafen und Verbote durch Eltern und Erzieher als eine Art Schutzfunktion, durch die das eigene Verdrängte aufrechterhalten werden kann. Das habe seinen Grund darin, »dass die Eltern durch jede Triebäußerung des Kindes an ihre eigenen verdrängten intimen Wünsche gemahnt werden und die Triebhaftigkeit des Kindes eine Gefahr für die Aufrechterhaltung der eigenen Verdrängung bedeutet. Diese Gefahr wird nun durch erzieherische Verbote abgewehrt, die deutlich das Gepräge des Erziehungszwanges haben« (Reich, 1926, S.70). Im Rückgriff auf Bernfelds *Psychologie des Säuglings* (Bernfeld, 1926) weist er überdies darauf hin, dass die Motive der Säuglingspflege gar Hassregungen gegen das Neugeborene seien: »Wie absurd das auch klingen mag, es erscheint schon deshalb richtig, weil wir unter den üblichen Erziehungsmaßnahmen wenig sehen, die nicht das Gepräge des Hasses, der Vergewaltigung hätten« (Reich, 1926, S. 72). Und weiter bemerkt Reich, dass die Erziehung den Eindruck erwecke, Neuroseäquivalent der Erwachsenen zu sein.

Bei einer Analysandin, die von ihrem Vater zu grausamen Essensritualen angehalten worden war, erhält Reich Hinweise auf die Motive, »die einen dazu bringen können, Erzieher zu werden. Sie wollte nämlich an anderen Kindern gutmachen, was an ihr verbrochen worden war. Aber die unbewussten Rachetendenzen gegen ihren Vater störten sie in der Durchführung ihres bewussten Vorhabens derart, dass sie sich ihren Zöglingen gegenüber ausgesprochen sadistisch benahm« (Reich, 1926, S. 72). Augenscheinlich habe sich seine Patientin unbewusst mit ihrem sadistischen Vater identifiziert (vgl. A. Freud, 2003) und so das Ziel, die eigene Kindheit zu korrigieren, verfehlt. Die eigene Kindheit zu korrigieren, könne aber für das primitive, unbewusste Denken nur bedeuten, sich zu rächen. Im Übrigen, so Wilhelm Reich weiter, dürfe der Antrieb, die eigene Kindheit zu korrigieren, eines der typischen Motive sein, erziehen zu wollen. Bei anderen finde man den versagten Kinderwunsch als Antrieb, Erzieher zu werden. Solche Frauen seien noch die relativ besten Erzieher, weil sie das fremde Kind an Stelle eines eigenen nähmen. Allerdings könne man jedoch »häufig beobachten, dass der Wunsch, Erzieher zu sein schwindet, wenn der Kinderwunsch real erfüllt wird« (Reich, 1926, S. 73). Reich resümiert, dass es schlussendlich kein anderes Mittel als die individuelle Psychoanalyse gäbe, den Erziehenden von der wahren Bedeutung und den wahren Motiven seines Tuns zu überzeugen.

2.5 Resümee

Wo nun der zeitgeschichtliche Blick auf die institutionalisierte Erziehung, die Pädagogik, gerichtet wurde, unter Rückgriff auf Norbert Elias und Philippe Ariés die Pädagogik im Prozess der Zivilisation betrachtet werden konnte und durch Bernfeld und Reich etwas über die eigentlichen Beweggründe dessen, der erzieht, offenbar wurde, sollte es erlaubt sein, vorsichtig einige Schlüsse zu ziehen. Der Blick auf die Pädagogik in ihrem zeitgeschichtlichen, soziokulturellen Kontext hat gezeigt, dass sie immer wieder durchdrungen war von Gewalt, gleich ob sie physischer, sexueller oder psychischer Natur war. Die Auseinandersetzung mit der Pädagogik in ihrem zivilisationshistorischen Kontext erbrachte Hinweise darauf, dass die massive Affektkontrolle und der Triebverzicht, die die Soziogenese der Pädagogik begleitet haben, ebenfalls darauf hindeuten, dass die Entstehung der Pädagogik und die Gewalt im Gleichschritt unterwegs waren. Schlussendlich hat die Auseinandersetzung mit der Frage, was denn die eigentlichen Beweggründe von Pädagogen sind, Erziehung als Beruf zu betreiben, ebenfalls gezeigt, dass hinter einer solchen Entscheidung nicht selten eine Abwehr verborgen ist, die darauf hindeutet, dass die Pädagogik in der praktischen Umsetzung von aggressiven Devianzen begleitet sein könnte. Mit Norbert Elias kann man die These aufstellen, dass hier, neben der Individualpsychologischen Entwicklung des Betroffenen, auch die Soziogenese der Erziehung ihre psychogenetischen Spuren hinterlassen hat.

Pädagogen müssen sich ständig in einem Reflexionsprozess darüber befinden, was die eigentlichen Bewegründe ihres beruflichen Tuns sind. Die Berechtigung und Notwendigkeit einer supervisorischen Begleitung pädagogischen Handelns steht damit außer Frage. Der Pädagoge, zumal in der Jugendhilfe, darf nicht auf ein Selbstkonzept, auf seine eigene Erziehungserfahrung, reduziert sein. Supervision ist in der Jugendhilfe ein Muss! Die Supervision als Pflicht festzulegen, steht leider bislang nicht auf der Agenda der Aufsichtsbehörden. Die Supervision, sei sie nun systemisch orientiert oder psychoanalytische Fallsupervision, ist das erste Mittel der Wahl, eine pädagogische Grundhaltung zu entwickeln, die es erlaubt, sich der eigentlichen Beweggründe seines pädagogischen Handelns gewahr zu werden.

Pädagogik, institutionalisierte Erziehung also, darf nicht zur Humantechnik verkommen. Sie muss im Dienste des Kindes bleiben. Die Aufgabe ist, ihm das Rüstzeug für ein Leben in der Gesellschaft zu vermitteln und nicht etwa, ihm die Fähigkeit zu optimaler Anpassung zu oktroyieren, wie es Siegfried Bernfeld in seinem *Sisyphos* beklagt: »Die soziale Funktion der Erziehung ist die Konservierung der biopsychischen und der sozialökonomischen, mit ihr der kulturell-geistigen Struktur der Gesellschaft« (Bernfeld, 1928, S. 114). Das Kind darf im Kontext von Erziehung nicht darauf reduziert werden, Artefakt des Pädagogen zu sein. Dies zu vermeiden, verlangt die Auseinandersetzung mit dem Selbst des Pädagogen in Reflexion und Introspektion, im Spannungsfeld von Übertragung und Gegenübertragung.

2.6 Literatur

Adorno, Th. W. (1970). *Stichworte – Kritische Modelle 2*. Frankfurt am Main: Suhrkamp.

Adorno, Th. W. (1973). *Studien zum autoritären Charakter*. Frankfurt am Main, Suhrkamp.

Adorno, Th. W. (2017). *Erziehung zur Mündigkeit*. Frankfurt am Main: Suhrkamp.

Ariés, Ph. (2014). *Geschichte der Kindheit*. München: dtv.

Aust, St. (1998). *Der Baader Meinhof Komplex* (13. Auflage). München: Goldmann.

Bernfeld, S. (1928 [1926]). *Sisyphos oder die Grenzen der Erziehung* (2. Auflage). Leipzig, Wien, Zürich: Internationaler Psychoanalytischer Verlag.

Bernfeld, S. (1926). *Psychologie des Säuglings*. Wien: Springer.

Bettelheim, B. (1997). *Liebe allein genügt nicht*. Stuttgart: Klett-Cotta.

Elias, N. (1997a). *Über den Prozess der Zivilisation. Bd. 1: Wandlungen des Verhaltens in den westlichen Oberschichten des Abendlandes*. Frankfurt am Main: Suhrkamp.

Elias, N.(1997b). *Über den Prozess der Zivilisation. Bd. 2: Wandlungen der Gesellschaft Entwurf zu einer Theorie der Zivilisation*. Frankfurt am Main: Suhrkamp.

Elias, N. (2014). *Was ist Soziologie* (12. Auflage). Weinheim und Basel: Beltz Juventa.

Freud, A. (2003). *Das Ich und die Abwehrmechanismen* (18. Auflage). Frankfurt am Main: Fischer.

Freud, S. (1921). Massenpsychologie und Ich-Analyse. *Gesammelte Werke,* Band XIII (S. 71–108). Frankfurt a. M.: Fischer.

Freud, S. (1930). Das Unbehagen in der Kultur. *Gesammelte Werke,* Band XIV (S. 419–506). Frankfurt am Main: Fischer.

Heitkamp, H. (1984). *Sozialarbeit im Praxisfeld der Heimerziehung.* Frankfurt am Main, Berlin, München: Diesterweg.

Horkheimer, M. & Adorno, Th. W. (1977). *Dialektik der Aufklärung.* Frankfurt am Main: Fischer

Marcuse, H. (1965). Repressive Toleranz. In R. P. Wolff, B. jun. Moore & H. Marcuse, H., *Kritik der reinen Toleranz.* S. 93–128. Frankfurt am Main: Suhrkamp.

Meinhof, U. (1976). *Bambule.* Berlin: Wagenbach.

Reich, W. (1926). Eltern als Erzieher. *Zeitschrift für psychoanalytische Pädagogik, 1* (3), 65–74.

Rieforth, A. (1935). *Die heilende Fürsorge.* Dissertation, Köln

Runder Tisch Heimerziehung in den 50er und 60er Jahren (2010). *Abschlussbericht,* Berlin.

Rutschky, K. (Hrsg.) (2001). *Schwarze Pädagogik.* München: Ullstein Taschenbuchverlag.

3 Don't just act, stand around! Gedanken zur psychoanalytischen Supervision in der Jugendhilfe

Andreas Hamburger[1]

Im Bereich der stationären Jugendhilfe stammen Bewohner zumeist aus zerbrochenen, von Gewalt und/oder Vernachlässigung geprägten Familien, haben nicht selten traumatische Erfahrungen der Schutzlosigkeit verinnerlicht und können sich oft nicht anders ausdrücken als durch den Angriff auf haltende Beziehungen. Wie sollen sich Pädagogen unter dem Druck dieses Agierens den seelischen Raum schaffen, ihre eigene unbewusste Beteiligung an der Reinszenierung der traumatischen Szene aufzuspüren?

Dies aber ist die Essenz der psychoanalytischen Supervision. Die psychoanalytische Behandlungspraxis ist mit der Erfahrung vertraut, trotz unmittelbarem Leidensdruck und Handlungsappell zuerst einmal nachzudenken, welches unbewusste Muster sich im Hier und Jetzt des Behandlungsraums reinszeniert. Mark Solms (2018) hat das auf den Punkt gebracht in dem Satz »Don't just act, stand around«, der die klassische Erziehungsmaxime auf den Kopf stellt, das Kind solle doch endlich »etwas tun statt nur herumzuhängen«.

Heißt das aber, das psychoanalytische Reflexion und entschiedene, spürbare erzieherische Präsenz wirklich in einem solchen Gegensatz stehen, wie ihn Solms pointiert? Oder gibt es eine fruchtbare Überschneidungsmenge? Die psychoanalytische Supervision in der Jugendhilfe könnte ein solcher Reflexionsraum sein, wenn sie ihre Grenzen kennt und die unterschiedlichen Aufgaben des Analytikers und des Erziehers respektiert.

---

1 Der vorliegende Beitrag entwickelt die in zwei vorangegangenen Arbeiten (Hamburger 2016, 2017) dargestellten Gedanken und Überlegungen weiter. Ich habe mich bemüht, die Überschneidungen möglichst gering zu halten.

Solms (2018) hat seine Aufforderung zum Handlungsaufschub im Zusammenhang einer sehr persönlichen Erfahrung formuliert. Er ist zwar Neurowissenschaftler und Psychoanalytiker, aber die Erfahrung, von der hier die Rede ist, machte er als südafrikanischer Farmer. Als junger (weißer) Mann war er wegen der für ihn unerträglichen Apartheid nach England ausgewandert, kehrte aber nach dem Ende des Unrechtsregimes auf sein seit 350 Jahren im Familienbesitz befindliches Weingut bei Kapstadt zurück, in der Hoffnung, nun alles besser und gerechter zu gestalten. Das war eine Illusion. Die offene Zusammenarbeit, die er den Arbeitern des Weinguts anzubieten versuchte, scheiterte kläglich. Sabotage, Verweigerung, Gewalt griffen um sich. An dem Punkt, an dem er bemerkte, wie er selbst in alte rassistische Vorurteile über »die Schwarzen« zurückzufallen drohte, beschloss Solms, nicht weiter durch wie immer gutgemeinte Aktionen einen Erfolg erzwingen zu wollen, sondern nachzudenken, getreu dem Motto eines seiner Supervisoren aus der psychoanalytischen Ausbildung: »Don't just act, stand around«. Und nachdenken hieß hier: Die Geschichte der Farm zu erforschen. Er holte Historiker, die keinen Stein auf dem anderen ließen, alle Bewohner des riesigen Farmgeländes interviewten und die Geschichte der Versklavung ihrer Familien in den vergangenen Jahrhunderten bis hin zu den Jahrzehnten der Apartheid dokumentierten. Alle Befunde wurden in einem Dokumentationszentrum zugänglich gemacht. Und im Laufe dieser Forschungsarbeit kam langsam auch jener Dialog in Gang, den Solms zuerst, ganz naiv, hatte verordnen wollen. Die Geschichte endete mit einer Vereinbarung, in der die ehemaligen Angestellten – darunter zahlreiche Nachkommen von Sklaven – Miteigentümer der Farm wurden, und heute erfolgreich mitbestimmen, was dort geschieht.

Wenn wir das Feld der psychoanalytischen Supervision in der Jugendhilfe abstecken wollen, müssen wir wie Mark Solms die Geschichte und die Gegenwart der Institution reflektieren. Vogelheim fasst in Kapitel 2 diese traumatische und traumatisierende Geschichte zusammen (Vogelheim, 2020, ► Kap. 2). Sie soll im Folgenden um eine Bestandsaufnahme der Gegenwart ergänzt werden. Aus dieser Beschreibung des Feldes soll anschließend ein Konzept der psychoanalytischen Supervision in der Jugendhilfe entwickelt werden. Dabei ist freilich der Tatsache Rechnung zu tragen, dass weitaus überwiegend heute keine Psychoanalytiker mehr als Supervisoren in Einrichtungen der Jugendhilfe arbeiten. Aus der Tradition der Sozialarbeit, der Soziologie und der Systemtheorie haben sich eigenständige Supervisionskonzepte entwickelt, die nicht viel mit dem psychoanalytischen Ansatz zu tun haben und mittlerweile zu einer eigenen Profession geworden sind (Rappe-Giesecke, 2009; Gröning, 2016; Lohl, 2016; Stietz, 2020, ► Kap. 5). Freilich: Die Geschichte zeigt, dass Jugendhilfe und psychoanalytische Supervision in den Anfängen der Disziplin eng verbunden waren (Hamburger, 2016). Wie Vogelheim (2020, Kap. 2) ausführlich darstellt, begründeten Pioniere der psychoanalytischen Pädagogik, wie August Aichhorn, Willy Hoffer, Anna Freud und Siegfried Bernfeld, die systematische Arbeit mit Mitarbeitern der Erziehungseinrichtungen. Michael Balint arbeitete mit Fürsorgerinnen und nutzte erstmals die Resonanz der Gruppe zum Verständnis der unbewussten Beziehung zwischen professionellem Helfer und seinem Klienten (Balint, 1964 [1954]).

3.1 Das Feld der Kinder- und Jugendhilfe

Jaritz und Schmid (2008) fanden in einer Studie bei 61 % der Befragten Traumatisierungen unmittelbar vor der Aufnahme in die stationäre Jugendhilfe, zudem bei 75 % ein belastendes Ereignis in der Vorgeschichte. Viele leiden unter massiven Verhaltensproblemen, psychischen Belastungen mit Reviktimisierungsrisiken (Fegert & Besier, 2009, S. 7), sexuellen Störungen, die sich belastend auf die sozialen Interaktionen in der Einrichtung auswirken können. Fast alle Kinder und Jugendlichen, die in die stationäre Jugendhilfe gelangen, haben heute therapeutische oder kinderpsychiatrische Vorerfahrungen (U. Vogelheim, persönl. Mitteilung, Dezember 2016). Dieser Belastungshintergrund vermittelt sich oftmals durch den Drang zum Agieren in Form von Grenzüberschreitungen, die wiederum Pädagogen zum Gegenagieren bringen: »Man muss doch etwas tun!« – was wiederum vermehrtes Agieren auf Seiten der Kinder und Jugendlichen bewirken kann. Typisch ist auch, dass selbst im

Fall der gelungenen Herstellung einer fruchtbaren Arbeitsbeziehung Kinder schlagartig auf Distanz gehen, weil sie in Loyalitätskonflikte geraten (Vogelheim, pers. Mitteilung Dezember 2016). Beziehungstraumatisierte Kinder zeigen oft eine impulsive und paradoxe Nähe-Distanz-Regulierung. Der Versuch, sie durch Näheangebote zu erreichen, führt »oftmals zu einer paradoxen Reaktion, nämlich Rückzug und Reinszenierung der Beziehungsabbrüche« (Fegert & Besier, 2009, S. 67; vgl. Beck, 2014). Dieser Handlungskreislauf wird von Mitarbeitern der Jugendhilfe als belastend und zermürbend erlebt (Steinlin, Fischer, Dölitzsch, Fegert & Schmid, 2015). In der Supervision ist das Aushalten des Spagats zwischen Verstehen, Schützen und Begrenzen oder die Abwehr dieses Spagats (sei es durch Projektionen auf das Kind oder die Institution oder durch Teamspaltungen) ein zentrales Thema.

Traumatische und strukturelle Störungen auf Seiten der Bewohner sind aber nur eine Seite des Anforderungsfeldes der stationären Jugendhilfe. Auf der anderen Seite steht die schwierige, ja manchmal als unmöglich empfundene Aufgabenstellung der Institution selbst.

Mit der Herausbildung der modernen Kinder- und Jugendhilfe im Nachkriegsdeutschland wandelte sich die Aufgabe »von der Fürsorge zur Dienstleistung« (Rätz, 2018). Die tiefgreifende Reform des Jugendhilferechts durch die Neufassung des Kinder- und Jugendhilfegesetzes (KJHG) und ihre Eingliederung ins Sozialgesetzbuch 1990 (als SGB VIII) veränderte die Zielstellung: Korrektur und Eingliederung wurden durch das Recht auf Entwicklungsförderung ersetzt. Kinder- und Jugendhilfe bietet verschiedene Formen partizipativer Angebote, wie z. B. die Unterstützung und Beratung von Familien. Erst wenn Eltern ihren Erziehungsauftrag nicht wahrnehmen können, muss sie Kinder auch schützen und gegebenenfalls in Obhut nehmen.

Gleichzeitig jedoch wurde mit der »Neuen Steuerung« eine Ökonomisierung der Kinder- und Jugendhilfe auf den Weg gebracht, die vielerorts auf Kritik stieß. Transparenz und Bürgernähe waren die Leitgedanken dieser Reform, doch wurde damit auch ein betriebswirtschaftliches Denken auf sozialpädagogisches Handeln übertragen (Rütz-Lewerenz, 2000; Arnold, 2015) und es hat sich eine zunehmend marktwirtschaftlich geprägte Angebotslandschaft entwickelt (Merchel, 2018). Kindheit war schon immer ein Projektionsfeld der jeweiligen gesellschaftlichen Verfassung (Ariès, 1975 [1960]). In diesem Sinne kann die Ökonomisierung von Kinderhilfe im Kontext des Übergangs von der industriellen Moderne zur Postmoderne der Ich-AGs verstanden werden. Wenn Supervision nicht nur als »Schmiermittel« dienen soll (Heintel & Ukowitz, 2016, S. 79), muss sie diese gesellschaftlichen Prozesse, ebenso wie die eigene Bedingtheit und Instrumentalisierung, im Blick behalten.

Supervision ist damit selbst Teil des institutionellen Spannungsfeldes, das unausweichlich auf die tägliche Arbeit in den Einrichtungen der Jugendhilfe, die Beziehung zwischen Klienten, Familien, Betreuern und Einrichtungen einwirkt – des Kontrastes zwischen Staat und Privatsphäre. Dieser Kontrast schlägt sich auf vielen Ebenen nieder. In der Weltsicht der Kinder und Jugendlichen selbst, die oft Peergruppen als »Wir« und Institutionen als ein fremdes, feindliches »Die« wahrnehmen; in der Perspektive der Mitarbeiter, die Familien oder Peergruppen als schädigendes »Die« sehen, während das Team – oder auch die besondere Beziehung zum Klienten – als »Wir« idealisiert wird. In dieser Perspektive werden gelegentlich auch Jugendämter, Polizei und Gerichte als vernachlässigendes »Die« wahrgenommen. Behörden können andererseits tatsächlich ein »institutionelles Aufmerksamkeitsdefizit« entwickeln (von Freyberg & Wolff, 2005, S. 53). Parallelen zur gespaltenen Welterfahrung der Klienten bilden sich auch in Teams oder der Einrichtung. Aufgabe der Supervision ist es, diese Spaltungsprozesse bewusst zu machen.

Die Aufmerksamkeit auf die in der Institution selbst gespeicherte traumatische Geschichte, wie sie Vogelheim (2020, ▸ Kap. 2) beschreibt, und das Bewusstsein um die gesellschaftlichen Veränderungen, die auch moderne Ansätze der Jugendhilfe prägen, ist unverzichtbar. Jugendhilfeeinrichtungen stehen heute im gesellschaftlichen Kontext einer dezentralisierten und flexibilisierten Dienstleistungs- und Konsumgesellschaft, die geprägt ist von intensiver Bewirtschaftung vormaliger Freiräume (wie Kindheit und Adoleszenz, Freizeit und Feiertage), von der Zunahme horizontaler Mobilität mit der Folge der Entwurzelung sowie der demographischen Alterung und der Änderung der Familienstrukturen (Gröning, 2016). Formalisierung und Anonymisierung von Abläufen kann eine strukturelle Empfindungslosigkeit bewirken, die sich bei Mitarbeitern in Überforderung, Abstumpfung und Burnout niederschlagen kann (Hamburger, 2017). Dies mit zu bedenken und zu thematisieren ist nötig, wenn man nicht in einer dritten Welle der Unterwerfung erneut alles Problematische beim Kind oder Jugendlichen und dessen Herkunftsfeld verorten will. Ein bloß auf den Einzelfall konzentriertes, am medizinischen Modell orientiertes Deutungsmodell würde auch dem Anspruch der Psychoanalyse nicht gerecht, Unbewusstes bewusst zu machen – soweit zum Unbewussten auch die Dynamik der Institution zählt. Eine lediglich reparative oder »therapeutische« Anwendung der psychoanalytischen Methode könnte sie zum sanften Herrschaftsinstrument durch Therapeutisierung machen, nach der Medizinalisierung der 1960er Jahre, mit der »der Stock zunehmend der chemischen Keule« gewichen war (Vogelheim, 2020, S. 29, ► Kap. 2).

3.2 Rahmen und Technik der psychoanalytischen Supervision in der Jugendhilfe

Im Zusammenhang der Neuen Steuerung und der Neuordnung der Entgeltfinanzierung im teilstationären und stationären Bereich (§78a-g SGB VIII seit 1.1.1999) wurde Supervision zum wesentlichen Element in den Kostenkalkulationen der Jugendhilfeeinrichtungen (Wischnath, 2002). In 73 % der stationären Jugendhilfeeinrichtungen ist Supervision, obwohl sie keine rechtliche Voraussetzung der Betriebserlaubnis ist, dennoch als fester Bestandteil des Konzepts verankert. Sie wird überwiegend von externen Supervisoren und in Gruppensupervision durchgeführt (Seckinger, 2008).

Die Funktion der Supervision in der Kinder- und Jugendhilfe kann als Hilfe zum »Verdauen« der immer wieder auftretenden seelischen und strukturellen Anforderungen verstanden werden. Die Spezifität der fallzentrierten psychoanalytischen Supervision ist es, individuelle Problemanlässe vor dem Hintergrund von Lebensgeschichte und institutionellen Wechselwirkungen zu verstehen und deutlich zu machen, wie Bewohner ihren konflikthaft geprägten Erfahrungshorizont auf die Institution projizieren und Betreuer unbewusst mitagieren. Ihr Ziel ist es, die Professionellen darin zu unterstützen, ihr eigenes unbewusstes Mitagieren zu bemerken und zu benennen, sodass sie besser in der Lage sind, Spaltungen und projektive Identifizierungen auszuhalten. In der Praxis mag dies etwa dazu führen, dass auftretende, sich auf die Gruppe auswirkende Symptome wie Gewaltagieren oder Verstummen als unbewusste Mitteilungen verstanden werden können. Dadurch kann im Ergebnis die Entstehung von Etikettierungen, Feindbildern und Ausgrenzungen verhindert werden.

3.2.1 Rahmen

Die Arbeit der fallorientierten psychoanalytischen Teamsupervision benötigt als zentrale Voraussetzung einen Rahmen, also eine regelmäßige, hinreichend vor Störungen geschützte Arbeitszeit. Schon äußerlich ist das in der Kinder- und Jugendhilfe nicht immer leicht zu gewährleisten: So sind etwa im Team einer Wohngruppe meist nicht alle Teammitglieder gleichzeitig anwesend. Auch sind meist zeitlich nicht steuerbare Anforderungen vorhanden, sei es direkt durch Bewohner oder durch hereinkommende Telefonanrufe etc., die dringlich sein können. Schon in der Rahmengestaltung der Supervision spiegelt sich also etwas, das Psychoanalytiker aus ihrer wohlabgegrenzten Praxis in der Regel nicht kennen. Dennoch kann auf eine Rahmensetzung nicht verzichtet werden, will man die Supervision als Übertragungsfeld nutzen können. Es wird also bereits die Organisation des Supervisionssettings selbst als beispielhaft dafür verstanden werden können, wie es einem Team gelingt – oder eben misslingt –, sich einen fruchtbaren, hinreichend geschützten Reflexionsraum zu verschaffen. Daran kann auch ein Verständnis anknüpfen für die Situation der Klienten, die ebenfalls Themen von Ort- und Schutzlosigkeit mitbringen und agieren, etwa in der unbewussten Verhinderung einer haltenden Ordnung.

3.2.2 Haltung und Klima

Die Arbeitshaltung der psychoanalytischen Supervision geht vom Prinzip der freien Assoziation und der Kompetenz des Teams aus, das Sitzungsthema selbst zu bestimmen. Seitens des Supervisors werden keine Themen gesetzt. In der Gesprächsführung achten Supervisoren darauf, das Äußern scheinbar »unpassender« Einfälle dadurch zu unterstützen, dass man sie als assoziativen Beitrag ernstnimmt. Sie sorgen auch dafür, dass emotionale Reaktionen Platz bekommen und nicht vorschnell durch Deutungs- und Interventionsvorschläge neutralisiert werden. Eine solche Szene, etwa wenn Trauer und Betroffenheit eines Gruppenmitglieds schnell durch gute Ratschläge eingefangen wird, veranlasst Supervisoren freilich nicht dazu, letztere zu verbieten, sondern sie zeigen auf, dass die emotionale Reaktion ein Zu-Hilfe-Eilen in Form von guten Tipps ausgelöst haben könnte. Diese Art von öffnendem Bemerken lässt jedem Mitglied der Gruppe, ebenso wie dem Bewohner, von dem berichtet wird, sein Recht, und versucht nur, das szenische Zusammenspiel zu begreifen. Diese Fokussierung auf die Szene, die sich im Hier und Jetzt unbewusst entfaltet, ermöglicht bisweilen ein ganz neues Verständnis für das Anliegen, das sich in dem aktuellen Konflikt verrät.

3.2.3 Szene

Ein zentrales Konzept der zeitgenössischen Psychoanalyse ist der von Alfred Lorenzer (1970) und Herrmann Argelander (1970) geprägte Begriff des »szenischen Verstehens«. Er besagt, dass sich im Hier und Jetzt der analytischen Sitzung unter Beteiligung von Analysand und Analytiker eine Interaktion ergibt, die den verborgenen, unbewussten Sinn der Symptomatik leiblich erfahrbar macht, und dass diese szenische Wiederholung gedeutet werden kann, sodass das sprachlich nicht Mitteilbare zur Sprache kommt. Ähnlich der analytischen Situation wird auch in der psychoanalytischen Supervision diese Inszenierungskraft genutzt. Als »Parallelprozess« oder »Spiegelphänomen« bezeichnet wird die Annahme, dass der Fallvorsteller, der von seiner Erfahrung mit einem Klienten berichtet, dabei unbewusst eine solche szenische Reinszenierung auch in der Supervisionsgruppe auslöst. Sie wird am Interagieren der Gruppe erkennbar und bildet mit den unbewussten Aspekten der Beziehung des Fallvorstellers zu seinem Klienten letztlich auch die von letzterem mitgebrachte unbewusste Psychodynamik ab.

Wie das in der psychoanalytischen Supervision in der Jugendhilfe vor sich geht, wird in zahlreichen Beiträgen des vorliegenden Bandes an Beispielen aufgezeigt (etwa Kriebel & Bäuchle, 2020, ▶ Kap. 7; Bäuchle & Kriebel, 2020, ▶ Kap. 8; Reichard-Dorrer, 2020, ▶ Kap. 9; Schneider, 2020, ▶ Kap. 11; Lechat, 2020, ▶ Kap. 12).

Zum Beispiel Thea, ein 13-jähriges Mädchen, das regelmäßig in der Schule störte und Lehrer und Mitschüler beschimpfte, sodass ernste Konsequenzen drohten. In der Gruppe konnte sie aber begeisterungsfähig sein und sich konzentrieren. Statt die verlangten diagnostisch-pädagogischen Ratschläge zu geben (»Haben Sie eine Blitzidee?«), griff die Supervisorin die Szene in der Gruppe auf: Es entstand nämlich eine Unruhe, ein Kommen und Gehen nach dieser unbeantworteten Frage. Durch das Zulassen dieser Gruppenreaktion wurde spürbar, wie schwer es ist, sich konstant mit Thea zu beschäftigen. Thea sei nämlich, wie eine Supervisandin bekannte, lieb und anhänglich, aber auch »wie eine Zecke, die saugt und saugt und saugt. Und dann irgendwann muss man die mal abschütteln, damit man wieder Kraft tanken kann«. Dieses Abschütteln hatte eben gerade auch in der Supervisionsgruppe stattgefunden. Jetzt wurde verständlich: Theas Muster des »Störens« und Provozierens hat einen ähnlichen Zweck: Sie schafft Kontakt damit und zugleich auch Distanz. Zugänglich wurde nun auch Theas Hintergrund: Vom Vater verlassen, die Mutter überfordert, hat Thea »kein Heimweh«. Auch sie hat etwas abgeschüttelt. Die Gruppe konnte nun fürsorglich-einfühlsam über Thea nachdenken, aber wieder ereignete sich etwas Störendes: Müdigkeit kam auf. Auch das wurde ernstgenommen – es zeigte, wie auch in der Gegenübertragung Näheerfahrung sofort mit Distanz abgewehrt wird. Das Team bemerkte, dass die aktuelle Aufgabe mit Thea darin bestand, ihre Grenzen zu achten, auch wenn sie selbst sie überschreitet, und ihr als haltende Umgebung zur Verfügung zu stehen, in der sie das Hin- und Hergerissensein zwischen begeisternder Nähesuche und verletzender Abgrenzung austesten darf (vgl. ausführlich Hamburger, 2017).

Die Öffnung eines Raums, in dem frei assoziiert werden darf und auch Platz für tabuisierte Einfälle ist (»Zecke«), die Benennung der momentanen Gruppendynamik (Unruhe, Müdigkeit) und ihre Verbindung mit der unbewussten Beteiligung an der Szene mit der Klientin (abgespaltener Ärger), sowie die Einbeziehung der interinstitutionellen Dynamik (Spaltung Schule-Heim) ermöglichen zusammen ein vertieftes Verständnis des Falles und eröffnen Handlungsperspektiven. Der reflektierende Umgang mit der Spaltung trägt auch dazu bei, institutionelle Spannungen verstehend zu handhaben.

3.2.4 Institutions-, Team- und Falldynamik

Das Beispiel zeigt zugleich, dass Supervision zum einen einem vertieften Fallverständnis dient, zum anderen aber der der Reflexion institutioneller Wechselwirkungen und Kommunikationsverwerfungen auf Teamebene. Im Idealfall kann sie selbstreflexiv Feindbilder und Ausgrenzungen auflösen. So hätte etwa das Team Theas Schulprobleme den Lehrern anlasten können oder umgekehrt in der Schule der Eindruck entstehen können, Thea werde in der Einrichtung nicht an angemessenes Sozialverhalten und respektvollen Umgang mit Anderen herangeführt. Dann wäre sie mit ihrer Botschaft letztlich zwischen den Stühlen gelandet.

Die Interpretation von Teamspaltungen, Gegenübertragungsreaktionen und Projektiven Identifizierungen als unbewusste Kommunikation des Klienten kann freilich nicht den Blick darauf verstellen, dass Teams und Institutionen eigene Dynamiken haben und nicht nur Projektionsfelder sind (Lohmer, 2016). Auch hier hat die Supervision die Aufgabe, beide Perspektiven offen zu halten und gelten zu lassen: Unbewusste Konflikte und strukturelle Mängel der Institution oder des Teams müssen ebenso thematisierbar sein wie unbewusste Falldynamiken. Keine der beiden Perspektiven schließt die andere aus, und vor allem ist es nicht am Supervisor, zwischen den Perspektiven eine normative Entscheidung zu treffen.

Dennoch präferiert die psychoanalytische Supervision traditionell einen fallbezogenen Ansatz; an ihm konkretisiert sich die Kernaufgabe der Institution Kinder- und Jugendhilfe (Gröning, 2016). Nach Lohmer & Wernz (2016, S. 136) kann »eine reine Team-Supervision ohne Fallarbeit [...] leicht zu einer ritualisierten regelmäßigen ›Klagerunde‹ bezüglich äußerer Rahmenbedingungen (z. B. Überforderung, Personalsituation) oder gegenüber der (abwesenden) Leitung werden«. In der psychoanalytischen fallbezogenen Teamsupervision ist immer auch eine gruppendynamische Komponente enthalten, die einem Team ermöglichen kann, Fortschritte im Zusammenwachsen zu einer auch unbewusst haltenden, verarbeitungsfähigen Gruppe zu werden (▶ Kap. 11 sowie ▶ Kap. 12).

Um noch einmal auf Mark Solms zurückzukommen: Seine Erfahrung, dass eine psychoanalytisch reflektierende, von unmittelbaren Handlungsanweisungen absehende Haltung auch einen schweren sozialen Konflikt aufklären und dadurch im Ergebnis entschärfen kann, war ja alles andere als untätig. Sie war sogar sehr aktiv, indem sie den überraschten Analytiker veranlasste, historische Aufklärung zu suchen. So gesehen kann psychoanalytische Supervision für die Jugendhilfe sich nicht in klinischem Fallverstehen mit den Mitteln der analytischen Psychopathologie erschöpfen, sondern sie muss die Aufklärung der Dynamik des Teams und der Institution, einschließlich ihrer Geschichte, sowie auch die Dynamik der Supervision selbst umfassen. Im Ergebnis kann dies dazu beitragen, den Mitarbeitern und der Einrichtung die Bereitschaft zu erhalten, die von sich selbst und ihrer Umgebung als »Außenseiter« stigmatisierten Kinder und Jugendlichen besser zu verstehen, ihre Herausforderung ernst zu nehmen und ihnen authentisch zu antworten.

3.3 Literatur

Argelander, H. (1970). *Das Erstinterview in der Psychotherapie*. Darmstadt: Wissenschaftliche Buchgesellschaft.

Ariés, Philippe (1975 [1960]). *Geschichte der Kindheit*. München, Wien: Hanser.

Arnold, T. (2015). Zur Debatte um die Ökonomisierung von sozialen Dienstleistungen. *FoRuM Supervision*, 23/46, 30–45.

Balint, M. (1954/1964). *Der Arzt, sein Patient und die Krankheit.* Stuttgart: Klett.

Bäuchle, C. & Kriebel, R. (2020). Psychoanalytische Supervision in der stationären Jugendhilfe Umgang mit paradoxen Beziehungsreaktionen. In A. Hamburger & U. Vogelheim (Hrsg.), *Supervision in der Jugendhilfe* (S. 115–128). Stuttgart: Kohlhammer.

Beck, Norbert (2014). Psychotherapie in der stationären Jugendhilfe. *Psychotherapeutenjournal 12* (4), 378–383.

Fegert, J. M. & Besier, T. (2009). *Psychisch belastete Kinder und Jugendliche an der Schnittstelle zwischen Kinder- und Jugendhilfe und Gesundheitssystem Zusammenarbeit der Systeme nach der KICK-Reform. Expertise zum 13. Kinder- und Jugendbericht der Bundesregierung. Herausgegeben von der Sachverständigenkommission des 13. Kinder- und Jugendberichts.* Verfügbar unter: http://docplayer.org/28263878-Psychisch-belastete-kinder-und-jugendliche-an-der-schnittstelle-zwischen-kinder-und-jugendhilfe-und-gesundheitssystem.html (letzter Zugriff 18.6.2014)

Freyberg, v. T. & Wolff, A. (Hrsg.) (2005). *Störer und Gestörte. Band 1: Konfliktgeschichten nicht beschulbarer Jugendlicher.* Frankfurt a. M.: Brandes & Apsel.

Gröning, K. (2016). Supervision – von der personenzentrierten Beziehungskunst zum sozial-wissenschaftlich begründeten Format. In A. Hamburger & W. Mertens (Hrsg.), *Supervision – Konzepte und Anwendungen. Bd. 1: Supervision in der Praxis – ein Überblick* (S. 58–70). Stuttgart: Kohlhammer

Hamburger, A. (2016). Supervision in der Jugendhilfe. In: A. Hamburger & W. Mertens (Hrsg.), *Supervision – Konzepte und Anwendungen. Bd. 1: Supervision in der Praxis – ein Überblick* (S. 148–166). Stuttgart: Kohlhammer.

Hamburger, A. (2017). Psychoanalytische Supervision im Feld: Fallorientierte Teamsupervision in der stationären Jugendhilfe. *Supervision: Mensch. Arbeit. Organisation, 35* (1), 50–56.

Heintel, P. & Ukowitz, M. (2016). Supervision als gesellschaftliches Phänomen. In A. Hamburger & W. Mertens (Hrsg.), *Supervision – Konzepte und Anwendungen. Bd. 1: Supervision in der Praxis – ein Überblick* (S. 71–86). Stuttgart: Kohlhammer.

Jaritz, C. W. & D. Schmid, M. (2008). Traumatische Lebensereignisse bei Kindern und Jugendlichen in der stationären Jugendhilfe – Ergebnisse einer epidemiologischen Untersuchung. *Trauma & Gewalt, 4*, 266–278.

Kriebel. R. & Bäuchle, C. (2020). Belastete Beziehungen – Reinszenierungen von Hoffnung und Scheitern in der stationären Jugendhilfe. Erfahrungsberichte aus der psychoanalytischen Supervision. In A. Hamburger & U. Vogelheim (Hrsg.), *Supervision in der Jugendhilfe* (S. 99–114). Stuttgart: Kohlhammer.

Lechat, K. (2020). Die Entfaltung des psychoanalytischen Raums in der Supervision im Feld der stationären Jugendhilfe im Gruppenvergleich. Eine Untersuchung mit der Szenisch-Narrativen Mikroanalyse. In A. Hamburger & U. Vogelheim (Hrsg.), *Supervision in der Jugendhilfe* (S. 191–204). Stuttgart: Kohlhammer.

Lohl, J. (2016). Supervision im Blick der Sozialforschung. In A. Hamburger & W. Mertens (Hrsg.), *Supervision – Konzepte und Anwendungen. Bd. 1: Supervision in der Praxis – ein Überblick* (S. 100–112). Stuttgart: Kohlhammer.

Lohmer, M. & Wernz, C. (2016). Supervision in der Klinik. In A. Hamburger & W. Mertens (Hrsg.), *Supervision – Konzepte und Anwendungen. Bd. 1: Supervision in der Praxis – ein Überblick* (S. 133–147). Stuttgart: Kohlhammer.

Lohmer, M. (2016). Ausbildung in Organisationssupervision. In A. Hamburger & W. Mertens (Hrsg.), *Supervision – Konzepte und Anwendungen. Bd. 1: Supervision in der Praxis – ein Überblick* (S. 209–227). Stuttgart: Kohlhammer.

Lorenzer, A. (1970). *Sprachzerstörung und Rekonstruktion. Vorarbeiten zu einer Metatheorie der Psychoanalyse.* Frankfurt am Main: Suhrkamp.

Merchel, J. (2018). Trägerstrukturen und Organisationsformen in der Kinder- und Jugendhilfe. In *Kompendium Kinder- und Jugendhilfe* (S. 93–113). Wiesbaden: Springer VS.

Rappe-Giesecke, K. (2009). *Supervision für Gruppen und Teams* (4., aktualisierte Auflage). Heidelberg: Springer.

Rätz, R. (2018). Von der Fürsorge zur Dienstleistung. In *Kompendium Kinder- und Jugendhilfe* (Bd. 1, S. 65–91). Wiesbaden: Springer VS.

Reichard-Dorrer, E. (2020). »Diesem Jungen muss geholfen werden!« Eine qualitative Untersuchung von psychoanalytischen fallbezogenen Teamsupervisionssitzungen. In A. Hamburger & U. Vogelheim (Hrsg.), *Supervision in der Jugendhilfe* (S. 129–146). Stuttgart: Kohlhammer.

Rütz-Lewerenz, G. (2000). Neue Steuerungen in der Jugend- und Sozialarbeit und die Supervision – oder: Den Teufel mit dem Beelzebub austreiben? In H. Pühl (Hrsg.), *Supervision und Organisationsentwicklung* (S. 401–417). Opladen: Leske + Budrich.

Schneider, S. (2020). Psychoanalytische Supervision und Gruppenklima. In A. Hamburger & U. Vogelheim (Hrsg.), *Supervision in der Jugendhilfe* (S. 171–190). Stuttgart: Kohlhammer.

Seckinger, Mike (2008). Supervision in der Kinder- und Jugendhilfe. *Supervision*, 2, 43–47.

Solms, M. (2018). Psychoanalysis by surprise. In A. Hamburger (Ed.), *Trauma, Trust, and Memory. – Social Trauma and Reconciliation in Psychoanalysis, Psychotherapy and Cultural Memory* (pp. 37–50). London/New York: Routledge.

Steinlin, C., Fischer, S., Dölitzsch, C., Fegert, J. M. & Schmid, M. (2015). Pädagogische Arbeit in Kinder- und Jugendhilfeeinrichtungen, eine gefahrgeneigte Tätigkeit. *Trauma & Gewalt, 9* (1), 22–33.

Stietz, W. (2020). Das alltägliche Beziehungshandeln im Arbeitsfeld der stationären Jugendhilfe – Bindungsorientierte Aspekte in der Praxis der Teamsupervision. In A. Hamburger & U. Vogelheim (Hrsg.), *Supervision in der Jugendhilfe* (S. 71–85). Stuttgart: Kohlhammer.

Vogelheim, U. (2020). Zur strukturellen Funktion der Supervision in der professionellen Erziehung. In A. Hamburger & U. Vogelheim (Hrsg.), *Supervision in der Jugendhilfe* (S. 25–39). Stuttgart: Kohlhammer.

Wischnath, Elisabeth (2002): Supervision – ein Instrument zur Qualitätsentwicklung in der stationären Jugendhilfe. *Organisationsberatung, Supervision, Coaching, 9* (2), 137–148.

4 Zuflucht und Mangelverwaltung. Supervision mit Mitarbeitern der Flüchtlingshilfe

Rainer Czerwinski

4.1 Der Rahmen für unbegleitete minderjährige Flüchtlinge in der Jugendhilfe

In den ersten 20 Jahren des Bestehens der UN-Kinderrechtskonvention hatte Deutschland diese nur unter dem Vorbehalt unterzeichnet, dass das deutsche Ausländerrecht Vorrang vor Verpflichtungen habe, welche aus der Kinderrechtskonvention resultieren. Dieser Vorbehalt wurde erst 2010 durch die Bundesregierung gegenüber den Vereinten Nationen zurückgenommen (vgl. BMFSFJ 2014). Der bisherige Umgang in Deutschland mit der Gruppe der unbegleiteten minderjährigen Flüchtlinge (UMF)[2] hatte nicht den Anforderungen des Kindeswohls entsprochen, wie es besonders Artikel 3 der Konvention verlangt. Aus Artikel 20 lassen sich Kriterien für die Form der Versorgung und die Betreuung

2 Seit dem Jahresende 2015 lässt sich vielerorts beobachten, dass es von Behördenseite das Bestreben gibt, den seit langem etablierten Begriff des unbegleiteten minderjährigen Flüchtlings (UMF) durch den Begriff des unbegleiteten minderjährigen Ausländers (UMA) zu ersetzen. In Fachkreisen wird dies von Trägern der Jugendhilfe, Vormündern und Verbänden zum Teil jedoch abgelehnt. Sie kritisieren, dass der neue Begriff die unabhängig von einer Anerkennung im Asylverfahren bestehenden existentiellen Erfahrungen, die im Heimatland und auf der Flucht nach Europa gemacht wurden, unterschlägt und somit zu fachlicher Unschärfe beiträgt (siehe hierzu die Stellungnahme des Bundesfachverbands unbegleitete minderjährige Flüchtlinge e.V. vom 18.12.2015). Für die nun folgende Darstellung der Supervisionsprozesse mit Mitarbeitern aus Einrichtungen der Jugendhilfe wird der dort gebräuchliche Begriff des UMF verwendet.

von Kindern und Jugendlichen ableiten, welchen die staatlichen Stellen auch im Umgang mit UMF Rechnung zu tragen haben. Hierdurch haben diese Kinder und Jugendlichen Zugang zur Jugendhilfe erhalten, wie sie ihn vorher in Deutschland nicht gehabt hatten. Mit dem Ausbau entsprechender Angebote hat sich auch der Bedarf an Supervision für Mitarbeiter der Flüchtlingshilfe entwickelt. Dieser stieg parallel zu den Flüchtlingszahlen weiter an.

Nach Angaben des Hohen Flüchtlingskommissars der Vereinten Nationen (UNHCR, 2019) waren zu Beginn des Jahres 2019 weltweit 68,5 Millionen Menschen gezwungen gewesen ihr Zuhause zu verlassen. Schätzungen gehen davon aus, dass die Hälfte der Geflüchteten minderjährig ist. Nur ein Bruchteil von ihnen erreicht Europa. Laut dem Bundesamt für Migration und Flüchtlinge stieg die Gesamtzahl der Anträge auf Asyl, welche von minderjährigen und erwachsenen Flüchtlingen zusammengenommen in Deutschland gestellt wurden, zuerst von 202.834 (2014) innerhalb eines Jahres auf 476.649 (2015) und dann weiter auf 745.545 (2016) an, ehe sie binnen eines Jahres schon wieder auf 222.683 (2017) abfiel. Zuletzt (2018) sank sie dann noch weiter ab auf 185.853 Anträge (BAMF, 2019[3]). Da für die UMF durch die Vormünder nicht immer sofort ein Asylantrag gestellt wird, lässt sich ihre Zahl besser anhand der Fälle von Inobhutnahme nachvollziehen. Laut Pressemitteilung des Statistischen Bundesamts vom 23.08.2017 hat sich die Zahl der Fälle von Inobhutnahme auf Grund von unbegleiteter Einreise aus dem Ausland von 2013 bis 2016 fast versiebenfacht, vor allem in der Gruppe der 16- und 17-jährigen männlichen Jugendlichen (Statistisches Bundesamt (Destatis), 20.11.2017). Für die Jahre 2017 und 2018 hingegen sinkt die Zahl der Inobhutnahmefälle nach unbegleiteter Einreise gegenüber 2016 wieder um mehr als die Hälfte ab (Statistisches Bundesamt (Destatis), 2019). Es zeigt sich also, wie bei den Flüchtlingszahlen insgesamt, zuerst ein massives Ansteigen der Zugangszahlen von UMF nach der vorübergehenden Öffnung der Balkanroute, worauf nun aber ein starker Rückgang der Zugänge erfolgt.

3 Die monatlich aktualisierten Zahlen zu Asyl können abgerufen werden unter www.bamf.de/DE/Infothek/Statistiken/Asylzahlen/AktuelleZahlen/aktuelle-zahlen-asyl-node.html.

Unbegleitete minderjährige Flüchtlinge werden nach ihrer Einreise nach Deutschland vorläufig in Obhut genommen und nach einer behördlichen Alterseinschätzung bundesweit verteilt. Spätestens mit der endgültigen Inobhutnahme durch das dann zuständige Jugendamt hat auch die Bestellung eines Vormunds zu erfolgen. Das Jugendamt verteilt die UMF dann auf die unterschiedlichen Betreuungsangebote der Jugendhilfe. Je nach Alter und Bedarf kann das ein voll- oder teilstationäres Angebot gemäß §34 SGB VIII sein. Daran schließen sich oft Jugendhilfeangebote für adoleszente unbegleitete Flüchtlinge in der Ausbildung an, z. B. ein Wohnheimplatz gemäß §13(3) SGB VIII, eine Betreuung im Rahmen der ambulanten Erziehungshilfe (AEH), oder später Hilfen für junge Volljährige gemäß §41 SGB VIII. In den meisten dieser Angebote sind multiprofessionelle Teams tätig, welche sich in der Regel aus Erziehern, Sozialpädagogen oder anderen pädagogischen Berufen zusammensetzen und gegebenenfalls – bei den betreuungsintensiveren vollstationären Angeboten mit therapeutischer Ausrichtung – durch einen psychologischen Fachdienst ergänzt werden. Es existieren sowohl reine UMF-Wohngruppen als auch gemischte Wohngruppen, in welchen Jugendliche mit und ohne Fluchthintergrund zusammenleben. Beide Modelle zeichnen sich durch unterschiedliche Stärken und Schwächen aus[4]. Auf Grund der seit dem zweiten Halbjahr 2015 stark angestiegenen Zahl (s. o.) von neuangekommenen UMF griffen viele Träger der Jugendhilfe bei der Einstellung von Personal besonders auf Berufsanfänger und vorübergehend auch auf Quereinsteiger aus anderen Berufen zurück. Die Anstellung erfolgte meist befristet. In den Wohngruppen arbeiten – wie insgesamt im Flüchtlingsbereich – häufig Teams, deren Mitarbeiter selbst einen Migrationshintergrund haben. Wenn diese entsprechende Sprachkenntnisse mitbringen, kann ihnen das einen Vorteil verschaffen, wie sie ihn sonst auf dem Arbeitsmarkt nicht erfahren.

4 Gemischte Gruppen bieten einen Weg, der Gefahr einer Ghettoisierung von geflüchteten Jugendlichen entgegenzuwirken. Auch für den Spracherwerb ist das Zusammenleben in den gemischten Gruppen sehr hilfreich. Demgegenüber besteht das Risiko, dass die Jugendlichen mit ihren speziellen Bedürfnissen, welche aus ihrer Fluchterfahrung resultieren, in den gemischten Gruppen zu kurz kommen.

4.2 Welche Themen bringen UMF in die Jugendhilfe mit?

Die UMF heben sich von der üblichen Klientel der Jugendhilfe ab: Die meisten haben in ihren Herkunftsländern (Bürger-)Krieg und damit verbunden Gewalt und Elend erlebt. In der oft monate- oder sogar jahrelang dauernden Flucht nach Europa auf lebensgefährlichen Wegen sind sie verschiedensten Risiken wie Menschenhandel oder Zwangsarbeit ausgesetzt, drohen Opfer von Zwangsprostitution oder Organraub zu werden und sehen sich in den Transitländern zunehmender Willkür und rassistisch motivierter Gewalt gegenüber. Die Minderjährigen mussten rasch lernen selbständig zu werden und begegnen Behörden oft mit großem Misstrauen und Angst, was aus ihren gemachten Erfahrungen resultiert. Als geschlechtsspezifischer Unterschied lässt sich feststellen, dass allein geflüchtete Mädchen mehr als Jungen – und zwar fast ausnahmslos – von erlebter sexueller Gewalt in den vielfältigsten Formen berichten (MFKJKS 2017, S. 29). In einer systematischen Übersichtsarbeit von Witt, Rassenhofer, Fegert und Plener (2015) wird deutlich, in welchem Ausmaß UMF von psychischen Belastungen betroffen sind: In den für das Review ausgewerteten europäischen Studien zeigt sich, dass die überwiegende Mehrheit (bis zu 97 %) traumatische Erfahrungen gemacht hat. Die Posttraumatische Belastungsstörung (PTBS) ist daher auch eine der häufigsten klinisch relevanten Diagnosen, ebenso wie Depression, Angst und Verhaltensauffälligkeiten. Unter Einsatz von klinischen Interviews ergibt sich eine Prävalenz psychischer Störungen zwischen 42 und 56 % (Witt et al., 2015, S. 211). Im Langzeitverlauf zeigt sich eine hohe Stabilität der psychischen Belastung (Witt et al., 2015, S. 218).

Nicht allen UMF fällt es leicht, sich in den Gruppenalltag einer Einrichtung der stationären Jugendhilfe einzufügen. Wenn die meist männlichen Jugendlichen in einer Wohngruppe auf nur unwesentlich ältere, meist weibliche Betreuer treffen, gelingt es ihnen nicht immer, diese als erziehungsberechtigt zu sehen. Anstelle einer Elternübertragung entsteht dann eher eine Geschwisterübertragung mit entsprechenden positiven und negativen Folgen, vereinzelt auch eine Anziehung im Sinne einer erhofften Paarbeziehung. Gerade junge Berufsanfängerinnen versuchen oft, dieser Situation durch einen besonders regelbetonten Gruppenalltag zu begegnen, wodurch sich aber Schwierigkeiten eher verstärken, bzw. neue entstehen.

Wenn es unter den Jugendlichen einer Wohngruppe zu Konflikten kommt, können sich diese auch entlang von ethnischen, nationalen oder religiösen Unterschieden entwickeln. Die jungen Menschen sind jenseits ihres UMF-Status und des Asylverfahrens, das sie durchlaufen, oftmals sehr heterogen. Sie unterscheiden sich auf Grund von Herkunft, Sprache, Bildungshintergrund und Weltanschauung, was dazu führt, dass sich bei den Jugendlichen nicht nur im Kontakt mit den Betreuerteams, sondern auch untereinander immer wieder ein Gefühl von großer Fremdheit einstellen kann. Obwohl die Manifestation von Fremdheit etwas Trennendes zwischen den einzelnen Jugendlichen darstellt, hat sie zugleich auch etwas Verbindendes als Gruppenerfahrung der UMF mit ihrer Umwelt. Als weitere gemeinsame Themenfelder lassen sich u. a. das Erleben von Rassismus, das Durchlaufen des Asylverfahrens sowie die Auswirkungen einer möglichen Traumatisierung benennen. Diese Themen haben einen Einfluss an allen Stellen der Jugendhilfe, werden aber besonders im stationären Bereich manifest, da sich z. B. die Auswirkungen einer Traumafolgestörung im Alltag einer Wohngruppe eben ungleich stärker bemerkbar machen können als im Rahmen einer ambulanten Maßnahme.

Ähnlich wie im gesamtgesellschaftlichen Diskurs über Geflüchtete gibt es auch innerhalb des Jugendhilfesystems Stimmen, welche Zweifel daran äußern, ob die Aufnahme und Integration von UMF in den bisher bestehenden Strukturen und Einrichtungen überhaupt gelingen kann. Supervision öffnet den Mitarbeitern einen Raum, in welchem sie die verschiedenen Probleme in ihrer Wechselwirkung reflektieren und im Idealfall so bearbeiten können, dass das Team in seiner Arbeitsfähigkeit gestärkt und ein Gefühl von Wirksamkeit etabliert wird.

4.3 Supervision in der Jugendhilfe mit unbegleitet Geflüchteten

Supervision ist in der Kinder- und Jugendhilfe sehr geläufig und hat sich dort gut etabliert. Allerdings fällt sie auch zunehmend Kürzungen zum Opfer. Bisher noch ausgenommen ist der Bereich der (teil-)stationären Einrichtungen, in dem nach wie vor die Mehrheit der Mitarbeiter Zugang zu einem regelmäßigen Angebot hat, welches meist von externen Supervisoren als Gruppensupervision durchgeführt wird (Seckinger, 2008). Supervisionsprozesse stehen generell in einem gesellschaftlichen Kontext (Gröning, 2017). Auch in der Jugendhilfe greifen sie die Wechselwirkung zwischen Klienten, Betreuern und institutionellen Strukturen auf (Hamburger, 2017). Bei Einrichtungen für UMF drängen sich zusätzlich die Auswirkungen der sozio-politischen Rahmenbedingungen verstärkt auf. Dies wird beispielsweise deutlich beim Wandel von einer Willkommens- hin zu einer Abschiebekultur und der damit einhergehenden Wert- bzw. Geringschätzung, welche den Mitarbeitern der Flüchtlingsarbeit und ihren Klienten entgegengebracht wird. Einen ähnlichen impliziten Rechtfertigungsdruck für die Wahl ihres Arbeitsbereichs kennen sonst nur Mitarbeiter der Sucht- oder Straffälligenhilfe. Unter Supervisoren, die in der Jugendhilfe tätig sind, gelten Einrichtungen der Flüchtlingshilfe oft als »schwierig«. Im Kollegenkreis wird von problematischen Verläufen, Enttäuschungen und Frustration, sowohl auf Seiten der Teams als auch der Supervisoren, sowie übermäßig häufigen Abbrüchen von Supervisionsprozessen berichtet.

4.4 Zentrale Themen aus der Praxis

Im Folgenden werden das Erleben von Rassismus, die Erfahrungen im Asylverfahren sowie die Auswirkungen von Traumatisierung und das Risiko von Burnout exemplarisch in ihrer Bedeutung für die Supervision mit Mitarbeitern der stationären Jugendhilfe für UMF beschrieben und durch kurze Fallbeispiele aus der Praxis ergänzt.

4.4.1 Rassismus

Rassistisch geprägte Vorurteile in der Gesellschaft gegenüber Flüchtlingen können sich bemerkbar machen, auch ohne dass es der Anwesenheit eines geflüchteten Menschen bedarf. Diese Erfahrung machen auch Mitarbeiter der Jugendhilfe, wenn ihnen z. B. mitgeteilt wird, dass »für Neger und Taliban hier kein Platz« sei (Aussage des Nachbarn einer therapeutischen Wohngemeinschaft für traumatisierte UMF in einer Großstadt noch vor der Eröffnung und Belegung der Einrichtung). Manchmal verschwinden derartige Ressentiments wieder, manchmal bleiben sie aber auch bestehen und stellen ein Umweltgift für die Einrichtung dar. Die Jugendlichen berichten von zahlreichen Begebenheiten mit rassistischem Hintergrund im öffentlichen Raum. Zugleich kann es aber auch vorkommen, dass sich unter den Jugendlichen einer multiethnischen Wohngruppe ein Konflikt entwickelt, in dessen Verlauf dann rassistische Vorurteile gegeneinander in Anschlag gebracht werden. Den Betreuern kommt hier eine Rolle zu als Vermittler sowohl nach innen als auch nach außen: Sie müssen einen Umgang finden mit dem Ressentiment, ihre Klienten schützen – manchmal auch voreinander – und zugleich an einem Abbau der Vorurteile arbeiten, was keine leichte Aufgabe ist. Im geschützten Rahmen der Supervision kann dann die Aufgabe, sich permanent an der Fremdenfeindlichkeit der Anderen abzuarbeiten, in den Hintergrund treten und ein Benennen auch der eigenen tabuisierten Vorurteile erfolgen. Erst wenn es gelingt, die Scham zu überwinden und die eigenen rassistischen Impulse anzusprechen, können diese reflektiert und somit bearbeitbar werden. Die Möglichkeiten, aber auch Grenzen, eines derartigen Prozesses soll folgendes Beispiel zeigen:

> In einer Wohngruppe kommt es immer wieder zu Schwierigkeiten zwischen einem Sozialarbeiter mit eigenem Migrationshintergrund und den beiden somalischen Jugendlichen, für die er als Bezugsbetreuer in der Einrichtung fungiert. Schließlich offenbart der aus

Nordafrika stammende Betreuer seinen Kollegen, dass er auf Grund einer Reihe von negativen Zuschreibungen Probleme mit Somalis habe und sich wünschen würde, die Einrichtung würde in der Zukunft mehr Jesiden aufnehmen, da er diese für sehr angenehme Klienten halte. Diese Selbstoffenbarung löst einerseits großes Befremden im Team aus, macht es andererseits aber möglich, die anhaltenden Konflikte zwischen den beiden Jugendlichen und ihrem Bezugsbetreuer neu zu bewerten und anders zu verstehen. Die Bearbeitung der nun nicht mehr latenten Vorurteile des Betreuers erfolgt im Rahmen der Teamsupervision, mit dem Ergebnis, dass kurz danach eine andere Kollegin die Bezugsbetreuung der beiden Somalis übernimmt und der bisherige Betreuer bald darauf die Flüchtlingshilfe verlässt, um in einen anderen Bereich der sozialen Arbeit zu wechseln. Die Supervision hat die Vorurteile des Betreuers gegenüber den Klienten nicht aufgelöst. Aber dadurch, dass die Einstellung des Betreuers im Team zur Sprache gekommen war, wurde es möglich, mit der Situation in einer Weise umzugehen, sodass sie sich schließlich im Rahmen des Möglichen für alle Beteiligten zum Besseren verändert hat.

4.4.2 Asylverfahren

Der Antrag auf Asyl wird in der Regel durch den vom Jugendamt bestellten Vormund gestellt. Die Durchführung des Asylverfahrens und die Entscheidung über den Antrag erfolgen durch das Bundesamt für Migration und Flüchtlinge (BAMF). Bisweilen kann die Wartezeit bis zum Anhörungstermin sehr lange, d. h. Jahre, dauern. Einerseits fürchten die Jugendlichen die Anhörung, andererseits sehnen sie diese auch herbei, um Gewissheit zu haben, ob die Anstrengungen für Deutschkurse, Schul- oder Berufsausbildung durch einen sicheren Aufenthalt in Deutschland gerechtfertigt werden, oder ob am Ende nicht doch eine Abschiebung droht. Die bei den UMF entstehenden Ambivalenzen und die Anspannung übertragen sich auch auf die Einrichtung und das Betreuerteam. Einige Betreuer nehmen mit großem Engagement Anteil am Asylverfahren der Jugendlichen, andere distanzieren sich hingegen bewusst.

In der Supervision zeigt sich bisweilen eine Parallele zwischen UMF im Asylverfahren und Betreuern mit befristeten Arbeitsverträgen: Beide sorgen sich, ob sie für »gut befunden« werden und bleiben können, oder ob man sie wieder wegschickt. Und der Ablehnungsbescheid der einen könnte mittelfristig den Stellenabbau der anderen bedeuten. Bei Personalabbau auf Grund sinkender Fallzahlen wären Quereinsteiger mit befristeten Verträgen die ersten, die ihre Arbeit verlören. In der Supervision ist unter derartigen Umständen wenig Raum für Fallarbeit, weil die Arbeitsbedingungen des Teams zum Thema werden (vgl. Gröning, 2017).

Das Bundesamt erhält fast immer in den Einrichtungen die psychische Funktion eines vor Ort unsichtbaren, aber omnipotenten und schicksalsbestimmenden Dritten, der in seiner existentiellen Bedrohlichkeit die Jugendlichen und ihre Betreuer psychisch »zusammenschweißen« kann. Es kann aber auch zu einer ganz besonderen Art von Triangulierungsprozess kommen, wenn die Jugendlichen argwöhnen, die Betreuer würden mit ihrer schriftlichen Dokumentation im Rahmen der Jugendhilfe heimlich dem Bundesamt zuarbeiten. Zu diesem Thema folgender Fall, bei dem aus dieser paranoid eingefärbten Sorge der Jugendlichen bittere Realität geworden war:

> Der Betreuer eines sehr klein gewachsenen 17-jährigen UMF vermutet, der Junge könnte älter sein, als er angibt. Er bringt ihn unter einem Vorwand zu einem Zahnarzttermin und bittet den Zahnarzt um eine Alterseinschätzung anhand des Zahnbildes. Dieser bestätigt auf Wunsch schriftlich, dass der Junge auch gut zwei Jahre älter sein könnte. Der Betreuer leitet dieses Schreiben sowohl an das Bundes- als auch das Jugendamt weiter, was zur Folge hat, dass der junge Geflüchtete seine Vormundin verliert, welche ihn auf die Anhörung vorbereiten wollte, und er das Asylverfahren nun alleine als Erwachsener bestreiten muss. Als junger Erwachsener darf er allerdings vorläufig noch in der Wohneinrichtung verbleiben. Der Vertrauensverlust ist enorm und für das tief betroffene Betreuerteam der Worst Case: Ein Mitarbeiter hat einem Klienten geschadet und dauerhaft dessen Vertrauen in die Betreuer beschädigt.

4.4.3 Trauma und Burnout

Die überwiegende Mehrzahl der UMF hat in ihrem Herkunftsland oder auf der Flucht traumatische Erfahrungen gemacht. Ein knappes Drittel (Witt et al., 2015) entwickelt das Vollbild einer Posttraumatischen Belastungsstörung (PTBS). Als Traumafolgestörungen können aber auch andere behandlungsbedürftige Symptome auftreten, wie Depression, Angststörungen oder Substanzmissbrauch. Letzterer dient häufig der Betäubung bei intrusivem Wiedererleben und Flashbackerlebnissen und stellt einen Versuch der Selbstmedikation mit letztlich dysfunktionalem Charakter dar. Ähnlich verhält es sich mit selbstverletzendem Verhalten (SVV), welches meist der Spannungsregulation dient. Die betroffenen UMF sind oftmals in psychiatrischer Behandlung, in Fällen von akuter Selbst- oder Fremdgefährdung auch gegen ihren Willen in einem geschlossen-stationären Setting. All das hat massive Auswirkungen auf den Alltag in der Wohngruppe, die anderen Jugendlichen und das Personal. Für die Einrichtung können die traumatisierten UMF, ganz ähnlich wie Klienten auf Borderline-Strukturniveau, zu »unbewussten Organisationsberatern« (Lohmer & Wernz, 2017) werden, indem sie latente Divergenzen hinsichtlich des Konzepts, der Aufgaben und der unterschiedlichen Rollen der Mitarbeiter an die Oberfläche bringen. Die Projektionen der Klienten und ein unbewusstes Mitagieren des Betreuerteams können eine große Belastung für die Mitarbeiter darstellen und ihre Arbeitsfähigkeit ernsthaft gefährden. Ziel der Supervision ist es daher, die Betreuer darin zu unterstützen, die Verstrickungen und malignen Beziehungsmuster zu reflektieren. Ebenso gilt es, die unbewussten Spaltprozesse und projektiven Identifizierungen in für das Team verdaubarer Weise spürbar werden zu lassen, um sie dann in einem weiteren Schritt verbalisieren zu können. Hierdurch werden die Mitarbeiter wieder handlungsfähig und können sich ihren eigentlichen Aufgaben im Sinne der Primäraufgabe (Lohmer & Giernalczyk, 2012) zuwenden.

Die Arbeit in einer Wohngruppe mit traumatisierten Jugendlichen stellt per se besondere Anforderungen an die Betreuer, was die Beziehungsgestaltung mit den oftmals grenzverletzenden Klienten betrifft und ihren Schwierigkeiten mit der Nähe-Distanz-Regulierung. Der Schichtdienst und die bisweilen prekäre Personalsituation erhöhen die

Belastung für die Mitarbeiter und somit auch ihr Burnout-Risiko. Der tägliche Umgang mit traumatisierten Kindern und Jugendlichen erhöht das Risiko für Sekundäre Traumatisierung und Mitgefühlserschöpfung (Gies, 2009). Untersuchungen über Belastungsreaktionen des pädagogischen Personals in Jugendhilfeeinrichtungen legen einen Zusammenhang zwischen dem Risiko für Burnout und dem für eine Sekundäre Traumatisierung nahe (Steinlin et al., 2015). Für die Betreuer bedeutet die Arbeit mit traumatisierten Klienten auch eine andauernde Konfrontation mit Ohnmacht und Hilflosigkeit. Je einfühlsamer sie auf ihre Klientel reagieren, desto größer ist ihr Risiko, sich affektiv zu verstricken und selbst zu erkranken (Weber & Shah, 2014). Hierzu folgendes Praxisbeispiel:

> Eine bislang gemeinsam mit ihrem Team supervidierte Betreuerin bat um einen Einzeltermin, es gäbe da etwas, was sie nicht vor ihren Kollegen äußern wolle. Im Einzelgespräch berichtete sie dann vom Kontakt mit einem Mädchen, welches vor der Flucht in seinem Dorf durch Soldaten massive sexualisierte Gewalt erleben musste. Die Betreuerin hatte über einen längeren Zeitraum eng mit dem Mädchen gearbeitet und es fürsorglich zu mehreren Terminen in einer gynäkologischen Klinik begleitet. Dabei hatte sie immer weitere Details von den Erlebnissen der Jugendlichen erfahren. Nun musste die Betreuerin zu ihrem Schrecken feststellen, dass sie, ohne es zu wollen, immer wieder an Einzelheiten des Geschehens denken musste, bisweilen fast den Eindruck hatte, bestimmte Bilder vor sich zu haben und dazugehörige Geräusche zu vernehmen. Zu dem Erschrecken über die Symptomatik kam auch ein tiefes Gefühl von Scham. Die Betreuerin hatte den Eindruck, sie hätte die von ihr zu erwartende professionelle Distanz nicht eingehalten, habe sich gleichsam anstecken lassen und werde nun ganz ähnlich wie die Klientin von einer intrusiven Symptomatik überwältigt. Für die weitere Arbeit im Rahmen der Einzelsupervision war das Wissen des Supervisors aus seiner traumatherapeutischen Arbeit in einem anderen Kontext von großem Vorteil.

4.5 Fazit

Ein Team, das im raschen Auf- und Ausbau der Einrichtung Belastungen ausgesetzt ist, durch befristete Arbeitsverträge verunsichert wird und sich in seiner täglichen Arbeit mit rassistischen Ressentiments, der Angst vor Abschiebung, den Folgen von Traumatisierung und der Gefahr eines Burnout konfrontiert sieht, muss viel aushalten. Das immer wieder neue Ertragen von belastenden Affekten und ein wiederkehrendes Ohnmachtserleben können toxisch werden für die Mitarbeiter. Es ist daher eine vorrangige Aufgabe der Supervision, eine Entgiftungsfunktion anzubieten. Darüber hinaus bedarf es aber eines Containments im Sinne von Bion (1990), um das Unerträgliche zu halten und es später in verträglicher Weise wieder zurückzugeben. Aufnehmen, Verstehen, Verarbeiten und Zurückgeben – das Betreuerteam fungiert als Container für das Material der UMF und der Supervisor wiederum fungiert als Container für das der Betreuer. Somit wird der Supervisor zu einer »Umweltmutter« (Gröning, 2013, S. 64) des Betreuerteams. Generell erfordern Supervisionsprozesse im sozialen Bereich standardmäßig ein gewisses Maß an Entgiftung und Containment. Die Supervision von Mitarbeitern der Flüchtlingshilfe bedarf dessen aber ganz besonders und verlangt daher den dort tätigen Supervisoren die entsprechende Kapazität auch in verstärktem Maße ab.

Kenntnisse aus dem Bereich der Psychotraumatologie helfen im unmittelbaren Umgang mit einzelnen Mitarbeitern, welche möglicherweise von den Auswirkungen einer Sekundären Traumatisierung betroffenen sein können. Darüber hinaus dient dieses Wissen aber auch mittelbar zur Psychoedukation und zum Wissenstransfer an das Team, um einen besseren Umgang mit den traumatisierten Jugendlichen zu gewährleisten. Des Weiteren sind interkulturelle Sensibilität sowie Grundkenntnisse des Ausländer- und Asylrechts von großem Vorteil und machen einen wichtigen Teil der Feldkompetenz für Supervision in der Flüchtlingshilfe aus. Gerade bei länger dauernden Supervisionsprozessen kann sich Feldkompetenz aber auch als zweischneidiges Schwert erweisen: Laut Effertz (2007) können Teams Gefahr laufen, die Expertenmacht auf Seiten des Supervisors bisweilen auch zu überschätzen und dabei eine Tendenz zu einer regressiv-vertrauensvollen und passiven Hingabe entwickeln. Eine Beschreibung, die übrigens sehr treffend auch die Dynamik darstellt, welche sich analog im Arbeitsalltag des zu supervidierenden Teams zwischen jugendlichen Flüchtlingen und ihren Betreuern inszenieren kann. Dieser Gefahr können Supervisoren begegnen, indem sie immer wieder auch Distanz aufbauen zum scheinbar Vertrauten bzw. aus einer äquidistanten Position heraus das eigene Gefühl von Fremdheit kultivieren in einem Feld, in dem Gefühle von Fremdheit für Klienten und Mitarbeiter gleichermaßen ubiquitär sind. Letztlich folgen die Supervisoren darin einer Beobachtung von Kristeva (1991, S. 210), die in ihrer Schrift über das Fremde »die Differenz [...] als unerlässliche Voraussetzung für unser Sein mit den anderen« benennt.

4.6 Literatur

Bion, W. R. (1990). *Lernen durch Erfahrung.* Frankfurt a. M.: Suhrkamp.

BAMF (Bundesamt für Migration und Flüchtlinge) (2019). *Aktuelle Zahlen zu Asyl.* Zugriff am 25.01.2019 unter www.bamf.de/DE/Infothek/Statistiken/Asylzahlen/AktuelleZahlen/aktuelle-zahlen-asyl-node.html.

BMFSFJ (Bundesministerium für Familie, Senioren, Frauen und Jugend) (Hrsg.) (2014). *Übereinkommen über die Rechte des Kindes.* VN-Kinderrechtskonvention im Wortlaut mit Materialien. Berlin. Zugriff am 25.01.2019 unter www.bmfsfj.de/blob/93140/8c9831a3ff3ebf49a0d0fb42a8efd001/uebereinkommen-ueber-die-rechte-des-kindes-data.pdf.

Bundesfachverband unbegleitete minderjährige Flüchtlinge e. V. (18.12.2015): *Kritik an der Bezeichnung »unbegleitete minderjährige Ausländer_in«.* Berlin. Zugriff am 25.01.2019 unter www.b-umf.de/src/wp-content/uploads/2018/01/Kritik_Begriff_umA-1.pdf.

Effertz, C. (2007). Supervision in einer Jugendhilfeeinrichtung. Zur Erfahrung mit externen Supervisoren und deren Supervision. *OSC, 14* (2), 155–166.

Gies, H. (2009). Sekundäre Traumatisierung und Mitgefühlserschöpfung am Beispiel familienähnlicher stationärer Betreuung in der Jugendhilfe. *Systhema, 23* (2), 214–228.

Gröning, K. (2013). *Supervision. Traditionslinien und Praxis einer reflexiven Institution.* Gießen: Psychosozial-Verlag.

Gröning, K. (2017). Supervision – von der personenzentrierten Beziehungskunst zum sozialwissenschaftlich begründeten Format. In A. Hamburger & W. Mertens (Hrsg.), *Supervision – Konzepte und Anwendungen. Supervision in der Praxis – ein Überblick* (S. 58–70). Stuttgart: Kohlhammer Verlag.

Hamburger, A. (2017). Psychoanalytische Supervision im Feld: Fallorientierte Teamsupervision in der stationären Jugendhilfe. *Supervision, 35* (1), 50–56.

Kristeva, J. (1991). *Fremde sind wir uns selbst.* Frankfurt/M.: Suhrkamp.

Lohmer, M. & Giernalczyk, T. (2012). Psychodynamik und Unbewusstes im Unternehmen. In T. Giernalczyk & M. Lohmer (Hrsg.), *Das Unbewusste im Unternehmen. Psychodynamik von Führung, Beratung und Change Management* (S. 7–23). Stuttgart: Schäffer-Poeschel.

Lohmer, M. & Wernz, C. (2017). Supervision in der Klinik. In A. Hamburger & W. Mertens (Hrsg.), *Supervision – Konzepte und Anwendungen. Supervision in der Praxis – ein Überblick* (S. 133–147). Stuttgart: Kohlhammer Verlag.

MFKJKS (Ministerium für Familie, Kinder, Jugend, Kultur und Sport des Landes NRW) (Hrsg.) (2017). *Handreichung zum Umgang mit unbegleiteten minderjährigen Flüchtlingen in Nordrhein-Westfalen.* Düsseldorf. Zugriff am 25.01.2019 unter www.mkffi.nrw/sites/default/files/asset/document/handreichung_2017.pdf.

Seckinger, M. (2008). Supervision in der Kinder- und Jugendhilfe. *Supervision, 26* (2), 43–47.

Statistisches Bundesamt (Destatis) (23.08.2017). *2016: 84 200 Inobhutnahmen zum Schutz von Kindern und Jugendlichen.* Pressemitteilung Nr. 290. Wiesbaden. Zugriff am 25.01.2019 unter www.destatis.de/DE/PresseService/Presse/Pressemitteilungen/2017/08/PD17_290_225.

Statistisches Bundesamt (Destatis) (20.11.2017). *Jugendämter leiten immer häufiger Heimerziehung ein.* Pressemitteilung Nr. 420. Wiesbaden. Zugriff am 25.01.2019 unter: www.destatis.de/DE/PresseService/Presse/Pressemitteilungen/2017/11/PD17_420_225.html.

Statistisches Bundesamt (Destatis) (2019): *Statistiken der Kinder- und Jugendhilfe. Vorläufige Schutzmaßnahmen. 2018.* Wiesbaden. Zugriff am 19.10.2019 unter www.destatis.de/DE/Themen/Gesellschaft-Umwelt/Soziales/Kinderhilfe-Jugendhilfe/Publikationen/Downloads-Kinder-und-Jugendhilfe/vorlaeufige-schutzmassnahmen-5225203187004.pdf?__blob=publicationFile.

Steinlin, C., Dölitzsch, C., Fischer, S., Lüdtke, J., Fegert, J. M. & Schmid, M. (2015). Burnout, Posttraumatische Belastungsstörung und Sekundärtraumatisierung. Belastungsreaktionen bei pädagogischen Fachkräften in Kinder- und Jugendhilfeeinrichtungen der Schweiz. *Trauma & Gewalt, 9* (1), 6–21.

UNHCR (UN Refugee Agency) (2019). *Figures at a glance.* Zugriff am 25.01.2019 unter www.unhcr.org/figures-at-a-glance.html.

Weber, T. & Shah, H. (2014). Psychische Belastungen bei professionellen Helfern: Macht der Umgang mit traumatisierten Personen auf Dauer krank? *Trauma – Zeitschrift für Psychotraumatologie und ihre Anwendungen, 12* (2), 32–42.

Witt, A., Rassenhofer, M., Fegert, J. M. & Plener, P. L. (2015). Hilfebedarf und Hilfsangebote in der Versorgung von unbegleiteten minderjährigen Flüchtlingen. *Kindheit und Entwicklung, 24* (4), 209–224.

Teil II – Erfahrung

Einleitung zu Teil II

Andreas Hamburger & Ulrich Vogelheim

Der zweite Teil des vorliegenden Bandes ist praktischen Erfahrung mit Supervisionsprozessen in der Jugendhilfe gewidmet. Wolfgang Stietz, Diplom-Supervisor mit langjähriger Erfahrung, vermittelt aus seiner Perspektive Aufgaben und Funktion der Teamsupervision in der Jugendhilfe. Dieser Beitrag ist von besonderer Bedeutung für den Dialog, der in diesem Sammelband abgebildet werden soll, ist er doch der einzige, der dezidiert aus der Perspektive der nicht-schulengebundenen Teamsupervision stammt. Die wichtigen Fragen die er anspricht, etwa die bindungsorientierte Arbeit, aber auch die Integration von klassischer, teamorientierter Supervision und (von der Institution gewünschter) psychodynamischer Ausrichtung bilden eine wertvolle Ergänzung zu den Erfahrungsberichten aus Sicht der psychoanalytischen Supervision, wie sie etwa Heribert Kellnhofer in seinem Beitrag zu Langzeiteffekten kontinuierlicher psychoanalytischer Supervision vermittelt. Kellnhofer spricht aus eine einzigartigen Langzeitperspektive: Er war 30 Jahre als Psychoanalytiker Supervisor in einem kleinen, sehr autonomen Kinderhaus tätig. Sein Beitrag zeigt nicht nur, wie kontinuierliche Supervision die Qualifikation der Mitarbeitenden im Sinne einer Sensibilisierung für unbewusste Prozesse verbessert, sondern auch wie eine ganze Einrichtung durch einen Supervisor geprägt wird, der quasi schon »zur Familie« gehört. Für den Leser zeigen die Kontraste zwischen den Ausführungen von Stietz und Kellnhofer anschaulich auf, welche unterschiedlichen Zugangsweisen Supervisoren in der Kinder- und Jugendhilfe vertreten, und welche methodischen Dialoge hier vielleicht noch fortzusetzen wären.

Die folgenden beiden Beiträge der psychoanalytischen Supervisorinnen Reinholde Kriebel und Christine Bäuchle gehen anhand von ausführlichen Fallvignetten auf zwei Themenbereiche ein, die in der Praxis der Jugendhilfe von großer Bedeutung sind. Dr erste Beitrag beschreibt im Allgemeinen Reinszenierungen von Hoffnung und Scheitern in der stationären Jugendhilfe und führt aus, wie ein psychoanalytisch informierter Blick die unbewusste Reinszenierung vergangener Beziehungstraumata im gegenwärtigen Beziehungserleben der Wohngruppe und des Teams verdeutlichen kann. Insbesondere spielt dies eine Rolle, wenn (wie im zweiten Beitrag der beiden Autorinnen beschrieben) paradoxe Beziehungsreaktionen auftreten, also Krisen und Eskalationen, die Bewohner gerade dann provozieren, wenn eigentlich ein Fortschritt erreicht oder ein Knoten in der pädagogischen Beziehung gelöst ist. Solche plötzlichen Beziehungskatastrophen stellen Betreuer oft vor ein Rätsel. Die Bearbeitung in der psychoanalytischen Supervision, so die Autorinnen, kann dann verstehen helfen, warum ein solches unerwartetes, selbstschädigendes Verhalten in der unbewussten Bedeutungsmatrix des Klienten einen (wenn auch destruktiven) Sinn ergibt und wie mit den an solchen Schwellenpunkten auftretenden Übertragungs- und Gegenübertragungsreaktionen umgegangen werden kann.

Schließlich haben wir diesem Teil des Bandes noch einen Beitrag zugeordnet, der auch im folgenden Teil zur Forschung hätte Platz finden können. Er ist aber von einer erfahrenen Kinder- und Jugendlichenpsychotherapeutin verfasst, die Audioaufnahmen der Supervisonssitzungen zu einem bestimmten Bewohner untersucht hat. Wir haben Elisabeth Reichard-Dorrer gebeten, uns ohne ausführliche Behandlung forschungsmethodischer Fragen am Beispiel einer der in ihrer Studie bearbeiteten Supervisionssitzungen die Ebene des »szenischen Verstehens« zu verdeutlichen und damit die Erfahrungen, die in der psychoanalytischen Supervision in der Jugendhilfe gemacht werden können, um eine weitere Facette zu bereichern.

5 Das alltägliche Beziehungshandeln im Arbeitsfeld der stationären Jugendhilfe – Bindungsorientierte Aspekte in der Praxis der Teamsupervision

Wolfgang Stietz

5.1 Einleitung

Mit diesem Erfahrungsbericht, in den die jahrelange Arbeit als Diplom-Supervisor in der Kinder- und Jugendhilfe einfließt, biete ich dem Leser die Gelegenheit, hinter die Fassaden von Teamsupervisionsprozessen zu schauen. Was passiert da eigentlich? Was hat das, was da passiert, mit dem zu tun, was verantwortungsvolle Leitungskräfte sich für die Entwicklung der Teams wünschen? Wie genau trägt Supervision dazu bei, die Arbeit zu qualifizieren, und hier noch genauer ausgedrückt, wie taucht die Bindungsdynamik zwischen den Kindern und Jugendlichen in ihren Herkunftssystemen, mit ihren Erziehenden, aber auch in den Beziehungen im Team und schließlich manchmal auch noch als Spiegelung in der Supervisionsgruppe auf? Ich möchte zeigen, dass ich als universitär ausgebildeter und mit Handwerkszeug aus verschiedenen Therapieschulen ausgestatteter Supervisor häufige und vielfältige Berührungspunkte zu bindungsorientierten Aspekten des Handelns habe.

5.2 Der Junge Bruno und die Fallen einer Berufs-wieder-Einsteigerin

5.2.1 Falldarstellung

Frau Sonja ist Anfang 40, Erzieherin und seit etwa vier Monaten im Team der stationären Wohngruppe. Vor einigen Wochen hat sie die Fallverantwortung für Bruno übertragen bekommen. Sie nahm an der – für sie – zweiten Supervisionssitzung teil und wünschte sich nach der Eröffnungsrunde eine Rückmeldung, wie sie insbesondere mit Bruno besser zurechtkommen könne.

Es gebe immer wieder Situationen, in denen Bruno ohne erkennbaren Anlass seine Stimmung wechsele.

Bruno ist 8 Jahre alt und seit einem knappen Jahr in der Wohngruppe, weil sich die Mutter überfordert sah, Bruno klare Tagesstrukturen zu vermitteln. Sie sei psychisch krank und schnell mit allem überfordert.

Frau Sonja beschrieb eine Situation, in der sie extra »aus ihrem Frei« gekommen sei, um mit Bruno zum Schwimmtraining zu gehen. Sie wollte ihn begleiten, um ihm zu zeigen, wie er selbständig mit öffentlichen Verkehrsmitteln zum Training kommen und später wieder in die Wohngruppe fahren könne. Beim morgendlichen Frühstück hatte es eine ungeklärte Streitsituation mit einem gleichaltrigen Jungen aus der Wohngruppe gegeben. In der Kindergruppe im Schwimmbad sei es sehr unruhig gewesen, sodass Frau Sonja selbst mit Bruno trainieren musste. Auch das Umziehen war sehr langwierig und brachte Frau Sonja an die Grenzen ihrer Geduld. Auf dem Rückweg ging Bruno an ihrer Hand, es entstand ein fast mütterliches Gefühl bei Frau Sonja. Als sie jedoch in die Straße der Wohngruppe eingebogen seien, änderte sich alles. Bruno habe dann seine Hand entzogen und »wollte nie wieder zum Schwimmtraining«. Der Kontakt war abgebrochen. Frau Sonja ihrerseits reagierte fast trotzig und schickte ihn dann allein in die Wohngruppe.

5.2.2 Fallbearbeitung

Auf der Ebene des Ablaufs in der Wohngruppe war schnell klar, dass der Konflikt am Morgen wahrscheinlich ein wichtiger Anlass für Brunos Stimmungswechsel war. Er fürchtete, mit dem anderen Jungen noch erheblichen Ärger zu bekommen.

Auf der Ebene des Teams wurde deutlich, dass Frau Sonja Bruno ohne Absprache bzw. Beauftragung mit/durch das Team zum Schwimmtraining begleitet hat. Die Mitarbeitenden wünschen sich zukünftig eine bessere Absprache.

Das Gefühl, »in der Freizeit« diese Fahrt auf sich zu nehmen, hat bei Frau Sonja deutlich mit dazu beigetragen, dass sie selbst verärgert über Bruno war, anstatt die Situation lösungsorientiert auflösen zu können. Eine Beauftragung hätte die Fahrt auch stärker als professionell markiert und Frau Sonja hätte damit vielleicht ihre eigenen Empfindungen eher einem Reflexionsprozess in der Situation unterziehen können.

Für Frau Sonja ist darüber hinaus die besondere Rolle der Fallverantwortlichen eine weitere Falle für ihr Bindungsangebot an Bruno. Sie geht über das normale Maß einer professionellen Beziehungsgestaltung hinaus und bietet ihm eine fast »mütterlichen Form« an. Frau Sonja beschrieb dann, dass sie sich oft selbst von Brunos wechselnden Gefühlen verwirrt fühlte. In der Situation war sie ziemlich ärgerlich auf ihn und hat nicht verstehen können, was da plötzlich los war. »Ich habe doch so viel für dich getan und jetzt gehst du einfach in die Wut!« wäre ein Satz gewesen, der ihre Empfindungen ausgedrückt hätte.

Es fiel dem Team auf, dass sie genau die Phänomene beschrieb, die in Brunos Beziehung zu seiner Mutter zu der Entscheidung geführt haben, ihn stationär unterzubringen. Dort habe er sich oft mit einem solchen Stimmungswechsel viel Aufmerksamkeit geschaffen. Die These war nun, dass Bruno – als wahrscheinlich unsicher gebundener Junge – seine Beziehungsmuster, die er im Kontakt zur Mutter erlernt hat, auf Frau Sonja überträgt. Frau Sonja empfindet Ärger auf Bruno in Form einer eigenen emotionalen Verwirrung – oder psychodynamisch ausgedrückt als Gegenübertragungsbereitschaft.

Für Bruno war möglicherweise auch die Tragkraft der Beziehung nicht eindeutig. Zum einen hätte Frau Sonja ihn bei dem befürchteten Konflikt in der Wohngruppe kaum schützen können, dann konnte er möglicherweise den Rollenwechsel von Frau Sonja von der gleichberechtigten Trainingspartnerin beim Schwimmen zur Erzieherin kaum nachvollziehen und schließlich löste vielleicht auch das Hand in Hand laufen bei Bruno eher ambivalente Gefühle aus. Wenn die Vorerfahrungen mit der Mutter als Bindungsperson angesichts der psychischen Erkrankung auch durch viele Enttäuschungen mitgeprägt sind, möchte er vielleicht derjenige sein, der den Ausstieg aus dieser Intimität selbst vollzieht.

5.2.3 Ergebnisse

Hier wurde deutlich, wie schnell es gehen kann, dass das Nichtbeachten von Strukturfragen in Team und Einrichtung, das Auftreten von komplizierten psychodynamischen Beziehungskonstellationen begünstigen kann. Frau Sonja nahm sich vor, die Strukturen im Haus, deren Schutzfunktion für die Mitarbeitenden hier deutlich geworden ist, stärker zu berücksichtigen.

Für alle war es hier sehr hilfreich, zu sehen, wie zum einen zuhause gelernte Beziehungsmuster im Kontakt zu den Erziehenden wieder auftreten können und zum anderen, dass die gemeinsame Reflexion der Fallen in der Beziehungsgestaltung, in die man tappt, einen neuen Blick darauf ermöglicht, wie solche Beziehungsmuster in der Wohngruppe reproduziert werden.

5.2.4 Supervisorisches Vorgehen

Die Fallbesprechung war eingebettet in das größere Thema »stärkere Strukturgebung für die Einrichtung«. Weil die Anfrage von Frau Sonja dringlich erschien, wurde sie vorgezogen. Insofern hatte sie auch eine beispielgebende Funktion für das folgende Hauptthema. Frau Sonja hatte offen von ihren Gefühlen gesprochen, so war es möglich, ihre Irritationen in recht kurzer Zeit aufzudecken. Als in der Einrichtung noch relativ unerfahrene Mitarbeitende fiel es ihr sehr leicht, über Fallen zu sprechen, die sie in der Situation nicht erkannt hatte. Die Teammitglieder konnten auch benennen, was sie sich anders von ihr gewünscht hätten.

Gleichzeitig war Frau Sonja davor zu schützen, dass ihr Rutschen in typische Fallen am Anfang einer Tätigkeit nicht von anderen negativ bewertet oder von ihr selbst mit einer möglichen Beschämung verbunden würden. Das war möglich, weil ihr offener Kommunikationsstil für die Bearbeitung von allen Beteiligten als sehr hilfreich erlebt wurde und weil die Mitarbeitenden sehr einfühlsam mit ihren Fragestellungen umgingen.

Außerdem ging es darum, eine beobachtende Haltung dem Geschehen gegenüber – im Sinne von »ach, ist das interessant, was wir aus einer so kurzen Sequenz alles sehen und lernen können« – einzunehmen und in einem längeren Prozess auch einzuüben.

Es wäre vielleicht auch möglich gewesen, auf biographische Anteile von Frau Sonja zu fokussieren. Das hat der Supervisor jedoch nicht angeboten. Bei der ersten Bearbeitung eines solchen Themas ist es oft hilfreich, auf den Fall-, Rollen- und Teamebenen zu verbleiben, um das szenische Verstehen zu intensivieren und Rollenklarheit und Handlungssicherheit zu erarbeiten. Werden vergleichbare Themen immer wieder eingebracht, kann die Fokussierung der biographischen Ebene sinnvoll werden, sofern die Rahmenbedingungen dafür stimmen.

5.3 Fallübergreifende Erfahrungen zur Relevanz von Aspekten der Bindungsdynamiken in der Supervision

5.3.1 Bindungsdynamik auf der Ebene der Kinder und Jugendlichen

5.3.1.1 Verstehen von Bindungsvorerfahrungen der Kinder und Jugendlichen

In nahezu jeder Fallbesprechung kommen Bindungsvorerfahrungen auf den Tisch. Ausgangspunkt sind oft irritierende Erlebnisse mit den Jugendlichen, die in die Supervision eingebracht werden. Hier hilft der Blick darauf, welche Bindungsvorerfahrungen die Kinder und Jugendlichen mitbringen, um das Verstehen erweitern zu können. Das Zusammentragen und In-Verbindung-bringen der aktuellen Erlebnisse mit dem, was die Erziehenden aus Aufnahmegesprächen, Hilfeplangesprächen, Elterngesprächen, Elternbesuchen oder auch aus Beschreibungen der Jugendlichen selbst erfahren haben, mit den Wissensbeständen der Profession (z. B. zu Bindungsmustern) ermöglicht es oft, Rückschlüsse auf das aktuelle Verhalten oder die Art der Beziehungsgestaltung ziehen zu können. Es geht also darum, das Praxis- und Erfahrungswissen der Erziehenden mit den theoretischen Wissensbeständen zu verbinden.

Diese Zusammenhänge sind den Mitarbeitenden oft klar, sie haben jedoch selten die Gelegenheit, so ungestört und konzentriert auf die Suche zu gehen, wie sie es in der Supervision tun können.

Gelingt es, die Erfahrungen mit den Kindern und Jugendlichen möglichst authentisch in die Supervision einfließen zu lassen, entsteht oft eine intensive Arbeitsatmosphäre mit einer großen Bereitschaft, sich neu auf die Jugendlichen einzulassen. Allein das Verstehen dieser Zusammenhänge öffnet nicht selten neue Zugänge, über die dann in den Folgesitzungen berichtet werden kann. Geschieht das nicht, werden die Jugendlichen dann später oft erneut als Fallbesprechung eingebracht.

Findet eine Fallbesprechung jedoch zu einem Zeitpunkt statt, zu dem es bereits Zweifel oder Hoffnungslosigkeit gibt, den Entwicklungsverlauf noch positiv beeinflussen zu können, wird der Jugendliche als Bedrohung für die Entwicklungsverläufe anderer gesehen, oder ist sogar die eigene Fähigkeit, die Strukturvorgaben in der Gruppe zu erfüllen, davon betroffen, kann es sein, dass der Jugendliche bereits »abgeschrieben« ist. Hier ist die Sitzungsatmosphäre dann eher durch Aggression oder Hilflosigkeit geprägt. Oft sind das jedoch auch Hinweise, dass ein Programmwechsel im Sinne der Weiterarbeit auf einer anderen Ebene erforderlich ist.

5.3.1.2 Gestaltung von Beziehungen als pädagogische Handlungsoption

Aufbauend auf das Verstehen der Bindungsvorerfahrungen stellt sich oft die Frage, was das nun für das Alltagshandeln der Erziehenden bedeuten kann. Wie gelingt es, die beschriebene, oft intensive Arbeitsatmosphäre in der Supervision, die auch von einer großen Betroffenheit über das Schicksal begleitet wird, in pädagogisches Handeln umzusetzen?

Das Handeln der Erziehenden erfordert ein hohes Maß an Empathie, um überhaupt eine unterstützende Bindung anbieten zu können und eine korrigierende Bindungserfahrung zu ermöglichen (Schleiffer, 2003). Als hilfreich für das Gestalten von haltenden Beziehungen hat sich immer wieder neben den Rahmenbedingungen, wie Zeitfaktor und der Gruppengröße,

- das Durchstehen von Konflikten,
- die Situation in der Gruppe »im Griff zu haben« – also Sicherheit zu vermitteln,
- die Kinder »lesen zu können«, also Kennen, Verstehen und Berücksichtigen der biographischen Vorerfahrungen und der Beziehungsmuster,
- eine Berechenbarkeit, Klarheit und Authentizität im Kontakt,
- das feinfühlige Aufgreifen der jeweiligen Themen der Kinder,
- die Einbindung in Hilfeplanung und Teamstrategien des Umgangs mit den Kindern und die
- Reflexion und Kontrolle der eigenen Gefühle, psychodynamisch ausgedrückt der eigenen Gegenübertragungsimpulse,

herausgestellt.

Es muss daher das, was im natürlichen Kontakt entsteht, durch die oben erwähnten Faktoren ergänzt und für jedes Kind neu erarbeitet werden. Es entsteht also eine Arbeitshypothese, was den Kindern und Jugendlichen gefehlt hat, wie es sich aktuell zeigt und welche Fenster zur Bearbeitung sie den Erziehenden anbieten. Daraus kann man dann ableiten, welche Bindungsangebote angemessen sein könnten. Rosemarie Welter-Enderlin und Bruno Hildenbrand sprechen in diesem Zusammenhang vom Fallverstehen in der Begegnung (vgl. Hildenbrand & Welter-Enderlin, 1996). Das Beziehungshandeln wird zwischen kindlichem Bedürfnis, Team und persönlicher Realisierungsmöglichkeit ausgerichtet (s. dazu unten). Das Fallbeispiel zeigt, wie das beziehungsorientierte Alltagshandeln im Kontakt zu den Kindern und Jugendlichen mit all ihren komplizierten bis krankmachenden Beziehungsvorerfahrungen, Beziehungsmustern und Bindungsrepräsentationen zum Thema in der Supervision wird. Hier gibt es die Chance, dieses Alltagshandeln in seiner Wirkung auf die eigene Gefühlswelt der Erziehenden deutlicher wahrzunehmen, zu entschlüsseln, und wiederum mit den Theoriebeständen zu verbinden.

Es ist die zentrale Aufgabe der Supervision, diesen Prozess mit seinen vielen Bausteinen an der einen oder anderen Stelle, die besonders problematisch erscheint, immer wieder der Reflexion zuzuführen. Dies geschieht während der Fallbesprechung in einem fortlaufenden Prozess des Blickwechsels von konkreten Situationen zum Allgemeinen und wieder zurück.

Manchmal entsteht die Vorstellung, vieles positiv beeinflussen zu können, wenn man sich nur intensiv genug – und manchmal auch über die Grenzen des Beruflichen hinaus – auf die Kinder und Jugendlichen einlässt. Besonders bei traumatisierten Kindern entsteht schnell eine solche Vorstellung. Überhaupt fällt es auf, dass es quasi zur Berufsidentität vieler Erziehenden gehört, eine möglichst intensive Beziehung anzubieten. Die Positionierung im Theoriequadrat, eine Übung, bei der sich die Erziehenden zu pädagogischen Grundhaltungen aufstellen, zeigt oft, dass es ein deutliches Übergewicht auf der Seite der Beziehungsarbeit gibt. Hier geht es in der supervisorischen Arbeit dann oft darum, diese Haltung von psychodynamischer Ausrichtung der Arbeit durch die Einbettung in einen professionellen – an Zielen und einer Betrachtung der Bindungsvorerfahrungen orientierten Planung der Bindungsaktivitäten – zu ergänzen und damit auch als Rollenhandeln zu verankern.

5.3.2 Aspekte der Bindungstätigkeit und der Person der Erziehenden

5.3.2.1 Ausbalancieren von Nähe und Distanz in den Beziehungen

In den konkreten Beziehungsgestaltungen ist eine Balance zwischen notwendiger Empathie, dem Sich-Einlassen-Können und dem Herstellen der gebotenen Distanz, um Grenzen wahren zu können erforderlich. Dieser Prozess muss auch noch mit den biographischen Vorerfahrungen mit Bindungsverhalten und dem eigenen Fachwissen zur Gestaltung von Nähe und Distanz in beruflichen Beziehungen verknüpft werden. In vielen Fallbesprechungen wird deutlich, dass Erziehende sich kaum trauen, eine Distanz in der Beziehung herzustellen, was wiederum den unbeschwerten, empathischen und verlässlichen Zugang zu den Jugendlichen behindert. Es geht dann darum, den Erziehenden »quasi zu erlauben«, sich gegenüber unrealistischen Beziehungswünschen der Kinder und Jugendlichen abzugrenzen.

Auf der anderen Seite kann es aber auch darum gehen, die Wahrnehmungen einem Kind gegenüber zu intensivieren und damit auch zu intendieren, dass die Erziehenden ihre Kontakte zu dem Kind ausbauen.

Insofern hat Supervision bei der Herstellung dieser Balance eine wichtige Aufgabe. Supervision als gemeinsamer Reflexionsprozess ist ein geeignetes Instrument, in dieser Fülle von Beziehungserwartungen und -befürchtungen ein paar Orientierungspflöcke zu setzen.

5.3.2.2 Eigene Empfindungen als Hilfe zum Verstehen

Das Fallverstehen wird durch die Analyse der Übertragungen und ihrer dahinterstehenden Vorerfahrungen und Bedürftigkeiten bei den Kindern und Jugendlichen oft erweitert und kann in neue Handlungsorientierungen im Team und für die einzelnen Erziehenden münden. Entsteht im Laufe der Bearbeitung eine intensive und wohlwollende Atmosphäre der Bearbeitung, werden auch manchmal in der Gegenübertragungsbereitschaft fußende Gefühle und Handlungsimpulse eingebracht. Gerade sehr authentisch agierende Erziehungspersonen können Fallbesprechungen sehr durch eine lebhafte Beschreibung ihrer Handlungsimpulse bereichern. Da fällt es manchmal schwer, die Bezüge zum Fallgeschehen immer wieder herzustellen.

Die irritierenden Empfindungen und Handlungsimpulse stellen oft eine Abweichung von den theoretischen Wissensbeständen der Profession oder den Aufträgen der Hilfeplanung dar. Um dabei nicht zu sehr an sich selbst zu zweifeln, ist es wichtig, in der Supervision eine Haltung der Wertschätzung solchen oft irritierenden Empfindungen gegenüber aufzubringen. Sie sind oft ein Schlüssel zum erweiterten Verstehen und geben Anregungen, mehr von den Kindern und manchmal auch mehr von den Erziehenden selbst zu verstehen.

Das Handeln der Erziehenden erfordert ein hohes Maß an Empathie, um überhaupt eine hilfreiche Bindung anbieten zu können. Diese Nähe muss ergänzt werden durch die Fähigkeit, immer wieder von oben auf das Geschehen zu schauen, um reflektieren zu können, was gerade in der Beziehung passiert.

In einem weiteren Schritt geht es darum, im Beziehungshandeln zu Angeboten zu kommen, die der Intention dessen, was das Kind braucht, was das Team beschlossen hat und was die Erziehungsperson realisieren kann und will, näherkommen. Das Beziehungshandeln ist also auch ein Rollenhandeln. Dass dieser Gesamtprozess ein hochkomplexer Vorgang ist, der noch dazu innerhalb von Sekundenbruchteilen als Reaktion zu erfolgen hat, muss hier nicht näher erläutert werden. Schütze, Riemann und andere sprechen hier respektvoll von den Kunstlehren des Fallverstehens. (Schütze, 1992). Um bei einer solchen Anforderung auch noch authentisch wirken zu können, wird der Erziehende auf erlernte Formen der Interaktionsgestaltung zurückgreifen müssen und sie nach und nach durch professionelle Handlungsroutinen ergänzen.

5.3.2.3 Biographische Verstrickungen der Erziehenden

Es kann vorkommen, dass die Erziehenden eine eigene biographische Thematik mit dem Fall vermischen. Dann ist zu entscheiden, auf welcher der Ebenen weitergearbeitet werden soll und kann. Besteht großes Vertrauen zu Team und Supervisor und bringt ein Erziehender vielleicht ähnliche Situationen immer wieder ein, kommt die Bearbeitung von biographfischen Verstrickungen infrage. Hier muss der Supervisor vorsichtig abwägen, ob der Grad der Verwicklung noch in der Supervision bearbeitet werden kann und ob es während der Bearbeitung durchgehend gewährleistet ist, dass die Bezüge zum Fallgeschehen erhalten bleiben können. Erziehende, die bereit sind, sich auf die Bearbeitung dieses persönlichen Aspektes einzulassen, gehen ein großes Risiko ein. Schließlich arbeiten sie in einem Team, das in verbindlicher Form zusammenarbeiten muss und das nicht immer Einfluss darauf hat, wer zum Team gehört. Das Setting der Teamsupervision hat hier Grenzen, die der Supervisor im Blick haben muss. Denkbar ist in einer solchen Situation auch, das Setting zu ändern und sich Einzelsupervisionssitzungen genehmigen zu lassen und die fall- oder teambezogenen Anteile aus den Einzelsitzungen wieder in die Teamsupervision einfließen zu lassen. Solche Anfragen kommen manchmal auch aus der Organisation, wenn der Eindruck besteht, dass ein Mitarbeitender immer wieder von bestimmten Themen so beeinträchtigt ist, dass sich das auf das pädagogische Verhalten in problematischer Weise auswirkt.

5.3.3 Aspekte der Bindungstätigkeiten und die Teamebene

5.3.3.1 Vertrauen und Offenheit zwischen den Teammitgliedern

Oft spiegeln sich die beiden Aspekte der Atmosphäre in der Zusammenarbeit im Team und die Fähigkeit, der einzelnen Teammitglieder, den Kindern haltende Beziehungen anzubieten. Ihr persönliches Angenommen- und Akzeptiert-Sein im Team ermöglicht oft erst eine psychodynamische Arbeitsweise. Auf der anderen Seite ist die Fähigkeit, mit den Kindern und Jugendlichen in einen hilfreichen Kontakt zu kommen, aber auch oft die Eintrittskarte in das Team.

Für die Arbeitsatmosphäre in der Supervision sind Vertrauen und Offenheit im Team eine wichtige Grundlage, um schwierige Situationen der alltäglichen pädagogischen Arbeit einzubringen und zu bearbeiten. Aber auch hier gilt: Gelingt es zunehmend, in den Fallbesprechungen eine intensive, sachorientierte und für das Kind gewinnbringende Atmosphäre zu schaffen, kann sich das auf das kommunikative Klima auch außerhalb der Supervision im Team positiv auswirken.

5.3.3.2 Die Gefahr der Spaltung des Teams

In der stationären Jugendhilfe erleben sich die Mitarbeitenden im Kontakt zu den Kindern und Jugendlichen sehr direkt. Gemeinsame Dienste, gemeinsame Reflexionen und das Erzählen der Kinder und Jugendlichen über das Handeln der Kollegen und Kolleginnen schaffen in der Regel klare Bilder dazu, wie alle im Team die Beziehungen gestalten. Insofern werden oft Themen des unterschiedlichen Umgangs mit den Bindungsbedürfnissen der Kinder und Jugendlichen als Bindeglied zwischen Fallbesprechung und Teamthema in der Supervision eingebracht. Häufig ist es darüber hinaus möglich, eine psychodynamische Betrachtungsweise auch durch die Thematisierung in der Supervision anzuschieben.

Manchmal entstehen unterschiedliche Zugangsweisen zu den Jugendlichen. Während manche Mitarbeitende gut in der Lage sind, die Jugendlichen durch den Alltag der Gruppe mit seinen Anforderungen an Gruppenaufgaben und Einhalten von Tagesstruktur und Regelwerk zu führen, haben andere damit erhebliche Schwierigkeiten. Es wird dann schwieriger, in den Teamsitzungen zu gemeinsam getragenen Entscheidungen zu kommen. Die Dynamik eines Falles ist somit auf der Teamebene angekommen und muss meist auch hier weiterbearbeitet werden.

Aufspaltungen des Teams können außerdem dadurch begünstigt werden, dass es für die Organisation der kinderbezogenen Aufgaben eines Teams personelle Zuordnungen im Sinne von Fallverantwortlichkeiten gibt. Diese – manchmal sogar »Bezugserzieher« genannten – Mitarbeitenden sind oft in einer besonderen Gefahr, die professionelle Gestaltung der Bindungen aus dem Auge zu verlieren. Sie bieten den Kindern besondere Projektionsflächen für ihre Bindungsvorerfahrungen. Dabei wechseln sich idealisierende Formen mit immer wieder testenden Formen im Sinne von: »Hältst du mich auch aus, wenn ich Mist mache?« ab.

Im Erleben der Kinder ist es oft »ihr Erzieher oder ihre Erzieherin«. Dadurch können besonders in dieser Rolle Verwicklungen auftreten. Werden diese nun noch durch den oft selbst gemachten Druck, eine besonders gute Beziehung »hinzubekommen zu müssen« verstärkt, ist die

Falle für Verwicklungen besonders hoch und die Dynamik im Team auf eine Probe gestellt. Der Fallverantwortliche kämpft regelrecht um »seinen« Jugendlichen, während der Rest des Teams vielleicht schon keine Handlungsoptionen mehr sieht und für ein Betreuungsende plädiert. Erst wenn diese Dynamik aufgedeckt ist, kann in den Teamsitzungen wieder sachorientiert der Frage nachgegangen werden, ob es noch Handlungsoptionen für den Jugendlichen gibt.

Es kommt darauf an, Unterschiede der Beziehungsgestaltung nicht im Sinne von »Je besser die Beziehung, umso besser der Erzieher.« zu bewerten, sondern sie als Chance zu sehen, den Verstehensprozess anzureichern.

Gelingt es nicht, diese Haltung zu verankern, kann es auch zu Prozessen des Ausstoßens von Kindern und Jugendlichen oder auch Teammitgliedern kommen. Wenn Teammitglieder den Eindruck haben, immer wieder für vermeintlich »schwache« Teammitglieder im Rahmen von Kriseninterventionen einspringen zu müssen, oder immer diejenigen zu sein, die die Strukturen in der Gruppe sichern müssen, verändert sich oft die Teamdynamik und es wird atmosphärisch schwieriger. Das gemeinsame Handeln zu entwickeln und vor allem auch durchzusetzen kann dann zum Problem werden. Gefühle der Hilflosigkeit, des Ausgeliefertseins und vielleicht auch der Schuld machen sich breit, aggressive Deutungsmuster im Sinne von »Der muss weg!« gewinnen die Oberhand. Die Phantasie entsteht, dass die Verlegung eines Kindes oder das Auswechseln von Mitarbeitenden die »Rettung« sein könne. Hier hat sich dann die Krise noch verschärft.

In der Supervision werden solche Situationen thematisiert oder sie sind sogar die Indikation für das Installieren eines Supervisionsprozesses.

Hier geht es dann um

- das Verstehen dieser Dynamik,
- die Verankerung des Professionellen im Bindungsangebot,
- das Aufdecken von kind-, team- und erziehergebundenen Anteilen und
- das Ringen um die positive Wiederherstellung gemeinsam getragener Handlungsoptionen.

Markiert wird solch ein Wandel oft durch

- positive Erfahrungen mit aufeinander bezogener Kommunikation, wie sie meist schon lange nicht mehr stattfand,
- durch das Erleben von Restbeständen der Identität des Teams,
- durch kleine Erfahrungen der Selbstwirksamkeit und
- durch das Verstandenwerden in der Beschreibung der eigenen Perspektive auf das Geschehen durch den Supervisor und die Teammitglieder.

Diese können dann zu Elementen werden, die in einem langwierigen Prozess wieder Auswege aus der Krise begünstigen.

5.3.4 Psychodynamik als orientierende Vorgabe einer Organisation

Auch auf der Einrichtungsebene begegnen dem Supervisor Fragestellungen, die Bindungsreflexion im supervisorischen Kontext begünstigen. So hat sich bspw. eine Einrichtung der Jugendhilfe, mit der der Supervisor bereits lange zusammenarbeitet, einer psychodynamischen Orientierung als Handlungsempfehlung für die Arbeit mit den Kindern und Jugendlichen verschrieben. In diesem Zusammenhang haben Weiterbildung und Supervision immer eine wichtige Funktion. Der dort tätige Supervisor begleitet mit seinen Kolleginnen und Kollegen diesen Prozess seit vielen Jahren. In den Zielsetzungen für die Kontrakte der einzelnen Prozesse wurde die Reflexion des Beziehungsgeschehens und der persönlichen Anteile daran in der Regel mit aufgenommen. Auch die Entwicklung und Weiterentwicklung von Erziehungshaltungen wurde oft als eines der Ziele für die Prozesse benannt. Hier wird deutlich, wie es gut möglich ist, die Anliegen der Einrichtung in die Supervision einzubringen und ihr damit einen hohen Stellenwert bei der fachlichen und strategischen Ausrichtung der Organisation zu geben. Hierfür haben sich bei selbstverständlicher Wahrung der Schweigepflicht die jährlichen Reflexionsgespräche mit den Leitern der Einrichtungen als hilfreich herausgestellt.

Supervision ist also auch auf der Ebene der Organisation eine von mehreren Rahmenbedingungen für die Begünstigung von Bindungsangeboten und ihrer Verortung im professionellen Handeln.

5.3.5 Bindungshandeln und berufliche Rolle

Es fällt den Erziehenden manchmal schwer, zu akzeptieren, dass es sich bei der Beziehungsgestaltung um Rollenhandeln in einem vorgegebenen Rahmen handelt.

Das Anstreben von Professionalität in den Bindungsangeboten erfordert ein hohes Maß an Klarsicht über die eigenen Bindungsmuster und den Umgang damit. Professionalität erfordert, immer wieder die notwendige Nähe und Klarheit in der Abgrenzung zu prüfen. Bindungsarbeit findet im Schnittfeld von Person und beruflicher Rolle statt und unterliegt hier einer Reihe von Schwierigkeiten, Verstrickungen und manchmal auch Paradoxien. Die Arbeit zeigt auf, dass es an vielen Stellen intensive Reflexionsräume braucht, um hier nicht die Orientierung zu verlieren und das Handeln immer wieder im beruflichen Kontext zu verankern.

5.4 Literatur

Hildenbrand, B. & Welter-Enderlin, R. (1996). *Fallverstehen in der Begegnung. Systemische Therapie als Begegnung*: Klett Cotta, Stuttgart.

Schleiffer, R. (2003). Zum Nutzen der Bindungsforschung für die Heimerziehung. *Pädagogischer Rundbrief* 3/2003. Herausgegebenen von der Geschäftsstelle des Landesverbands katholischer Einrichtungen und Dienste der Erziehungshilfen in Bayern e. V. (LVkE).

Rappe-Giesecke, K. (1990). *Theorie und Praxis der Gruppen- und Teamsupervision.* Heidelberg: Springer.

Riemann, G. (1987). *Das Fremdwerden der eigenen Biographie.* München: Fink.

Schütze; F. (1992). Sozialarbeit als »bescheidene Profession«. In B. Dewe, W. Ferchhoff & F.-O. Radtke (Hrsg.), *Erziehen als Profession* (S. 132–170). Opladen: Springer VS.

6 Langzeiteffekte kontinuierlicher psychoanalytischer Supervision. 30 Jahre psychoanalytische Supervision in einem Kinderhaus

Heribert Kellnhofer

> »Die Wege und Mittel der Therapie in der Kindheit sind so zahlreich, wie die auf dem Entwicklungsweg erworbenen Störungen und so verschieden voneinander, wie die verschiedenen Anteile der kindlichen Persönlichkeit.« (A. Freud, 1965, S. 2346)

Diese Aussage bezieht sich bei Anna Freud auf die Psychotherapie, trifft aber auch auf alle pädagogischen Handlungen in gleicher Weise zu. Auch in der Supervision muss dieser Feststellung Rechnung getragen werden, indem auf diese Veränderungen eingegangen wird und der Supervisor eine neue, der Realität angepassten, Haltung finden muss. Vor etwa 30 Jahren bedeutete Heimerziehung, Kinder aus der Unterschicht besser zu versorgen, als dies ihre Eltern aufgrund unterschiedlicher Störungen tun konnten. Eine achtsame von Respekt getragene Beziehung war damals einfacher herstellbar, da zumindest die frühkindliche Erstversorgung funktionierte. Heute werden Pädagogen mit Kindern konfrontiert, die durch familiäre Konflikte, durch Störungsbilder der Eltern, keine Bindung oder Beziehung zu Bezugspersonen aufbauen können, die oft an reaktiven Bindungsstörungen und damit verbunden an Affektregulationsstörungen leiden. Diese Anpassungsstörungen sind subjektiv empfundene Leiden und emotionale Beeinträchtigungen, die soziale Funktionen und Leistungen behindern. Margaret Mahler (vgl. Mahler, Pine & Bergmann, 2008) spricht von der *Gefühlsinkontinenz*. Kindern fehlen halt- und schutzgebende elterliche Objekte, ihnen fehlen halt- und sicherheitsgebende Beziehungspersonen, was bei ihnen zu strukturellen Störungen führt. Unzureichend ist die Dimension der Selbst- und Objektwahrnehmung, das Selbsterleben; die Selbst-Objekt-Differenzierung ist defizitär. Die Dimension ihrer Steuerung und Abwehr ist geschädigt, es gelingt ihnen kaum, Affekte und Impulse zu regulieren. Die

Fallvignetten, die beschriebenen Konflikte in den Sitzungen, geben über diese veränderte Welt Auskunft und verlangen vom Supervisor eine besondere Haltung, auf die später noch eingegangen wird.

6.1 Das Kinderhaus

Das in diesem Kapitel vorgestellte Kinderhaus ist eine kleine, selbstständige Einrichtung in Mitteldeutschland und im Laufe der Jahre ein fester Bestandteil des dortigen Ortsteils mit 70 Einwohnern geworden. In den 1970er Jahren auf Einzelinitiative als privates Kinderhaus mit meist vorübergehenden Unterbringungen von bis zu 15 Kindern begonnen, hat es sich zu der heutigen Form mit neun Plätzen weiterentwickelt.

Seit 1980 begleite ich diese Einrichtung als Supervisor in ihrem kontinuierlichen Veränderungsprozess. Seither wurden ca. 330 Sitzungen bei einer Dauer von 120 Minuten pro Einheit absolviert.

An der die Einrichtung seit 1985 tragenden gemeinnützigen GmbH sind ausschließlich Mitarbeiter als Gesellschafter beteiligt. Einbezogen in die ländliche Umgebung, mit ständig im Haus präsenten Mitarbeitern, bietet das Kinderhaus ein überschaubares, stabiles Bezugssystem, durch das sich bindungsgestörte Kinder und Jugendliche angenommen und verstanden erleben, in dem sie sich vergleichsweise leicht orientieren können, dass sie aber auch zur Auseinandersetzung und Teilnahme am öffentlichen Leben anregt. Das Miterleben und die Beteiligung an den täglichen Abläufen, eine sinnvolle Freizeitgestaltung sowie Hilfen zur Bewältigung schulischer und beruflicher Anforderungen schaffen die Voraussetzung, um Kinder und Jugendliche zur sozialen Kompetenz und zu einem verantwortungsbewussten Leben in der gesellschaftlichen Realität zu befähigen. Die Selbstständigkeit und Überschaubarkeit ermöglichen es, alle Lebensbereiche unmittelbar an die Bedürfnisse der am Erziehungsprozess beteiligten anzupassen.

Neben den notwendigen schulischen und therapeutischen Unterstützungen, die das Team organisiert, werden auch nahezu alle anderen Arbeiten von der Versorgung und Betreuung bis zur Verwaltung, Reinigung und Instandhaltung, die im Zusammenhang der Einrichtung anfallen, von den pädagogischen Mitarbeitern übernommen. Ziel der pädagogischen Arbeit der Einrichtung ist, neben der Rückführung der jungen Bewohner in die Familie, eine individuell ausgerichtete Verselbstständigung mit verschiedenen Formen der Nachbetreuung.

Gegründet in einer Zeit, in der es offensichtlich dringend nötig war, Alternativen zur bestehenden Heimerziehung zu entwickeln, hat das Kinderhaus, zusammen mit anderen gleichgesinnten Einrichtungen, praktisch zur Reform der Heimerziehung beigetragen, an deren Strukturen, Denkansätzen und professionellen Haltungen sich später auch größere Einrichtungen orientiert haben. Gerade deshalb waren anfangs umfangreiche Probleme und Anforderungen zu bewältigen, um im etablierten System der *Wohlfahrtspflege* bestehen zu können und eine professionelle Arbeitsweise zu entwickeln. Die für Jugendhilfeeinrichtungen vergleichsweise früh eingeführte und permanent fortgeführte Supervision war, unter anderen bedeutsamen Rahmenbedingungen, ein wesentlicher Faktor, dass diese Entwicklung, in jahrzehntelanger Auseinandersetzung und gemeinsam gestalteter Erziehungsarbeit gelingen konnte.

Es nahmen immer alle Erzieher und die Leitung an den Sitzungen teil. Im Laufe der Jahre wechselten die Mitarbeiter, wobei mir auffiel, dass die Wechsel zu Beginn der Sitzungen, zwischen 1980 und 1990, deutlich häufiger stattfanden, als dies in der Zeit von 2000 bis 2017 der Fall war. Neben den Mitarbeitern konnten auch Praktikanten, falls vom Team gewünscht, an den Sitzungen teilnehmen. Die Sitzungen waren geprägt durch Fallbesprechungen, aber auch durch Darstellungen individueller Konfliktsituationen, die ursächlich gemeinsam betrachtet wurden.

6.2 Die Grundlagen der Supervision

Die Grundlage der Supervision im Kinderhaus war immer eng gebunden an Freuds Bemerkungen in *Totem und Tabu* (vgl. S. Freud, 1912–

1913a), dass die Neurose im Zusammenhang mit den gesellschaftlichen, kulturellen und familiären Bedingungen entstehe, die das Individuum umgeben. D. h. wenn neurotische Störungen in sozialen Netzwerken, in Gruppen, entstehen, können diese auch dort am effizientesten reinszeniert und bearbeitet werden. Überdies folgte ich dem neurobiologischen Prinzip *Emotion vor Kognition* und gab dem Unbewussten in den Supervisionssitzungen immer den Vorrang vor Rationalisierungen. »Hirnregionen zur Verarbeitung unbewusster und automatischer Reaktionen reifen vor denjenigen, die eine bewusste, komplexe und flexible Verhaltenssteuerung hervorbringen« (Strüber, 2016, S. 47). In den Sitzungen konnte ich, auf der Basis meines gruppenanalytischen Kontextes (vgl. Foulkes, 2007), dass der Einrichtungsleiter, neben den anderen Teilnehmern, in der Supervision keine hervorgehobene Position einnimmt, eine emotional haltende Matrix erstellen, die es im Laufe der Zeit möglich gemacht hat, dass alle Teilnehmer ihre Befindlichkeit angstfrei und unbefangen im Beisein der Einrichtungsleitung äußern konnten. Ein Prozess, der auch im pädagogischen Gruppenalltag Synergien erzeugte. Gleichwohl bot ich der Leitung, wie auch anderen Supervisionsteilnehmern, in besonders schwierigen Lagen Einzelsupervision an; dies wurde vom Leiter der Einrichtung häufig genutzt, von den Mitarbeitern kaum. Private Kontakte zu Personen der Supervisionsgruppe bestanden nicht. Alle Treffen, auch die Einzelsupervisionen, dienten den Zielen der Gruppensupervision und wurden in den darauffolgenden Sitzungen dieser transparent gemacht. Die Beziehung zu mir war geprägt durch einen emotional-fachlichen Dialog, der das Erkennen eines Fokus, das Verstehen und Aufarbeiten sowie die Stärkung und Nutzung der Ressourcen der Kinder beinhaltete.

Neben den vielen fachbezogenen Fallbesprechungen mussten auch der Tod einer Mitarbeiterin durch einen Verkehrsunfall und mehrere Entlassungen von Mitarbeitern in der Supervision besprochen werden. In den letzten drei Jahren fiel mir auf, dass das analytische Verständnis sich zunehmend weiter entwickelt hat und daraus folgend das pädagogische Verhalten von Leitung und Mitarbeitern an sich immer seltener der psychoanalytischen Erörterung bedurfte. Allerdings zeigte sich, dass sich mitunter frühe strukturelle Störungen von Kindern und Jugendlichen unbewusst auf einzelne Mitarbeiter und deren Reaktionen auswirkten, was der Bearbeitung bedurfte. So wurde es notwendig, die Supervision diesen neuen Bedarfen anzupassen, um veränderten Symptomatiken Rechnung zu tragen.

Ich konnte beobachten, dass die früh gestörten Kinder kein Nein ertragen konnten, kaum mit Wunschversagen zu leben im Stande waren, oft depressive Ängste entwickelten und in Größenphantasien und Pseudowelten flüchteten. Dies löste bei einigen Mitarbeitern einerseits Hilflosigkeit und andererseits Wut und Zorn aus. Das zentrale Thema vieler Sitzungen war die Beschreibung des Problems, dass die Kinder kaum Spannungen ertragen, wenig aushalten oder aufschieben konnten, was zu mancherlei Konflikten zwischen Erzieherinnen und Kindern führte. Es fehlte den Kindern die Fähigkeit zur Selbstregulation, was eine besondere Herausforderung für die Betreuer darstellte. In hohem Maße mussten demzufolge Grenzen und Regulationen von außen, durch die erziehenden Bezugspersonen, eingesetzt werden; der Erzieher wird für das Kind zum Hilfs-Ich. Dies war ohne ein hohes Maß an Reflexion und Introspektion auf Seiten der Pädagogen nicht zu leisten; sich als Teil einer gestörten Kommunikation zu verstehen und gleichzeitig eine angemessene Nähe-Distanz-Regulation hinzubekommen, erforderte die erhöhte Aufmerksamkeit der Pädagogen und eine Unterstützung durch psychoanalytische Erläuterungen. Die sich daraus entwickelnden Konflikte zu besprechen und zu verarbeiten, erforderte, neben dem kognitiven auch ein emotionales Containment, ein Beziehungsgefüge für die Teilnehmer. Mitunter waren die Erzieher-Kind-Konflikte in der Supervision unmittelbar durch Übertragungen sichtbar und es kam zu Reinszenierungen, Besonderheiten von Übertragung und Widerstand mussten gemeinsam aufgearbeitet werden.

6.3 Beschreibung einer Sitzung

Bericht aus der 156. Stunde mit sieben Teilnehmern.
Beginn: 08:30 Uhr / Ende: 10:45 Uhr

Die neurotischen Konflikte der Kinder verbunden mit der Regression, der Fixierung in der oralen Phase, zeigen sich im Setting der Supervision: Der Tisch ist schön gedeckt, es stehen Getränke und Speisen bereit. Das Märchen *Tischlein deck dich* kommt mir in den Sinn. Heute geht es um eine relativ neue Mitarbeiterin, eine Frau um die 30, die sich das Vertrauen der Kinder, so das Gros der anderen Teilnehmer, mit Geschenken und heimlichen Absprachen erkauft habe. Wut und Ärger sowie eine massive Kommunikationsstörung werden in der Gruppe abgebildet und drängen sich auf. Der Supervisor versucht, der Mitarbeiterin den Unmut und Ärger der anderen nahezubringen, verständlich zu machen, ihren Blick auf ein Verhalten zu lenken, das als unangemessen und Hintergehen wahrgenommen wird. Geschwisterrivalität bildet sich ab. Die Gruppe ist gespalten. Einige bestätigen durch Blicke und Nicken die Aussagen des Einrichtungsleiters, andere, zwei, sehen das Verhalten der Kollegin nicht so extrem und beschreiben das Vorgehen der neuen Kollegin als klassische Anfangsprobleme eines jeden Neuen. Die Spaltung eines Teams ist erfahrungsgemäß eine Spiegelung der kindlichen Entwicklung im ersten Lebensjahr; eine Spaltung in eine *gute Brust* und eine *böse Brust*. Die Gefühle der Mitarbeiter sind internalisierte Gefühle der Kinder, die triangulierte Affektsteuerung noch nicht erlernen konnten. Die Heftigkeit dieser Befindlichkeit war in der Gruppe und wurde dort ausagiert. Statt zu einem Miteinander kam es zu verbalen Auseinandersetzungen. Während besagte Mitarbeiterin sich im Recht sah und insistierte, sie habe den Kindern nur entgegenkommen und empathisch sein wollen, beharrte die Mehrheit des Teams darauf, sie sei rücksichtslos und spalte das Team. Ich begann an dieser Stelle, den Konflikt, ausgehend von der realen Situation in der Supervisionsgruppe, als eine Projektion des Störungsbildes vieler Kinder in der frühen Kindheit zu analysieren. Ich beschrieb die Entwicklungskrise eines Kindes vor dem Erreichen der *depressiven Position* nach Melanie Klein (1981).

In der anschließenden Diskussion konnte ich erkennen, dass auch viele Mitarbeiter hier ihre eigenen biographischen Schwachstellen hatten, einen blinden Fleck, den sie im Streit ausagierten; im Zusammenspiel mit den Störungsbildern der Kinder in der Einrichtung. In der Wahrnehmung und der Verarbeitung des Konfliktes wurde deutlich, wie Übertragungsmomente die Reflexionsfähigkeit auf der Teamebene blockieren können. Die neue Mitarbeiterin fühlte sich unverstanden und gleichermaßen hielt das Gros des Teams den Verratsvorwurf aufrecht. Der Konflikt ließ sich nicht lösen, wenige Wochen später kam es bedauerlicherweise zur Beendigung der Zusammenarbeit mit dieser Kollegin. Wenngleich sich die Mehrheit des Teams ebenfalls nicht als sonderlich konfliktfähig und reif erwies, hinterließen der Konflikt und dessen Lösungsversuch so etwas wie ein *generelles Verstehen*, dass die Teammitglieder in solchen und ähnlichen Situationen abrufen konnten. Auch entwickelte sich ein Verständnis dafür, wie man mit eigenen biographischen Untiefen in neurotischen Konflikten mit den Kindern verbunden wird. Aus diesem Verstehen heraus erwuchs die Fähigkeit, sich in die Affektregulationsstörungen der Kinder einfühlen zu können. Ich versuchte durch meine Haltung beide Gefühlsregungen, die in einer Person gebunden sind und ausgehalten werden müssen, aufzuzeigen: Wut, Zorn und Hass einerseits und Mitgefühl andererseits.

Die Arbeit an der Triangulierung war ein durchgängiges Thema. Ernst Abelin hat dieses Konzept 1971 vorgestellt (vgl. Abelin, 1986). Ausgehend von einer hinreichend guten Mutter-Kind-Beziehung wird der Vater als *neues Objekt* herbeigesehnt, um sich von ihm die Welt außerhalb des mütterlichen Bereiches zeigen und erschließen zu lassen. Der Dritte oder auch das Dritte hilft dem Kind über die Unvollkommenheit des dyadischen Partners respektive Position hinwegzukommen. So kann das Kind die gegensätzlichen Gefühle von Liebe und Aggression gleichzeitig bestehen lassen und ertragen lernen. Diese frühe Triangulierung im Trennungs- und Individuierungsprozess der Kindheit bereitet den Weg für die Ablösung aus der symbiotischen Beziehung zur Mutter und bereitet die triadische soziale Beziehung vor. Es ist der Prozess, der zur sozialen Kompetenz hinführt. In der Funktion des Dritten sieht sich der Supervisor permanent, muss einen Rahmen schaffen, in dem die Supervisanden der Notwendigkeit gewahr werden können, sich widersprechende Positionen nebeneinander bestehen lassen zu müssen.

6.4 Supervision – ein Raum für unangenehme Empfindungen

Die Mitarbeiter müssen oft Kinder aufnehmen, die den tatsächlichen Grund für ihre Unterbringung nicht nachvollziehen können und vor allem den Verlust der bislang zu Hause genossenen Freiheiten als sehr *schmerzhaft* empfinden. Diese Initialphasen waren eng verbunden mit massiven Emotionen und einem Widersetzen gegen die Strukturen der Einrichtung bzw. die Vertreter dieser Rahmenbedingungen. Sehr häufig wurden diese Gefühle aber auch verleugnet und in übermäßiger Angepasstheit ausgelebt. Alle Affekte mussten einen Raum haben, um eine Beziehungsbasis zwischen den Kindern und den Erziehern zu ermöglichen. Später wurde der Raum auch benötigt für unerträgliche Verhaltensauffälligkeiten wie häufiges Einkoten (manchmal bis zu achtmal am Tag), Diebstähle, sexuelle Agitationen jedweder Art oder häufiges Weglaufen. Es wurde von allen Teilnehmern als wohltuend erlebt, offen und ehrlich auch die Grenzen der Erziehung zu spüren, erörtern und gemeinsam nach Lösungen suchen zu können. Ausgangspunkt war immer das Verstehen und das achtsame Miteinanderumgehen, entstanden aus dem Verständnis der Zusammenhänge – bewusst und unbewusst. Lösungsansätze konnten der Aufbau neuer pädagogischer Strukturen sein, die Vorstellung eines Kindes in einer ortsnahen psychiatrischen Ambulanz, einer Erziehungsberatungsstelle und in wenigen Fällen auch eine Entlassung aus der Einrichtung.

6.5 Das Fazit des ehemaligen Einrichtungsleiters (2018)

»Besonders zu Beginn, aber auch immer wieder während des jahrelangen Prozesses der Supervision wurde bei fast allen pädagogischen Mitarbeitern der Wunsch deutlich, mit dem Verstehen und Erkennen problematischer Situationen im pädagogischen Alltag und einer gleichzeitigen Vermittlung von konkreten Handlungsweisen schnell und unmittelbar professioneller handeln zu können. Diese Hoffnung auf Entlastung von der täglichen Ungewissheit, von Intimitätsproblemen, widersprüchlichen Aufträgen und belastenden Verhaltensweisen konnte sich so nicht durchgängig erfüllen und blieb auch zur Forderung, im pädagogischen Alltag immer reflektiert und möglichst authentisch zu handeln, ein oft nicht lösbarer Widerspruch.

Im Nachhinein scheint mir jedoch die grundlegende und bedeutsamere Auswirkung der psychoanalytischen Supervision auf die Erziehungsarbeit im Kinderhaus die allmähliche aber stetige Veränderung von Sichtweisen und Haltungen gewesen zu sein, entstanden vor allen durch die Erkenntnis der Verstrickung in die Problemdynamik der Klienten und die kritische Bearbeitung eigener Persönlichkeitsanteile im Hinblick auf die Auseinandersetzung mit den Kindern und Jugendlichen. Die Annahme und Bearbeitung der eigenen Biographie und Persönlichkeitsstruktur ist sicher die wichtigste Voraussetzung zum Verstehen und Akzeptieren fremder Lebensentwürfe und Entwicklungen. So hat für mich die psychoanalytische Supervision wesentlich dazu beigetragen, dass im Kinderhaus eine zeitgemäße, fachlich fundierte sozialpädagogische Arbeit entwickelt werden konnte, die sich zunehmend als Hilfesystem mit gemeinsamer Aufgabe verstanden hat. Diese war geprägt von einer größtmöglichen Beteiligung der pädagogischen Mitarbeiter und der jungen Menschen, basierend auf der Idee der Ganzheitlichkeit, die alle Lebensbereiche in die Arbeit eingeschlossen hat, einer sensiblen Beziehungsgestaltung, klaren, gemeinsam erarbeiteten Strukturen und Möglichkeiten für die Entlastung von den Anforderungen der Arbeit durch gegenseitige Achtsamkeit und Respekt.

Das Kinderhaus konnte so aktuelle und zukünftige Herausforderungen der Kinder und Jugendlichen aufgreifen, und trotzdem seine Besonderheiten einer *kleinen Einrichtung* erhalten und eine überschaubare, unmittelbar an die Bedürfnisse aller am Erziehungsprozess Beteiligten angepasste Arbeitsweise und eine persönliche, familiäre Atmosphäre gewährleisten. Jeder Mitarbeiter und Klient wurden in seiner Einzigartigkeit und seiner Besonderheit als Teil des Hilfesystems angenommen. Die aktuelle Entwicklung des Kinderhauses macht allerdings auch deutlich, dass der mitgestaltende Einfluss und eine sinnvolle Bereicherung und professionelle Veränderung des pädagogischen Alltags durch die Supervision immer auch von den fördernden Rahmenbedingungen in der Verwaltung und Struktur einer Einrichtung abhängig sind.«

6.6 Zusammenfassende Bemerkungen des Supervisors

Meine Arbeit als Supervisor habe ich als Möglichkeit verstanden, der Leitung und den Mitarbeitern der Einrichtung einen Raum und einen Rahmen zur Verfügung zu stellen, in dem sie ihre tägliche Arbeit mit den schwergestörten Kindern reflektieren und verarbeiten können. In diesem gruppentherapeutischen Raum, diesem *potential space* (vgl. Winnicott, 2002), bestand die Möglichkeit, sowohl für den Einzelnen wie auch für das ganze Team, eine nachhaltige Strukturveränderung durch Objekterfahrungen für die eigene Persönlichkeit und damit auch für die pädagogische Arbeit zu generieren.

Foulkes (2007), der Begründer der Gruppenanalyse, sieht den individuellen neurotischen Konflikt als Symptom einer Störung des sozialen Beziehungswerkes. Dies bedeutet im Umkehrschluss, in einer Supervisionsgruppe kann der neurotische Konflikt des Kindes über die Mitarbeiter reinszeniert, dadurch verstanden und bearbeitet werden.

Anders aber als in der therapeutischen Gruppe, wo die Wirkung der Arbeit in erster Linie von der *Potenz* der Gruppe ausgeht, der Therapeut nur ein Teilnehmer ist, habe ich mich hier in der Gruppensituation anders verstanden. Ich setzte meine Erfahrung als langjährig tätiger Analytiker ein, um neurotische Konflikte jedweder Art aufzudecken, so dass mittels der freiwerdenden Ressourcen Lösungsansätze erarbeitet werden konnten.

Überdies habe ich auch im Sinne Winnicotts, besonders in meiner Haltung, eine *fördernde Umgebung* (vgl. Winnicott, 1974) für die Teilnehmer geschaffen, mich im Prozess der Supervision auch als Objekt zur Verfügung gestellt, über das in der Übertragung neurotische Konflikte sichtbar gemacht werden konnten. Meine wesentliche Arbeit als Supervisors bestand für mich in der Bereitstellung und in dem Schutz eines Raumes, um im Sinne eines guten Umgebungsobjektes erlebt und genutzt werden zu können.

6.7 Die Entwicklung der Mitarbeiter durch die Supervision

Die Einrichtung ist geprägt durch den Anspruch an ihre Mitarbeiter, ein Stück Leben mit den Kindern auf eine bestimmte Zeit zu teilen. Kinder annehmen, Beziehungen gestalten durch einen sensiblen, vom Team überprüften, bewerteten und möglicherweise veränderten Umgang auch mit spontan entstandenen Beziehungsstrukturen. In der Supervision wurden alle beteiligt, alle miteinbezogen, um gemeinsam den verbalisierten Gegenwartsmoment zu analysieren, um so gegenseitig aus den Erfahrungen zu lernen. Dies erforderte im hohen Maße Selbstreflexion und die Fähigkeit, das Erkannte verbalisieren zu können. Das hat in der Auseinandersetzung zu neuen Erkenntnissen und Methoden, zu alternativen Lebensentwürfen und Denkweisen bei jedem einzelnen Mitarbeiter geführt. Sie lernten sich Räume zu geben, um sich gegenseitig zu entlasten, achtsam und kollegial miteinander umzugehen. So war auch die Leitung des Kinderhauses bemüht, persönliche Bedürfnisse bei der Dienstplangestaltung zu berücksichtigen, um dadurch die pädagogische Arbeit, Motivation und Einsatzbereitschaft zu fördern. Die Mitarbeiter lernten, verlässliche Partner zu werden, sie entwickelten klare Strukturen der gegenseitigen Wertschätzung, Achtsamkeit und Geduld mit neuen Mitarbeitern. Die Reflexion über die inneren Strukturen der Beziehungen schuf Raum, um auch den täglichen Auseinandersetzungen im sozialen Umfeld - Schulen, Jugendämtern, Eltern und Großeltern - standhalten zu können. Es wurde möglich, verlässliche Beziehungspartner für Kinder und Jugendliche zu werden: in prekären Lebenslagen, bei psychosozialen Problemen und verminderter Leistungsfähigkeit. Eine Haltung, die sich in der Einrichtung wiederholt und in wechselnder Zusammensetzung immer wieder neugestaltet und weiterentwickelt hat.

6.8 Schlussbemerkung

Kinder und Jugendliche brauchen für eine gelungene Sozialisation einen sicheren Lebensraum, der klein, überschaubar und ausreichend stabil ist, der Verlässlichkeit, Schutz nach außen und über längere Zeit Entwicklungsmöglichkeiten bietet, in dem einfühlende, fordernde, fördernde und unterstützende Beziehungen entstehen, die den Kindern und Jugendlichen eine Beteiligung ermöglichen. Das achtsame und wertschätzende Zusammenwirken von Einrichtungsleitung und Supervision führte zu Zufriedenheit bei den Mitarbeitern und den Kindern.

6.9 Literatur

Abelin, E. (1986). Die Theorie der frühkindlichen Triangulation von der Psychologie zur Psychoanalyse. In J. Stork (Hrsg.), *Das Vaterbild in Kontinuität und Wandlung. Zur Rolle und Bedeutung des Vaters aus psychopathologischer Betrach-*

tung und in psychoanalytischer Reflexion (S. 45–72). Stuttgart: fromann-holzboog.

Freud, A. (1965). Wege und Irrwege in der Kinderentwicklung. In A. Freud, *Die Schriften der Anna Freud*, Bd. VIII. Wege und Irrwege in der Kinderentwicklung. München: Kindler.

Freud, S. (1912–1913a). Totem und Tabu. *GW IX*

Foulkes, S. H. (2007). *Praxis der gruppenanalytischen Psychotherapie*. Eschborn: Verlag Dietmar Klotz.

Klein, M. (1981). *Ein Kind entwickelt sich: Methode und Technik der Kinderanalyse*. München: Kindler.

Mahler, M. S., Pine, F., Bergmann, A. (2008). *Die psychische Geburt des Menschen*. Frankfurt a. Main: Fischer.

Strüber, N. (2016). *Die erste Bindung*. Stuttgart: Klett-Cotta.

Winnicott, D. W. (1974). *Reifungsprozesse und fördernde Umwelt*. München: Kindler.

Winnicott, D. W. (2002). *Vom Spiel zur Kreativität. Stuttgart*: Klett-Cotta.

7 Belastete Beziehungen – Reinszenierungen von Hoffnung und Scheitern in der stationären Jugendhilfe. Erfahrungsberichte aus der psychoanalytischen Supervision

Reinholde Kriebel & Christine Bäuchle

7.1 Einleitung

Psychoanalyse und Pädagogik stehen praktisch seit den Anfängen der Psychoanalyse in einem engen, aber nicht spannungsfreien Austausch (Hierdeis, 2016). Im Kern geht es um die Frage, ob die analytisch-therapeutische Situation auf die pädagogisch-erzieherische Situation übertragbar ist und welche Erkenntnisse, Haltung und Methoden der Psychoanalyse für die Erziehungssituation Geltung haben können und nutzbar zu machen sind. Die Möglichkeit auf die persönliche Entwicklung hilfreich einzuwirken, auch außerhalb der therapeutischen Situation, stellte für die Psychoanalyse von Anfang an einen hohen Anreiz dar (zur geschichtlichen Aufarbeitung s. Hierdeis, 2016). Heute haben psychoanalytisch fundierte psychosoziale Präventionsprojekte für junge Kinder und ihre Eltern durch Cierpka (z. B. »Faustlos«, Cierpka, 2011; »Keiner fällt durchs Netz«, Cierpka, o. J.) und psychodynamisch geprägte Schulungen von alleinerziehenden Müttern im Projekt »Palme« (Franz, 2014) breite Anerkennung und empirisch abgesicherte Umsetzung erfahren.

Was hat zwei Analytikerinnen, die in der stationären klinischen Versorgung tätig sind, bewogen, an der Studie teilzunehmen und sich supervisorisch in die stationäre Jugendhilfe einzubringen? Beide verfügen über breite Supervisionserfahrung im Gruppen- und Einzelsetting, sowohl mit berufsgruppen-spezifischen als auch berufsgruppen-übergreifenden Teams.

7.1.1 Anwendung der psychoanalytischen Techniken in der Jugendhilfe

Entsprechend der psychoanalytischen Tradition war die Idee und die Möglichkeit der Anwendung psychoanalytischen Denkens und Handelns in der Pädagogik reizvoll, und das bei Jugendlichen[5], die in ihrer bisherigen Lebensgeschichte i. d. R. besonderen Belastungen, Vernachlässigungen und Traumatisierungen ausgesetzt waren und z. T. weiterhin sind. Uns interessierte die Frage, wie Erzieher für unbewusste Prozesse bei sich und anderen, für Übertragungsphänomene sensibilisiert werden können, unter Nutzbarmachung der eigenen unbewussten Wahrnehmungen und Gegenübertragung.

Erziehung im sozialen Feld ist zwar gesellschaftlich hoch bedeutsam, findet aber in öffentlichen Diskursen und im klinisch-psychotherapeutischen Fachdiskurs wenig Resonanz. Wenn eine Einrichtung der Jugendhilfe und ihre Erzieher eine supervisorische Unterstützung ihrer Arbeit wünschen, ist dies deshalb nur zu unterstützen. Dass diese psychoanalytisch sein sollte, war nach unserem Vorverständnis gut nachvollziehbar. Erziehungsarbeit ist immer auch Beziehungsarbeit, denn es geht häufig darum, den Jugendlichen ein stabiles und haltgebendes Beziehungsangebot zur Verfügung zu stellen. Diese Beziehungsarbeit umfasst auch unbewusste Aspekte, weshalb ein psychoanalytisches Verständnis nötig ist, um diese zu erfassen, bisherige Beziehungserfahrungen nicht zu duplizieren und auch, um korrektive Beziehungserfahrungen zu ermöglichen und damit Entwicklung zu fördern. Wichtig ist hierbei, dass in der Arbeit an unbewussten Aspekten, bspw. anhand konkreter Szenen, nicht nur bewusste, sondern auch unbewusste Beziehungserfahrungen wirksam werden. So wird nicht nur das Verstehen der unbewussten Aspekte des spezifischen Erlebens und Verhaltens möglich, sondern gleichzeitig geschieht im Beziehungserleben auf unbewusster Ebene ebenfalls eine Beziehungserfahrung. Dabei sind die unbewussten Interaktionen zwischen Supervisor und Team sowie zwischen Team und

---

5 Aufgrund der großen Altersspanne handelt es sich zum Teil um Kinder, zum Teil um Jugendliche. Nachfolgend werden wir der Einfachheit halber und weil sie die Mehrzahl darstellen i. d. R. von Jugendlichen sprechen.

dem Jugendlichen bedeutsam, die im Rahmen der supervisorischen Beziehungsarbeit auch Erfahrungen von Halt und Kontinuität auf unbewusster Ebene ermöglichen.

Folgende Aspekte sprechen für Möglichkeiten der Übertragung therapeutischer Erfahrungen auf die Erziehungssituation: Geht man von der Beziehungssituation eines jeweiligen Erziehers aus, sollten über die Erfassung der Prozesse von Übertragung und Gegenübertragung die wechselseitigen, auch unbewussten Erwartungen im Sinne von Projektionen geklärt werden. Allgemeine Erziehungsziele lassen sich dann individuell so modifizieren, dass sie in der spezifischen Beziehungssituation in konkretes Handeln überführt werden können.

7.1.2 Die Einbeziehung psychoanalytischer Konzepte

Die Einbeziehung psychoanalytischer Konzepte zur Bindungsentstehung oder zur Ich-Entwicklung könnte in Auseinandersetzung mit gesellschaftlichen Forderungen an Erziehung für die Erzieher bedeuten, sich besser auf die individuellen biographisch geprägten Erlebens- und Verhaltensbereitschaften des Jugendlichen einstellen zu können, um so im Sinne Freuds, »der Natur und vorgegebenen Eigenarten des Kindes« (Freud, 1913, S. 449) besser gerecht werden zu können.

Die daraus abzuleitende Haltung der Erzieher zwischen »Gewährenlassen und Versagen« (Freud, 1933, S. 180) oder zwischen »Liebe und Festigkeit« (Pestalozzi zit. n. Hierdeis, 1989, S. 316) kann der Erzieher nur durch kontinuierliche Selbstreflexion erwerben und aufrechterhalten. Die Selbstreflexion sollte sich im pädagogischen Kontext auf Schwierigkeiten beziehen, die insbesondere verbunden sind mit der aktuellen (konflikthaften) Beziehungssituation, sowohl mit dem Jugendlichen als auch ggf. mit dem Team. Im Gegensatz zur therapeutischen Arbeit wird in der Supervision »eine zu starke Regression« vermieden, um die regressiven Prozesse zu begrenzen und die »Orientierung an der realen Arbeitsaufgabe« nicht zu gefährden (Pollak, 1995, S. 65).

7.1.3 Kritische Beziehungsepisoden

In diesem und im nächsten Kapitel werden sich wiederholende kritische Beziehungsereignisse dargestellt, die besondere Anforderungen an die Erzieher stellen und nach unseren Erfahrungen immer wieder Thema in der Supervision werden. Die Beziehungsereignisse sind deshalb kritisch, weil ihnen ein besonderer Stellenwert für die Beziehungsgestaltung mit den Jugendlichen zukommt und sie damit für deren weitere Entwicklung bedeutsam sind. In den genannten Beispielen werden die Teamaspekte in Wechselwirkung mit den Jugendlichen fokussiert, unter Berücksichtigung der Gegenübertragungsreaktionen der Supervisorinnen. Nach unseren Erfahrungen erweist sich eine psychoanalytische Reflexion gerade in solchen Situationen als sehr ergiebig und förderlich, um andere Perspektiven und Bewältigungsansätze zu gewinnen.

7.2 Beziehungskontinuität versus Beziehungsbrüche

7.2.1 Beziehungsabbruch

Die Biographien der Jugendlichen sind oft gekennzeichnet von Beziehungsabbrüchen sowie fragilen und wenig tragfähigen Beziehungen. So kann etwa ein Elternteil die Familie verlassen oder es kommt durch Herausnahme eines Jugendlichen aus kritischen Familiensituationen zum Kontaktabbruch mit den Eltern bzw. den Bezugspersonen. Die Beziehungsabbrüche geschehen oftmals plötzlich und sind für den Jugendlichen schwer nachvollziehbar. Oft fehlt die emotionale Unterstützung bei der Verarbeitung des Verlustes durch andere Familienmitglieder. Der Verlust des »verlorenen« Elternteils wird schmerzlich, meist sogar traumatisch erlebt und kann Spuren hinterlassen, die die Bindungsfähigkeit beeinträchtigen. Kontaktabbrüche mit traumatischer Qualität überfordern den Jugendlichen und bleiben meist unverarbeitet.

In der Folge werden diese Erfahrungen innerlich isoliert und abgespalten (Ehlert-Balzer, 2008, S. 770). Sie bleiben damit unverändert und abgekapselt im Unbewussten erhalten und wirken auf die weiteren Erfahrungen ein.

7.2.2 Beziehungskontinuität und *natürliche* Trennungen

Das Angebot von weitgehend kontinuierlichen, sicheren und zuverlässigen Beziehungserfahrungen mit den Erziehern im Rahmen der Jugendhilfe ist daher von besonderer Bedeutung. Es kann für die Jugendlichen zu »einem Lernen in der Beziehung« (Mertens, 1993, S. 225) werden, ähnlich der Erfahrung eines Patienten in einer psychotherapeutischen Behandlung.

Aber auch in der Jugendhilfe sind Trennungen oft unvermeidbar. Die Erzieher sind nicht immer verfügbar, z. B. durch Urlaub, Krankheit, durch Ausscheiden bei Schwangerschaft, Versetzung in ein anderes Team oder Stellenwechsel. Für die Jugendlichen sind solche Trennungen – wie auch aus dem therapeutischen Kontext bekannt – sehr schwierig. Vorangegangene belastende Trennungserfahrungen erschweren den Umgang mit einer solchen natürlichen Trennungssituation. Oft verbindet sich, meist unbewusst, die aktuelle Trennungserfahrung mit vorangegangen Beziehungsabbrüchen. Es droht die Reaktivierung des früheren Erlebens von Überforderung und Hilflosigkeit und eine scheinbar alltägliche Trennung erhält im Erleben des Jugendlichen den Charakter einer früheren traumatischen Situation. In solchen Konstellationen kann es zu paradoxen Reaktionen kommen. Es ist möglich, dass der Jugendliche kaum Betroffenheit in Trennungssituationen zeigt. Dies kann eine Form des Selbstschutzes der Jugendlichen vor solchen Gefühlswiederbelebungen sein. Die äußerlich gezeigte und innerlich erlebte Gefühllosigkeit lässt sich als Versuch einer Enttäuschungsprophylaxe verstehen. Bei nicht ausreichend ausgebildeten Ich-Fähigkeiten kann diese Abschottung helfen, um sich vor der Überwältigung durch aversive Affekte zu schützen.

Eine Trennungssituation stellt also in der Regel eine kritische Situation dar. Gleichzeitig trägt sie aber auch die Chance einer neuen Erfahrung in sich.

7.2.3 Verschiedene Gestaltungsformen der Trennungssituation – Fallbeispiele

Ein angemessener Umgang mit einer solch kritischen Situation wird also zum Ziel haben, dem Jugendlichen zu verdeutlichen, dass die aktuelle Trennung auf der Folie früherer Trennungserfahrungen stattfindet, dass sich die aktuelle Trennungssituation aber von früheren Trennungen unterscheidet, z. B. dass der andere nicht einfach verloren gehen muss, sondern ein Abschied gelingen kann. Der Erzieher sollte dementsprechend sensibel und empathisch für bestehende negativ konnotierte Affekte, wie Ohnmacht, Angst, Wut oder Groll, sein.

In der Jugendhilfe kommen solche unabwendbaren Trennungs- bzw. Abschiedssituationen immer wieder vor und die Erzieher müssen einen Umgang damit finden. Aufgrund ihrer Erfahrungen schätzen die meisten Erzieher solche Situationen als sehr kritisch ein. Sind die Erzieher verantwortlich für diese Trennungssituationen, entwickeln sie oft Schuldgefühle, sowohl gegenüber den Jugendlichen im Sinne von »Was tue auch ich dem Jugendlichen jetzt noch an.« als auch gegenüber den Kollegen, die die Schwierigkeiten dann abfangen müssen. Im Umgang mit einer solchen Situation können bei den Erziehern Abwehrversuche auftreten. Weiterhin kann der Weggehende selbst durch die Umstände seines Wegganges belastet sein, z. B. wenn es sich um eine angeordnete Versetzung handelt.

Der Erzieher ist also in Trennungssituationen mehrfach belastet und steht damit selbst unter einem erheblichen inneren Druck. Er muss nicht nur den Jugendlichen dabei unterstützen, die Trennung zu verarbeiten und die Belastungen in der Beziehungsgestaltung zum Jugendlichen aushalten, der Erzieher muss zudem auch mit potentiellen Schuldgefühlen und dem eigenen Abschiedserleben einen gelingenden Umgang finden, um sich aus den aufgebauten Bindungen an die Jugendlichen und das Team zu lösen.

7.2.3.1 Episode A (Fallbeispiel)

Erzieherin N. wird erwünscht und dennoch überraschend schwanger. Sie muss sofort den Mutterschutz antreten. Sie spricht die Supervisorin vor der Sitzung diesbezüglich an und berichtet ihre Absicht, dies dem Team heute mitzuteilen, den Jugendlichen aber noch nicht, um keine Unruhe zu schaffen und ihnen den anstehenden Freizeiturlaub nicht zu verderben. In der Sitzung drückt Erzieherin N. deutlich berührt aus, dass ihr der Weggang zum jetzigen Zeitpunkt für das Team und die »Jungs« leidtut. Das Team reagiert sehr positiv, beglückwünscht N., wenngleich auch die damit einhergehende Belastung für das Team aufgrund der bereits angespannten personellen Situation und infolge vorangegangener Abschiede anderer Mitarbeiter eingeräumt wird. Gleichwohl steht eine Nachfolgerin unmittelbarer in Aussicht, ebenso wie eine bereits erfahrene Praktikantin. In dieser besonderen Situation schlägt N. vor, die Jugendlichen mit einer »Notlüge« im Sinne einer strategischen Lüge zu »schonen«. N. geht aktuell in den Krankenstand und dann nahtlos in den Mutterschutz, was am Ende der Freizeit dann mitgeteilt werden kann.

Das Team ist dem nicht abgeneigt, aber reflektiert auch kritisch diese Notlüge.

Reflexion

Wie fühlt sich das an für die Erzieher? Wie würden sie sich bei der Umsetzung einer solchen strategischen Lüge erleben? Insbesondere wenn die Jugendlichen nachfragen, ob N. wirklich krank sei oder nicht doch schwanger. Solche Vermutungen gab es schon früher bei Krankheitsausfällen. Wie lässt sich »authentisch lügen«? Wie kann man sich danach wieder authentisch verhalten?

Wie erleben die Jugendlichen strategisches Lügen? Ist dies ein gutes Vorbild für den Umgang mit schwierigen Situationen? Wären die Jugendlichen nicht zukünftig bei jeder Erkrankung hellwach? Würden sie eine »Schonung« schätzen oder sich hintergangen fühlen?

Schwerpunkte der Supervision

Bezogen auf die zu erwartenden Turbulenzen bei den Jugendlichen, bietet die Verleugnungsstrategie dem Team zunächst eine Entlastung. Die Jugendlichen schonen zu wollen, hat also auch etwas mit dem nachvollziehbaren Wunsch des Teams nach eigener Schonung zu tun.

Die Supervisorin erfragt eigene Erfahrungen der Teammitglieder zu Situationen, in denen Eltern Schwieriges nicht angesprochen haben, weil sie meinten, das sei nicht gut für das Kind. Im Team tauchen Erinnerungen an Situationen mit solchen übergriffig erlebten Eltern und die damit verbundenen Gefühle von Empörung und Sich-hintergangen-Fühlen auf. Auch der Supervisorin gelingt es, sich mit ihrer anfänglich starken inneren Empörung über die Idee der Notlüge auseinanderzusetzen. Am liebsten hätte sie das Team schroff verwiesen und die Sachlage überrollend strukturiert. Dies erscheint ihr als Hinweis, dass sie sich in diesem Moment ganz mit dem Jugendlichen identifiziert hat. Diese Reflexion hilft ihr Abstand zu gewinnen und zu einer Deutung zu kommen. Die Supervisorin deutet die Überlegungen bzgl. einer Notlüge auf der Folie des szenischen Verstehens, als Wiederholung der Beziehungserfahrungen der Jugendlichen mit ihren oft nach Notlügen/Entlastung greifenden Elternteilen.

Im nächsten Schritt der inneren Auseinandersetzung bemerkt die Supervisorin ihre Strenge, die Gefahr, sich N. gegenüber kalt zu verhalten, sich nicht berühren zu lassen, sondern diese auf sich selbst zurück zu verweisen. In dieser Reflexion gelingt der Supervisorin eine Annäherung an die Not von N. und sie deutet das Hinausschieben-Wollen der Mitteilung von N. als deren eigene Schwierigkeit, die veränderte Situation auch für sich voll zu erfassen. N. kann mit dieser von der Supervisorin hergestellten Verbindung etwas anfangen und fühlt sich entlastet.

Erarbeitete Lösungen

In der Ferienfreizeit sind alle Erzieher da und eventuelle heftige Reaktionen der Jungen (aggressiv oder anklammernd) können gut aufgefangen werden, was sich möglicherweise entlastend auf den anschließenden Alltag auswirken könnte. Für die Jugendlichen ist eine Schwangerschaft vielleicht gar nicht so überraschend. Sie sind in einem Alter, in dem sie sich dieser Möglichkeit durchaus im Klaren sind.

Doch wann wäre der geeignete Zeitpunkt für die Mitteilung? Aktuell wohl noch nicht, besser erst kurz vor der Freizeit, wenn viele Erzieher anwesend sind. Wichtig wäre, dass es dem Team gelingt, positiv zu vermitteln, dass N. ein Kind erwartet. Sollte N. bei der Mitteilung mit den Tränen kämpfen müssen, wovor sie Angst hat, könnte dies – trotz aller gebotenen Abstinenz der Erzieher – den Jugendlichen doch auch helfen, Zugang zu eigenem Trauererleben bei Abschied zu finden, zu spüren und zuzulassen. Dieses punktuelle Verbundensein in einem gemeinsam erlebten Affekt könnte für die Jugendlichen eine neue Erfahrung darstellen.

Im Ergebnis zeigt dieses Fallbeispiel, das es dem Team im Rahmen der Supervision gelungen ist, die Bemühungen um eine Schonung der Jugendlichen als Projektion der eigenen Schwierigkeiten zu erkennen und mit der Trennungssituation von der Kollegin umzugehen. Durch die Erfassung des eigenen Anteils, sowohl des Teams als auch der Supervisorin an der gegebenen Situation, wurde es möglich, Lösungen zu suchen und zu finden, die allen einen gelingenden Abschied erleichtern.

7.2.3.2 Episode B (Fallbeispiel)

Erzieherin A. verlässt das Team, zieht aus persönlichen Gründen in eine weiter entfernte Großstadt. Die Erzieherin berichtet dies in der Supervision. Alle Teammitglieder und die Jugendlichen sind bereits seit einigen Tagen informiert.

In der ausgesprochen emotionalen Sitzung drücken alle sehr bewegt und bewegend ihr Bedauern über den anstehenden Abschied aus. A. weint, ebenso andere anwesende Kollegen. A. äußert ihr persönliches Bedauern über den Weggang, berichtet über ihre Trauer dem Team und den Jugendlichen gegenüber. Sie macht sich Sorgen, insbesondere um das von ihr als Bezugserzieherin betreute Kind[6]. Wie wird es mit dem Abschied zurechtkommen? Es entwickelt sich in der Sitzung ein lebendiger Austausch über mögliche Befürchtungen und Hoffnungen, über Schwächen und Ressourcen des Kindes.

Schwerpunkte der Supervision

Neben dem Prozess des Abschiednehmens und der Auseinandersetzung mit den Schwierigkeiten und Stärken des in der Bezugsbetreuung be-

6 Der Junge ist 5 Jahre alt und wird deshalb, entgegen der sonstigen Regel tatsächlich als Kind benannt und nicht als Jugendlicher bezeichnet.

findlichen Kindes, stellt die Supervisorin die Frage nach weiteren Aspekten der Veränderungen, die im Zuge des Abschieds und der emotional geprägten Auseinandersetzung zunächst hintenübergefallen waren.

Die Supervisorin erlebt sich in der Situation selbst als berührt und im regressiven Sog der Auseinandersetzung mit dem Thema Abschied. In der eigenen inneren Berührung, der Idealisierung der Erzieher, des Teams etc. wird ihr das Ausmaß der regressiv getönten Stimmung erkennbar. In der Herstellung einer erneuten professionellen Distanz zeigen sich weitere Fragen und Aspekte, sodass die Supervisorin wieder andere Perspektiven erkennen und der Erzieherin und dem Team dabei helfen kann, diese ebenfalls zu entdecken.

Die Erzieherin traut sich nun auch mitzuteilen, wie positiv sie die Veränderungen persönlich erlebt. Aber es bleibt die Frage nach der Übernahme der Kinder durch andere Erzieher. Doch ihre Nachfolge ist bereits geklärt, sodass zwar eine persönliche Lücke entsteht, arbeitstechnisch jedoch keine längere große Lücke zu befürchten ist.

Deutlich wird jedoch, dass die Veränderungen für das Team erheblich sind, da die Mitarbeiterin, neben zwei anderen, über zehn Jahren dem Team angehörte und damit sowohl für die anderen Teammitglieder als auch für die Kinder und Jugendlichen eine stabile und stabilisierende Funktion besaß.

Erarbeitete Lösungen

Das in sich gut funktionierende Team hat für sich selbst einen guten und adäquaten Umgang mit der Situation gefunden. Neben den emotionalen Aspekten, geprägt auch von den persönlichen Beziehungen, gelingt es dem Team, auch in der konkreten Situation die anstehenden formalen Aspekte zu regeln und die Nachfolge zu organisieren, d. h. den Weggang nicht zu verleugnen, sondern sich sowohl emotional als auch inhaltlich damit auseinanderzusetzen.

In diesem Zusammenhang konnte das Team eine für alle sehr gelungene Lösung für den Abschied finden. Es wurde ein Abschiedsfest an einem Wochenende geplant, mit der Teilnahme sowohl der Jugendlichen als auch aller Erzieher. Aufgrund dieser besonderen, auch festlichen Form (am Wochenende) erhielt der Abschied, neben den positiven Aspekten für die Erzieherin selbst, eine positive Konnotation für alle. Trauriges (Abschied) und Freudiges (Fest) dürfen eng bei einander liegen.

Dieses Fallbeispiel zeigt, dass im Rahmen eines stabilen Teams die Organisation einer Veränderung im Außen leichter gelingen kann. Die inneren Veränderungen und die Auseinandersetzungen damit waren in der Supervision gut zugänglich, gleichzeitig gelang es auch, strukturierende Aspekte wieder aufzugreifen und so zum einen die Regression zu begrenzen, zum anderen positiven Aspekte zu erarbeiten. Insgesamt gelang ein guter Abschied durch die Integration der verschiedenen Aspekte.

7.2.3.3 Episode C (Fallbeispiel)

Erzieherin L. verlässt als zweite innerhalb eines halben Jahres nach über zehn Jahren Zugehörigkeit ihr bisheriges Team. Dieser Wechsel wurde organisationsbedingt von der Leitung der Einrichtung veranlasst. Die Auseinandersetzung mit dem Abschied umfasst verschiedene Aspekte. Zum einen besteht emotionales Bedauern über die anstehenden Veränderungen. Zum anderen erlebt die ausscheidende Erzieherin es durchaus als Anerkennung, dass sie als erfahrene Kraft nun ein anderes Team dabei unterstützen soll, eine stabile und hilfreiche Struktur zu etablieren. Aber bei L. tauchen viele Befürchtungen auf, wie sich die Qualität der Zusammenarbeit im neuen Team gestalten wird.

Schwerpunkte der Supervision

Die Supervision gibt Raum für den Ausdruck eines großen Hilflosigkeitserlebens von L., verbunden mit Fragen nach fehlender Mitbestimmung gegenüber verschiedenen, »von oben« angeordneten Wechseln und Entscheidungen, was bisher zurückgehalten wurde. Die Fragen der Nachfolge sind zwar geklärt, allerdings bestehen aktuell erhebliche Belastungen durch drei neu aufzunehmende Jugendliche.

Das Team reflektiert die Aspekte der Hilflosigkeit und auch des Ärgers mit Hilfe der Supervisorin. Die Supervisorin kann die Hilflosigkeit des Teams deutlich erleben, auch sie selbst erlebt sich hilflos in der Situation mit der traurigen Erzieherin, dabei kommen wenige Reaktionen durch die anderen Teammitglieder. Erzieherin L. scheint immer wieder ganz gefangen in ihren verschiedenen Überlegungen und Befürchtungen, wenig offen für andere Sichtweisen. Um die Hilflosigkeit zu relativieren, wechselt die Supervisorin innerlich auf eine Metaebene, dabei werden auch organisatorische Notwendigkeiten nachvollziehbar. So kann es dann gemeinsam gelingen, den Eindruck von Ohnmacht und kontinuierlicher Verschlechterung der Arbeitsbedingungen zum Teil zu relativieren. Es wird im Sitzungsverlauf möglich, auch andere Aspekte als nur die »erzwungene Veränderung« zu erkennen. In der Folge gelingt es auch, die zuvor erkennbare Neigung zur emotionalen Verleugnung der anstehenden Veränderung etwas aufzulockern. Dem Team wird es in Ansätzen möglich, schwingungsfähiger auf den Abschied der Kollegin zu reagieren. Dennoch wird insgesamt die Tendenz spürbar, den Abschied schnell übergehen zu wollen und auf die anstehende neue Zusammenarbeit im Team, u. a. durch zwei neue Kollegen, zu fokussieren. Die Supervisorin spürt selbst etwas Ungeduld mit L., die immer wieder ähnliche phrasenhaft wirkende Sätze von sich gibt. In der inneren Auseinandersetzung mit der eigenen Ungeduld einerseits und der auftauchenden Vorsicht andererseits, erkennt die Supervisorin auch die Gefahr der Überforderung von L. So gelingt eine Annäherung an einen empathischeren Zugang zu L. und damit kann sie dem Team dabei helfen, sich auch etwas empathischer auf die traurige Kollegin einzustellen. Gleichzeitig gelingt über die Fokussierung auf die organisatorischen Aspekte ein Ausweg, um nicht in der Situation zu erstarren und L. allein zu lassen.

Insgesamt zeigt sich jedoch eine Schwierigkeit des Teams, sich mit den persönlichen und interpersonellen Aspekten des Abschieds der Kollegin zu befassen. Das Team wirkt progressiv orientiert und begrenzt sich auf neue Veränderungsnotwendigkeiten und -möglichkeiten. Unklar bleiben Ambivalenzen einzelner Teammitglieder bzgl. des Weggangs der Erzieherin L. Es scheint, als wolle das Team weitere Belastungen der ausscheidenden Erzieherin vermeiden, weswegen diese atmosphärisch spürbaren Aspekte nicht weiter vertieft werden, sondern die formale Ebene im Vordergrund bleibt.

Erarbeitete Lösungen

Im Sitzungsverlauf wird es möglich, konkrete Umsetzungen zu erarbeiten: Wann soll der Wechsel den Kindern mitgeteilt werden. Soll es ein Abschiedsfest geben? In welchem Rahmen soll dieses stattfinden?

Auch in der analytischen Supervision bleibt, wie dieses Beispiel zeigt, ein bestimmter Rahmen erhalten, innerhalb dessen die Supervision erfolgt. Nicht alle theoretisch möglichen Wege des Verstehens werden begangen, sondern die hilfreichen Aspekte der Supervision stehen im Vordergrund. Das Team und insbesondere die ausscheidende Erzieherin signalisieren deutlich, dass sie keine Vertiefung der persönlichen Auseinandersetzung wünschen. Dies wurde von der Supervisorin respektiert, da eine solche Auseinandersetzung an dieser Stelle nicht notwendig und zielführend erscheint.

Nach dem Weggang von L. äußerte sich das Team später erleichtert über den Verlauf der Abschiedssitzung und zum Teil auch über den Weggang der Kollegin, vor allem aufgrund deren begrenzter persönlicher Belastbarkeit, insbesondere im Zusammenhang interpersoneller Spannungen. Die hier erfolgte Schonung von L. in der Supervision diente weniger der Verleugnung des Abschieds als vielmehr dem Schutz der Erzieherin. Um solche Unterschiede, wie im Vergleich mit den vorangehenden Beispielen zu erkennen, zu erkennen, bedarf es der Überprüfung anhand des eigenen Erlebens der Situation. So gelang es in der Auseinandersetzung mit dem eigenen Erleben und dem Erleben der Situation, der Anerkennung des Übertragungs- und Gegenübertragungsgeschehens, im Sinne des szenischen Verstehens (Argelander, 1970) verschiedene Gefühle und Aspekte zu erkennen. Dies beinhaltete sowohl die Hilflosigkeit als auch die Angst und die Anerkennung persönlicher Belastungsgrenzen, weshalb die sehr deutliche Begrenzung der Regression im Supervisionsgeschehen ein wichtiger Aspekt war.

7.3 Ausblick

Während im ersten Beispiel die Sorge deutlich wurde, dass die Jugendlichen nicht gut mit dem Weggang der schwangeren Erzieherin zurechtkommen würden und damit einhergehend eine Mehrbelastung für das Team entstehen könnte, stand im zweiten Beispiel eher der persönliche Verlust der geschätzten Kollegin im Vordergrund. Im letzten Beispiel fokussierte die vom Weggang betroffene Erzieherin auf das eigene Erleben von Hilflosigkeit und der erlebten Übermacht des Gegenübers. Das eingespielte Team kannte die Kollegin und verstand die implizite Botschaft des Erlebens der eigenen Ohnmacht. In diesem Sinne scheuten die Kollegen persönliche Rückmeldungen, die neben wohlwollenden sicherlich auch kritische Aspekte enthalten hätten und fokussierten vielmehr prospektiv auf die zu gestaltenden äußeren Aspekte. Das Team sicherte den Handlungsspielraum und erinnerte die Kollegin an ihre Erfahrungen und erleichterte ihr somit indirekt den Abschied. Hier bestand die Aufgabe der Supervision in der Erhaltung des Rahmens und der Stärkung der Selbstwirksamkeit der Erzieherin.

Anhand dieser drei Beispiele sollte gezeigt werden, wie hilfreich analytisches Wissen und therapeutische Erfahrung in der Supervision sind, gerade auch in der Jugendhilfe. Anhand des Verstehens der Szene, wie oben dargestellt, dient das eigene Erleben der Situation dem Supervisor als Möglichkeit, die unbewussten Prozesse zu verstehen, zu fassen und entsprechend zu deuten. In Episode C wird dargestellt, wie die Supervisorin die eigene Gegenübertragung, z. B. in Form der spürbaren Ungeduld mit Erzieherin L. angesichts der unveränderlich vorgetragenen eigenen Hilflosigkeit wahrnimmt und eine Tendenz beobachtet, L. zu schonen. Mit Hilfe einer Annäherung an die vielschichtigen inneren Prozesse, durch Wahrnehmung einer Hemmung bei sich selbst als auch im Team, gelingt eine passende Gestaltung der Supervisionssituation. Die Supervisorin kann das damit einhergehende Hilflosigkeitserleben so wahrnehmen und deutend in das Supervisionsgeschehen einbringen. Während im Rahmen einer Psychotherapie dieses Geschehen auch in Zusammenhang gesetzt würde mit dem inneren Erleben von L., erfolgt dies in der Supervision nicht. Dennoch nutzt die Supervisorin diese inneren Prozesse, um die Abschiedsszene zu verstehen und kann so dem Team deuten, dass die eigene Hilflosigkeit angesichts der als schwierig erlebten Abschiedssituation erträglicher wird durch die Fokussierung auf die anstehenden äußeren Veränderungen. Bei dieser Deutung wird die genaue Ursache der spezifischen Schwierigkeit der Abschiedssituation nicht explizit benannt. So kann der Einzelne entsprechend den eigenen introspektiven Fähigkeiten sich entweder mit inneren oder äußeren Aspekten der eigenen Ambivalenzen befassen, ohne dass die spezifischen Schwierigkeiten des Einzelnen zu deutlich werden. Übergeordnet kann jedoch Ambivalenzen Raum geschaffen werden. Die Anerkennung der Berechtigung des Erlebens von Ambivalenz in einer bestimmten Situation erweitert den inneren Erlebensraum des Teams und damit auch des Einzelnen. Zunächst bezieht sich diese Erweiterung der inneren Freiheitsgrade auf das Erleben der Erzieher, in der Folge gelingt diese Erweiterung den Erziehern auch im Kontakt mit den Jugendlichen. Solche Prozesse erfolgen in der psychoanalytischen supervisorischen Arbeit bzgl. verschiedener Wahrnehmungen und Emotionen. Daran wird deutlich, dass die Arbeit mit dem Team und den einzelnen Teammitgliedern im analytischen Kontext nicht nur das Verstehen der Jugendlichen erfordert, sondern auch das Erfassen der persönlichen Möglichkeiten der Erzieher ermöglicht, um so eine Überforderung des Teams oder einzelner Mitarbeiter zu verhindern. Gleichzeitig prägen auch die direkten Beziehungserfahrungen der Teammitglieder wiederum ihre Arbeit mit den Jugendlichen. Für das psychoanalytische Verstehen einer Situation ist die Beachtung von Übertragungs- und Gegenübertragungswahrnehmungen also ein zentraler Aspekt, auch wenn diese Wahrnehmungen nicht explizit benannt werden. In Episode C beispielsweise war der Supervisorin die Wahrnehmung der eigenen Hemmung gegenüber L., verbunden mit der Sorge sie überfordern zu können, notwendig, nicht nur, um die oben beschriebenen Prozesse zu verstehen und aufgreifen zu können, sondern auch, um den supervisorischen Rahmen zu erhalten und den Verlauf der Sitzung so zu unterstützen, dass nicht Klärungsprozesse forciert wurden, sondern individuelle Verstehensprozesse gefördert und mehr Toleranz bzgl. zwiespältiger Emotionen möglich wurde. Als Voraussetzung für ein differenziertes analytisches Verstehen ist die Fähigkeit des Einzelnen bedeutsam, Ambivalenzen und Dissonanzen sowohl intrapsychisch als auch interpersonell auszuhalten. In der Regel sind Teams heterogen, was es häufig ermöglicht, wie im ersten Beispiel dargestellt, spezifische Aspekte analytisch zu verstehen und zu bearbeiten. Manchmal steht die regressive Begrenzung im Vordergrund, wie im zweiten Beispiel, und manches Mal, wie im dritten Beispiel dargestellt, die Wahrung des Schutzraumes der Mitarbeitenden unter Berücksichtigung ihrer Belastbarkeit.

7.4 Literatur

Argelander, H. (1970). *Das Erstinterview in der Psychotherapie*. Darmstadt: Wissenschaftliche Buchgesellschaft.

Cierpka, M. (2011). *Faustlos – Wie Kinder Konflikte gewaltfrei lösen lernen*. Freiburg i. Brsg.: Herder.

Cierpka, M. (o. J.). *Keiner fällt durchs Netz. Ein Präventionsprogramm für Familien mit Säuglingen und Kleinkindern*. Zugriff am 04.03.2019 unter: www.cierpka.de/KFDN.html.

Ehlert-Balzer, M. (2008). Trauma. In W. Mertens & B. Waldvogel (Hrsg.), *Handbuch psychoanalytischer Grundbegriffe* (S. 767–771). Stuttgart: Kohlhammer.

Franz, M. (2014). *wir2, Bindungstraining für Alleinerziehende*. Göttingen: Vandenhoeck & Ruprecht.

Freud, S. (1913). Geleitwort zu »*Die Psychoanalytische Methode, eine erfahrungswissenschaftlich-systematische Darstellung*« *von Dr. Oskar Pfister*. G.W. Bd. X (S. 448–450). Frankfurt a. M.: Fischer.

Freud, S. (1933). *Neue Folgen der Vorlesungen zur Einführung in die Psychoanalyse. G. W. Bd. XV* Frankfurt a. M.: Fischer.

Hierdeis, H. (2016). *Psychoanalytische Pädagogik -Psychoanalyse in der Pädagogik*. Stuttgart: Kohlhammer.

Mertens, W. (1993). *Einführung in die Psychoanalyse*. Stuttgart: Kohlhammer.

Pollak, T. (1995). Zur Methodik und Technik psychoanalytischer Fallsupervision. In H. Becker (Hrsg.), *Psychoanalytische Teamsupervision*. Göttingen: Vandenhoeck & Ruprecht.

8 Paradoxe Beziehungsreaktionen in der stationären Jugendhilfe im Spiegel der psychoanalytischen Supervision

Christine Bäuchle & Reinholde Kriebel

Die Anwendung der psychoanalytischen Methode in der Supervision bedeutet eine Modifikation der analytischen Grundregel der freien Assoziation (Becker 1991, zitiert nach Pollak, 1995). Nicht alle Einfälle der Supervisanden werden tatsächlich Thema der Supervision, sondern nur die, welche die Arbeit betreffen. Auch die Aufmerksamkeit des Analytikers ist nicht gleichschwebend, sondern unterliegt ebenfalls einer thematischen Fokussierung (Pollak, 1995). Die Bedingungen der stationären Jugendhilfe stellen außerdem feldspezifische Anforderungen an die psychoanalytische Supervision und deren Handhabung (Hamburger, 2016).

Das Besondere der psychoanalytischen Supervision ist, dass sie die Möglichkeit bietet, auf verschiedenen Ebenen wirksam zu werden. So können zum einen spezifische, wiederkehrende, zum Teil problematische Handlungen reflektierbar und dadurch verständlicher werden, zum anderen unbewusste Aspekte zugänglich werden (Hamburger, 2017) und das Erkennen von Beziehungsaspekten einen weiteren Zugang des Verstehens eröffnen. Gleichzeitig ermöglicht sie (unbewusste) Beziehungserfahrungen, die den Handlungsspielraum der Erzieher erweitern und so auch den Jugendlichen direkt zugutekommen.

Die Kinder und Jugendlichen in der Jugendhilfe haben überwiegend traumatische Beziehungserfahrungen und wiederholte Beziehungsabbrüche erfahren, sowohl im familiären Umfeld als auch zum Teil in verschiedenen Einrichtungen der Jugendhilfe (vgl. Hamburger, 2016; Kriebel & Bäuchle, 2020, ► Kap. 7). Vor diesem Hintergrund kommt es in einem neuen Umfeld immer wieder zu Reinszenierungen bisheriger Beziehungserfahrungen. Diese oft paradox anmutenden Verhaltensweisen können aus verschiedenen Perspektiven betrachtet werden. Zum einen können hier selbstschädigende Aspekte zum Tragen kommen, zum anderen können sie als Versuch, sich vor erneuter Enttäuschung zu schützen, verstanden werden oder auch als ungeübter bis dysfunktionaler Bewältigungsversuch.

8.1 Die paradoxe Beziehungsreaktion

In den Supervisionen zeigen sich immer wieder Beziehungsverläufe, bei denen es einzelnen Erziehern oder einem gesamten Team gelingt, sich auf einen schwierigen Jugendlichen so einzustellen, dass sich Konflikte entschärfen und der Jugendliche Entwicklungsschritte bewältigen kann. Ein gelingendes Beziehungsangebot führt zu einer Erweiterung der Beziehungserfahrungen des Jugendlichen, was wiederum dessen Bindungsfähigkeit fördert. Hierbei ist der Einsatz eines i. d. R. geduldigen und begrenzenden Verhaltens bedeutsam.

Insbesondere in der psychoanalytischen Supervision werden verschiedene Wahrnehmungen und Beziehungseindrücke zum Jugendlichen zusammengetragen, zum Teil mit gegensätzlichen pädagogischen Folgerungen. In der analytischen Betrachtungsweise lassen sich die verschiedenen Sichtweisen als verschiedene Aspekte der Person des Jugendlichen oder auch des Teams auffassen. Gelingt es dem Team, diese Aspekte zusammenzufügen, lässt sich daraus ein vielschichtiges Bild der Person gewinnen, wodurch sich ein verändertes gemeinsames Beziehungsangebot entwickeln kann. Der Jugendliche lässt oftmals relativ rasch erkennen, dass das veränderte Beziehungsangebot bei ihm ankommt und zeigt sich im Verhalten um- und zugänglicher, das Team seinerseits entspannt sich und reagiert insgesamt gelassener.

Bei solch interaktionell guten Verläufen passiert es jedoch immer wieder, dass der Jugendliche unerwartet ein kritisch provokatives Verhalten zeigt oder erneut zeigt und damit die Erzieher – und manchmal auch die Supervisoren – enttäuscht.

Aus dem therapeutischen Bereich sind solche scheinbar paradoxen Reaktionen bekannt als »negative therapeutische Reaktion« (NTR). Mit

NTR wird das Phänomen bezeichnet, dass nach Fortschritten in der Therapie und einer Besserung des Patienten, die dieser auch anerkennt, wieder eine Verschlechterung des Zustandsbildes eintritt (zusammenfassend z. B. Wöller & Kruse, 2014). Das Konzept der NTR ist nicht unumstritten und es gibt hierzu unterschiedliche Betrachtungsweisen. Dabei stellt sich immer wieder die Frage, ob es sich um einen Behandlungsfehler, eine ungenügende Passung zwischen Patient und Therapeut, um selbstdestruktive Tendenzen des Patienten oder um ein spezifisches Beziehungsangebot handelt. Da das Phänomen einer erneuten Verschlechterung nach deutlichen Fortschritten im Rahmen der Jugendhilfe häufig auftritt, wollen wir uns damit näher befassen und im Folgenden zwei verschiedene Zugänge herausarbeiten.

Für dieses Phänomen, der allmählich gelingenden Beziehungsannäherung zwischen den Erziehern und dem schwierigen Jugendlichen und der abrupten Zerstörung der positiven Veränderungen durch den Jugendlichen, scheint uns vorerst der Begriff »paradoxe Beziehungsreaktion« angemessen, da dieser ohne konzeptuell einzuengen die Beziehungsdynamik – zumindest aus Sicht der Erzieher – abbildet und die emotionalen Aspekte dieses Ablaufs miteinbezieht.

Bei beiden Beispielen handelt es sich um Verläufe über mehrere Supervisionssitzungen hinweg.

8.1.1 »Man tut was Gutes und sie machen es kaputt«

Beziehungsepisode A

T. (18 Jahre) fehlt zur Beendigung seiner Lehre die Abschlussprüfung, die in drei Monaten ansteht. Das Team identifiziert sich stark mit der Prüfung, sowohl bezogen auf T. selbst als auch auf die Außendarstellung der eigenen Arbeit und will T. von daher so viel wie möglich unterstützen. Aber T. lernt nicht richtig. Er ist unkonzentriert, lässt sich leicht ablenken, unterbricht sein Lernen und chattet mit jungen Mädchen. Er erhält immer wieder Anleitung und »Ansagen« von den Erziehern, es entsteht der Eindruck, dass er wohl nicht richtig begriffen hat, worum es geht. Er strengt sich nicht richtig an, ist scheinbar »einfach faul«. Auf der anderen Seite bietet er sich im Haus bei handwerklichen Arbeiten bereitwillig an, ohne Berechnung.

Aus der Biographie: Die Eltern von T. haben sich früh getrennt. Er lebte bei der Mutter, die ihn, als er 5 oder 6 Jahre alt war »vergessen« habe, als sie ins Krankenhaus kam, sodass sie drei Wochen nicht für ihn erreichbar war. Er kam in eine Pflegefamilie, in der er bis zur Pubertät gut zurechtkam. Dann wurde er »schwierig« und als er der Pflegemutter Geld stahl, »flog er raus und kam ins Heim«, anfänglich noch mit der Aussage, dass er im Notfall zurückkommen könne, was später aber von der Pflegemutter abgelehnt wurde.

Mit seinem leiblichen Vater hatte er zwischenzeitlich Kontakt aufgenommen, ihn besucht und war dort für den Vater handwerklich aktiv. Der Vater hat sich aber danach nicht mehr um ihn gekümmert.

Im Team bestehen unterschiedliche Eindrücke: Einige glauben, man »muss ihm nur den Hintern aufreißen, dann schafft er es«, andere sind verzweifelt, weil er »nichts kapiert«, nicht mal Lernstrategien, wieder andere finden, er sei über allgemeine Themen zu erreichen und zu interessieren, andere haben ihn ganz aufgegeben, weil schon so viel versucht wurde.

In den Teamgesprächen über ihn zeigt sich neben dem »faulen T.« immer wieder auch ein ängstlich-unsicherer T., ohne Selbstvertrauen. Er gibt schnell auf, traut sich nichts zu, hat wenig Kontakt zu Gleichaltrigen. Kompensatorisch zeigt er sich dann oft arrogant und »cool«, bagatellisiert Schwierigkeiten und Ängste. Er »redet sich die Sachen schön«, es sind immer »die anderen schuld«.

Schwerpunkte der Supervision

Das schlechte Lernverhalten erhält vor dem Hintergrund der Selbstunsicherheit von T. ein spezifisches Verständnis. Er traut sich selbst nicht zu, die Prüfung zu bestehen, und fürchtet sich im Weiteren wohl auch, das »Nest Jugendhilfe« verlassen zu müssen. Er fühlt sich den altersentsprechenden Anforderungen nicht gewachsen. Nicht zu lernen bzw. sich gar nicht erst anzustrengen, erscheint ihm dann die einzige Möglichkeit, das Gesicht zu wahren.

Eine Intensivierung der unmittelbaren Hilfen beim Lernen wäre vor der negativen und ambivalenten Motivationslage von T. wenig erfolgversprechend, zumindest solange diese Hilfen nicht von ihm selbst eingefordert werden. Überdies sind regelmäßige, konkrete und intensive Lernhilfen unter den vorhandenen zeitlichen Ressourcen der Erzieher nur bedingt zu leisten.

Erarbeite Lösungen

Die Frage ist also, wie T. stärker emotional unterstützt werden kann, ohne die Prüfung aus den Augen zu verlieren.

Das Team ringt sich, unterstützt durch die Supervisorin zu der Haltung durch, dass es nicht primär um die Prüfung als letzte Chance geht, sondern darum, dass T. sich autonomer verhalten kann, mehr Verantwortung für sein Tun übernimmt, sich selbst Ziele setzt und lernt zu lernen. Eine »Win-Win«-Situation wäre, dass er sich etwas vornimmt, die Erzieher dann nutzt, ihn dabei zu unterstützen und die Erzieher ihm dafür Anerkennung zollen.

Zur Umsetzung dieser Haltung wird im Team eine symbolische Rollenaufteilung versucht. Ein Erzieher »steht neben ihm« und versucht in empathischer Haltung bei T. seine nicht aussprechbaren Prüfungsängste, seine innere Konfliktlage aufzugreifen, ohne ihm diese auszureden. Ein anderer »steht vor ihm« und arbeitet mit ihm daran, dass er eigene Ziele für das Lernen entwickelt und seine Ressourcen sieht und nutzt.

Die veränderte Haltung wirkt sich aus. T. wird zugänglicher, sein Lernverhalten verändert sich jedoch nur bedingt. Als er dann durch die Prüfung fällt, sowohl durch die schriftliche als auch die praktische, hält das Team die Frustration aus und bleibt in unterstützendem Kontakt zu T., hat aber den Eindruck, dass T. sich weit unter Wert dargestellt hat.

T. zögert die Anmeldung zur Wiederholungsprüfung lange hinaus, muss dazu mehrfach ermahnt werden. Er »beichtet« seinem Bezugserzieher, dass er sich ein Handy gekauft habe, das er nicht bezahlen könne. Er zeigt sich in Gesprächen aber insgesamt offener, zugänglicher und aktiver als bisher. Er entwickelt selbst Vorstellungen zur Lösung des Problems, setzt sich eigene Ziele. Der Bezugserzieher hat den Eindruck, dass T. zumindest übergeordneten Erziehungszielen ein wenig nähergekommen ist. Der Erzieher entspannt sich und ist etwas optimistischer.

Diese positive Annäherungsphase wird dann von T. plötzlich und provokativ beendet. Er bleibt der Schule fern, fährt stattdessen zur Pflegemutter, zeigt sich nicht mehr willig zur Absprache und führt so schließlich die Beendigung seiner Maßnahme herbei.

Kommentar

Dieses abrupte Zunichtemachen von vorangegangener Annäherung an Arbeits- und Beziehungsziele ist für die Erzieher schwer erträglich und unverständlich.

Wird damit das vorher mühsam Erarbeitete völlig zunichte gemacht und/oder erweist sich gar als falsch? Oder wird belegt, dass dem Jugendlichen nicht zu helfen ist, dass er verloren zu geben ist, weil wieder einmal ein hilfreiches Beziehungsangebot nicht wirksam werden konnte?

Die tiefe Ambivalenz reinszeniert sich auch im Raum der supervisorischen Zusammenarbeit: Teams sehen in solchen Verläufen manchmal einen Beweis dafür, dass die psychodynamische Sichtweise doch nicht weiterhilft und auch die Supervisorin hat mit Zweifeln zu kämpfen. Das Team ist mit der Frage beschäftigt, ob mit Zwang und Druck zu arbeiten nicht doch besser gewesen wäre.

Hier zeigen sich scheinbar divergierende pädagogische versus therapeutische Aspekte. Ein empathisches Sich-Einstellen auf die innere konflikthafte Welt eines Kindes bzw. Jugendlichen außerhalb eines therapeutischen Kontextes ist nicht einfach, im Alltagsdruck geht diese Haltung manchmal leicht in eine personalisierende Vorwurfshaltung über.

Aus der Perspektive des Jugendlichen betrachtet, macht ein solcher Entwicklungsschritt, der mittelfristig den Eintritt in das Berufsleben und damit in eine selbständige Lebensführung bedeutet, aber auch große Angst. T. ist durchaus in der Lage, die Vorteile dieses Schrittes zu sehen, verhält sich aber möglicherweise gerade deswegen selbstschädigend und vermeidend. Gerade weil er befürchten muss, die Prüfung zu bestehen, muss er sie und sich so drastisch boykottieren und darf sie z.B.

nicht wiederholen. Zukunftsangst, wie die Angst, dann allein seinen Mann stehen zu müssen, und Selbstunsicherheit sind jedoch mit verstärktem Druck und Zwang nicht zu verändern.

Wenn das Team diese Zusammenhänge nicht durchschaut, gerät es in Gefahr, »das Versagen« nicht zu betrauern, sondern T. entweder verurteilend auszustoßen oder innerlich aufzugeben. Unter der Betrachtung der Beziehungserfahrung kann diese Situation – auch wenn die Prüfung scheitert – mittelfristig doch einen wichtigen Erfolg darstellen.

8.1.2 »Das Schaf im Wolfspelz« oder die verborgene positive Veränderung

Wie bereits eingangs und im vorangegangenen Kapitel (Kriebel & Bäuchle, 2020, ▶ Kap. 7) dargestellt, zeigen sich in den Beziehungen der Kinder und Jugendlichen wiederkehrende Beziehungsbrüche und -abbrüche. Dies führt immer wieder zu enttäuschenden Beziehungserfahrungen, häufig verbunden mit daraus resultierendem dysfunktionalen Verhalten der Jugendlichen, zum Teil zeigt sich eine übergroße (unterwürfige) Anpassung oder auch eine neu auftretende Nichtanpassung, z. B. delinquente Verhaltensweisen, wie kleinere Diebstähle, Tierquälerei oder aggressive »Ausraster«.

Im Rahmen der Jugendhilfe können, trotz auftauchender Wechsel und Abschiede, stabile Beziehungserfahrungen möglich werden, z. B. mit länger anwesenden Erziehern, mit einzelnen Jugendlichen aus der Peer-Gruppe oder mit der Gesamtgruppe bestehend aus Erziehern und Jugendlichen. Mit Hilfe der neu erfahrenen Stabilität und Konstanz kann überdauernd mehr Sicherheit in Beziehungen erworben werden (z. B. Winnicott, 1974). Im Rahmen solcher Entwicklungsschritte kommt es zum Teil auch bei insgesamt eher angepassten und zugänglichen Jugendlichen zu plötzlich scheinbar unangemessenem Verhalten, wie Reaktanz gegen bestimmte Regeln, Ordnungen und Strukturen, das dann im Team oft sehr problematisch und kritisch betrachtet wird. Im Folgenden wird am Beispiel eines Jugendlichen verdeutlicht, wie ein Team in zwei Sitzungen ein Verständnis zu gewinnen sucht bezüglich verschiedener Aspekte eines scheinbar rückschrittlichen Verhaltens.

Erste Sitzung zu N.

N., 11 Jahre, befindet sich seit ca. zweieinhalb Jahren in der Jugendhilfeeinrichtung, seit Beginn in derselben Gruppe. Als er kam, zeigte er Zeichen von Vernachlässigung, er konnte z. B. nicht altersadäquat mit Besteck essen. Sobald etwas nicht nach seinem Willen geht, schreit er. Schulisch ist er sehr schlecht, da er zuvor die Schule praktisch nicht besucht hatte, was auch der Anlass für die Aufnahme in einer Kinder- und Jugendhilfeeinrichtung war.

Als außergewöhnlich gut bewerten die Erzieher die Zusammenarbeit mit den Eltern, die sich als sehr motiviert und interessiert an N. zeigen. Gleichzeitig verdeutlicht sich, dass der Junge es immer wieder schafft, den Eltern Zusagen abzuringen und Grenzen aufzuweichen. Die Erzieher berichten, dass N. zu Hause alles bekomme durch Erpressung. Zwar bemühen sich die Eltern nun, auf Anregung der Erzieher dies zu verändern, häufig gelinge ihnen dies jedoch nicht.

Die schulischen Rückstände konnte N. inzwischen weitgehend aufholen. Auch Entwicklungs- und Förderungsrückstände im Alltag wie z. B. unangemessenes Essverhalten sind deutlich rückläufig.

In Bezug auf sein Sozialverhalten berichten die Erzieher, dass N. gern für sich alleine spiele. Im Spiel mit anderen wolle er immer der Anführer sein, könne sich nicht an Ideen oder Wünsche der anderen anpassen. Spiele er allein, sei er in seiner Phantasiewelt der Anführer und Held, »der King«. Immer wieder äußert er Gewaltphantasien und Rachewünsche gegenüber anderen Kindern, insbesondere gegenüber denen, die ihn früher gehänselt hätten.

Biographie: Der Vater von N. arbeitet sehr viel, die Mutter ist körperlich ungepflegt und vernachlässigt. Sie macht den Eindruck, als würde ihr Vieles nicht gelingen. Die Familie ist stark orientiert an alternativen Lebensformen, was sich auch in der Kleidung widerspiegelt. N. ist daher häufig von Mitschülern gehänselt worden.

Schwerpunkte der ersten Supervisionssitzung

Das Team problematisiert vor allem die Schwierigkeiten von N. mit Frustrationen in der Gruppe von Gleichaltrigen umzugehen, in Notsituationen prcsche er eher nach vorn und greife andere an; er zeige eine geringe Frustrationstoleranz.

Für das problematische Verhalten von N. lässt sich vor dem Hintergrund diskrepanter Beziehungserfahrungen ein neues Verständnis gewinnen. In der Teamdiskussion verdeutlicht sich, dass N. mit sehr unterschiedlichen Lebenswelten konfrontiert war und z. T. noch ist. Er hat sehr widersprüchliche Erfahrungen in Bezug auf die Wertschätzung seiner Person gemacht, bei den Eltern eine überaus bestätigende, ihn aufwertende Zufuhr erfahren (narzisstische Bestätigung), gleichzeitig Vernachlässigung (in Form fehlender Grenzen). Andererseits ist er auf starkes Ressentiment und Ablehnung in der Schule gestoßen. Zu Hause war (und ist) er »der King«, die Eltern, so wirkt es, schienen sich eher seinen Wünschen zu fügen, sodass dem Jungen die entsprechende Struktur und Grenzen fehlten, wodurch die beschriebenen Entwicklungsrückstände verständlich werden. Deutlich wird, dass die Eltern, aufgrund der fehlenden Begrenzungen, z. B. was den regelmäßigen Schulbesuch betrifft, vernachlässigend waren. Gleichzeitig zeigt sich auf vielen Ebenen, dass schon immer hohe Erwartungen der Eltern an N. bestanden.

Im Kontrast dazu stehen die Erfahrungen von N. in der Schule, dort wurde er von den Mitschülern gehänselt. In der Schule wurde verachtet, was zu Hause als gut galt; dies machte ihn zum Außenseiter. Durch die Vermeidung des Schulbesuchs konnte diese diskrepante Erfahrung reduziert werden.

Im Team erfolgte das Vorgehen zunächst vorwiegend sanktionierend, insbesondere bei narzisstisch, gewalttätig geprägten Äußerungen von N. Vor dem Hintergrund der erarbeiten lebensgeschichtlichen Zusammenhänge geraten die Schwierigkeiten einer angemessenen Selbststeuerung in den Fokus und das Team erarbeitet sich als Lösung, N. neben den Sanktionen auch stärker fördernd und seine Affekte verbalisierend zur Seite zu stehen und die Frustration nicht zusätzlich zu verstärken; gleichzeitig aber klare und überdauernde Grenzen beizubehalten.

Es verdeutlicht sich, dass es sinnvoll ist, die Unterschiedlichkeit der beiden Welten mit ihren unterschiedlichen Anforderungen etwas näher zusammen zu führen, den Druck auf den Jungen, sich auf bestimmte Art und Weise verhalten zu müssen, eher zu reduzieren und stärker daran zu arbeiten, die Diskrepanz zwischen den Lebenswelten und damit die wiederkehrenden Kränkungen zu reduzieren.

In der Supervision wiederholt sich die Szene, mit der N. bereits in die Einrichtung kam – auch in der Sitzungsdynamik verdeutlichten sich die inneren Widersprüche in sehr widersprüchlichen Ansätzen verschiedener Teammitglieder im Umgang mit der jeweiligen Situation. Ein sehr erfahrener Mitarbeiter hatte bereits zuvor versucht, beide Seiten, die begrenzende und die verstehende, miteinzubringen, zwei Mitarbeitende hatten eine sehr strenge Linie verfolgt, dabei kam es wiederkehrend zu Eskalationen mit N., der dann besonders aggressiv reagierte. Ein Teil der Mitarbeitenden erlebte sich als sehr unsicher und verunsichert bzgl. eines angemessenen Umgangs mit N. So bildeten sich die verschiedenen Aspekte des Erlebens von N. auch im Team ab und zeigten sich auch entsprechend in der supervisorischen Sitzung und konnten dann zum Verstehen von N. genutzt werden (vgl. Hamburger, 2017) – entsprechend des szenischen Verstehens in der therapeutisch analytischen Situation (Argelander, 1970).

Ähnlich wie N. selbst gerieten die Erzieher in eine schwierige Situation und unter Druck seitens der Schule, weil N. dort wiederholt aggressiv gegenüber Mitschülern aufgetreten war und die Erzieher mit der Erwartung von außen konfrontiert waren, dass dies nun ein Ende haben sollte.

Zweite Sitzung zu N. einige Wochen später

Das Team zeigte sich zu Beginn der Sitzung sehr überrascht und verunsichert durch erneut auftauchende Gewaltphantasien von N. Er habe einem anderen Kind aus der Gruppe erzählt, dass er geträumt hatte, dieses zu töten und ihm verschiedene Gliedmaßen auszureißen. Ein Erzieher begrenzte N. in seinen Mitteilungen dem anderen Kind gegenüber. Hinterher griff N. wiederholt das andere Kind an, sagt beim Frühstück zu ihm, dass er es am liebsten »vergasen« würde und ihm Schmerzen zufügen wolle. Die Erzieher erleben sich als hilflos, fragen sich, weshalb trotz der initiierten Veränderungen und ersten Fortschritten von N., der sich zunächst auch gut zu entwickeln schien, nun ein solches Verhalten auftrete. Sie zweifeln an N. und auch an der analytischen Supervision, die nichts gebracht und alles sich jetzt eher noch verschlechtert habe. Es steht die Idee im Raum, dass N. nicht mehr in der Gruppe zu halten sei und ein Gruppenwechsel anstehe.

Schwerpunkte der zweiten Supervisionssitzung

Analog zur geringen Frustrationstoleranz bei N. erlebt sich das Team als überfordert, fürchtet den drohenden Verlust der eigenen Struktur und schaltet die übergeordnete Erziehungsleitung ein. Es steht die Möglichkeit im Raum, den Jungen in seiner Gefährlichkeit und Wirksamkeit erneut narzisstisch zu überhöhen (wie die Eltern) und in eine andere Gruppe zu verlegen, obwohl es den Erziehern real immer wieder gut gelingt, N. mit seinen Größenphantasien angemessen zu begrenzen.

Erneut gelingt es, wie bereits in der ersten Sitzung, die Diskrepanz zwischen dem Erleben von Macht und Ohnmacht in N.'s Lebenssituation zu erarbeiten. Analog dazu gelingt es auch im Team wieder, die verschiedenen Aspekte sichtbar werden zu lassen, auch die zunächst stillen Erzieher, die eher gemäßigte Positionen vertreten, beteiligen sich wieder aktiver und der Verlegungswunsch relativiert sich.

Schließlich taucht die Frage auf, weshalb sich die Situation nun derart zuspitze, wo doch insgesamt der Eindruck entstanden sei, dass der Junge besser zurechtkomme als früher.

Neben verschiedenen weiteren Kränkungssituationen, u. a. durch mögliche Rivalen, kommen jedoch nun auch andere Aspekte zum Tragen, bspw. die neue Situation, dass N. nun mit Erwachsenen zu tun hat, die ihm mehr Widerstand entgegensetzen, als dies die Eltern bisher getan haben. Dadurch erlebt er einerseits mehr direkte Frustrationen, andererseits jedoch auch die Möglichkeit, sich auseinanderzusetzen. Es gelingt eine vorsichtige Annäherung an den Gedanken, dass der Junge sich aufgrund des stabilen äußeren Rahmens nun trauen kann, die Grenzen auszuloten.

Erst bei näherer Betrachtung kann das Verhalten von N. auch als Form der Rebellion, im Sinne eines Entwicklungsschrittes, verstanden werden, der erst möglich wird vor dem Hintergrund tragfähiger Beziehungen und verlässlicher Grenzen. Diese Sicht scheint dem Team zunächst sehr gewagt angesichts der (zumeist verbal) aggressiven Eskalationen des Jungen.

Im Verlauf der weiteren Supervision zeigt sich jedoch, dass N. sich langsam besser in die Gruppe integrieren kann, mehr mit den anderen Jugendlichen spielt und auch in der Schule weniger aggressiv auftritt. Die Möglichkeit der Verinnerlichung von Grenzen und der Erweiterung der strukturellen Fähigkeiten zu Selbststeuerung war N. erst durch die beständigen Grenzen und weitgehend kontinuierlichen Beziehungsangebote der Erzieher möglich. Die vorübergehende Verschlechterung und die damit einhergehende Reinszenierung war die Voraussetzung, dass N. diese Entwicklungsschritte gelingen konnten. Dadurch wurde es ihm möglich, sein aggressives Potential zu erproben und die erfahrenen Grenzen dabei – in der Rebellion dagegen – zu akzeptieren. Damit ist N. und dem Team ein wichtiger Schritt gelungen.

8.2 Ausblick

Aufgabe der psychoanalytischen Supervision ist es, die Möglichkeit einer erweiterten, vielschichtigen oder ambivalenten Wahrnehmung zuzulassen (Hamburger, 2017). Wichtig ist es hierbei, offen zu bleiben für die verschiedenen Regungen im Team und im Jugendlichen, damit es gelingen kann, über neue Perspektiven weitere, bisher verborgene Aspekte zu erkennen, die manchmal auch den allgemeinen Annahmen über den Umgang mit unerwünschtem Verhalten, scheinbar zuwider laufen.

So kann das sichtbare Verhalten problematisch sein und trotzdem einen Fortschritt darstellen. Bei N. besteht der Fortschritt zunächst darin, dass er in der Beziehung bleibt, sich im Kontakt ausprobiert und sich nicht mehr vorwiegend in seine Phantasiewelt flüchtet. In seiner Rebellion gegen die Begrenzungen gelingt deren erste Anerkennung. Im weiteren Verlauf gelingt N. der oben aufgezeichnete Entwicklungsschritt.

Die paradoxe Beziehungsreaktion ist, wie die Beispiele zeigen, ein sehr vielschichtiges Phänomen und reicht von aggressiv oder trotzigselbstschädigendem Widerstandsverhalten bis zu einem Zugewinn an Bindungsfähigkeit und Autonomie. Welche Aspekte im Vordergrund stehen, hängt auch davon ab, wie gut es im Rahmen der psychoanalytischen Supervision gelingt, die verschiedenen Aspekte zu erkennen. Hierbei sind die Möglichkeiten des szenischen Verstehens auch der Supervisionssituation von wesentlicher Bedeutung. Es gilt dabei, in der Supervision selbst einige Ambivalenzen auszuhalten – Ambivalenzen sowohl bezogen auf den Jugendlichen und seine Entwicklungsmöglichkeiten und -grenzen als auch bezogen auf die Erzieher und deren Zweifel an der Wirksamkeit ihrer Arbeit und der gemeinsamen Supervision. Dadurch werden die Erzieher durch ein verändertes Verständnis und eigene Erfahrungen in die Lage versetzt, neue Handlungsstrategien zu entwickeln. Gleichzeitig geht es manchmal aber auch darum, die mögliche Vergeblichkeit der Bemühungen gemeinsam auszuhalten und begrenzte Veränderungsmöglichkeiten zu akzeptieren.

8.3 Literatur

Argelander, H. (1970). *Das Erstinterview in der Psychotherapie*. Darmstadt: Wissenschaftliche Buchgesellschaft.

Becker, H. (Hrsg.). (1995). *Psychoanalytische Teamsupervision*. Göttingen: Vandenhoeck & Ruprecht.

Binder-Klinsing, G. (2016). *Psychodynamische Supervision*. Göttingen: Vandenhoeck & Ruprecht.

Giernalczyk, T. (Hrsg.). (2002). *Supervision und Organisationsberatung. Institutionen bewahren durch Veränderung*. Göttingen: Vandenhoeck & Ruprecht.

Hamburger, A. (2016). Supervision in der Jugendhilfe. In A. Hamburger & W. Mertens (Hrsg.), *Supervision- Konzepte und Anwendungen, Band 1: Supervision in der Praxis – ein Überblick* (S. 148–166) Stuttgart: Kohlammer.

Hamburger, A. (2017). Psychoanalytische Supervision im Feld: Fallorientierte Teamsupervision in der stationären Jugendhilfe. *Supervision, 1*, 50–56.

Haubl, R., Heltzel, R. & Barthel-Rösing (Hrsg.) (2005). *Gruppenanalytische Supervision und Organisationsberatung*. Gießen: Psychosozial-Verlag.

Kriebel, R. & Bäuchle, C. (2020). Belastete Beziehungen – Reinszenierungen von Hoffnung und Scheitern in der stationären Jugendhilfe. Erfahrungsberichte aus der psychoanalytischen Supervision. In A. Hamburger & U. Vogelheim (Hrsg.), *Supervision in der Jugendhilfe* (S. 99–114). Stuttgart: Kohlhammer.

Pollak, T. (1995). Zur Methodik und Technik psychoanalytischer Teamsupervision. In Becker, H. (Hrsg.). *Psychoanalytische Teamsupervision* (S. 51–78). Göttingen: Vandenhoeck & Ruprecht.

Winnicott, D. W. (1974). *Reifungsprozesse und fördernde Umwelt.* Frankfurt: Fischer.

Wöller, W. & Kruse, J. (2014). *Tiefenpsychologisch fundierte Psychotherapie.* Stuttgart: Schattauer.

9 »Diesem Jungen muss geholfen werden!« Eine qualitative Untersuchung von psychoanalytischen fallbezogenen Teamsupervisionssitzungen

Elisabeth Reichard-Dorrer

Kinder und Jugendliche, die durch stationäre Jugendhilfemaßnahmen unterstützt werden, haben meist bereits eine Vielzahl von unterschiedlichen Hilfsangeboten durchlaufen. So auch im vorliegenden, untersuchten Fall eines 14-jährigen Jugendlichen, welcher seit früher Kindheit in verschiedenen Institutionen der Jugendhilfe aufgewachsen ist. Die in solch einem Fall bedingte »Normalität« der wechselnden Bezugspersonen ist ein schwieriger Faktor des Hilfenetzes und hat für Kinder und Jugendliche, die schon früh mit dem Scheitern stützender Beziehungen konfrontiert wurden, Auswirkungen auf das eigene Bindungssystem. Im Rahmen einer psychoanalytischen Supervision können im Sinne des szenischen Verstehens (Argelander 1970; Lorenzer 1970), also dem Erkennen einer zentralen Szene z. B. in einem Kontakt mit einem Jugendlichen, tieferliegende, nicht sofort einsehbare und verständliche Zusammenhänge, z. B. zwischen der Beziehungsdynamik eines Jugendlichen und Veränderungen im Betreuerteam, erkannt werden. Dieser veränderte Blick, der sich nicht nur mit einer aktuellen schwierigen Situation (z. B. Regelübertretung) beschäftigt, sondern Raum schafft für ein Nachdenken, hat den wichtigen Effekt, dass der meist bestehende starke Handlungsdruck ebenso wie die affektgeladene Teamdynamik abnehmen, und notwendige pädagogische Entscheidungen mit mehr Ruhe und Einsicht getroffen werden können.

Der vorliegende untersuchte Fall stammt aus dem Datenpool des Forschungsprojekts »Psychoanalytische Supervision in der stationären und ambulanten Jugendhilfe« (PSASUP), welches ab 2012 von Andreas Hamburger (International Psychoanalytic University Berlin), unter Mitwirkung von Svenja Taubner (Heidelberg) und Wolfgang Mertens (München) durchgeführt wurde. Ausführliche Information zum Projekt und der Datengrundlage finden sich im dritten Teil dieses Buches (Hamburger, 2020; Krupp, 2020, ▶ Kap. 10). Die vorliegende Arbeit stellt einen Teil einer größeren qualitativen Untersuchung (noch unveröffentlichte Masterarbeit) dar. Ziel der in diesem Kapitel vorgestellten Untersuchung ist es, die in den Supervisionssitzungen beobachtbaren Besonderheiten der Interaktion mittels qualitativer Methoden auf szenische Auffälligkeiten hin zu untersuchen, diese zu interpretieren, und einzuschätzen, ob sie eher eine Dynamik des besprochenen Jugendlichen widerspiegeln oder ob sie besser als Ausdruck einer aktuellen Teamdynamik zu verstehen sind.

9.1 Methodik

Um die Supervisionssitzungen auszuwerten und Interpretationsmöglichkeiten psychodynamischer Aspekte auszuarbeiten, orientierte ich mich an der Methodik der Textanalyse von Lucius-Hoene und Deppermann (2004). Ihr Augenmerk auf die »sprachliche Darstellung eines Wandels in der Zeit« (Deppermann, 2004, S. 21) gibt die Möglichkeit, die Gesprächssituation als »Szene« aufzufassen und v. a. das Nacheinander der Einwürfe der Gruppenmitglieder mit ihren verschiedenen Inhalten zu einem Thema zusammenzufassen. Ergänzend dazu wurde eine tiefenhermeneutische Sicht bei der Bearbeitung und Interpretation der Transkripte angewendet. Dabei wird die gesamte untersuchte Gesprächssituation der Supervision als Szene im Sinne von Argelander (1970) und Lorenzer (1970) verstanden. Eine ergänzende Sichtweise bietet die aus der Gestaltpsychologie hervorgegangene Feldtheorie, die von M. Baranger und W. Baranger (1960/2018) für die Psychoanalyse nutzbar gemacht wurde.

Im Folgenden wird eine Supervisionssitzung ausführlich dargestellt. Die Komplexität der Arbeit in der stationären Jugendhilfe wird hierbei deutlich. Gerade die Konzentration auf eine Supervisionssitzung ermöglicht die genaue Betrachtung einzelner Szenen und ihrer Abfolge sowie eine Analyse der dahinter zu vermutenden unbewussten Beweggründe.

Im Rahmen der qualitativen Auswertung der Supervisionssitzungen stellte es sich als sinnvoll heraus, zwei Themenbereiche und zwei Formen der Kommunikation zu unterscheiden. Die eigentliche Fallsupervision ist dadurch gekennzeichnet, dass die Mitarbeiter des Teams sich mit einer Supervisorin besprechen, um einen Bewohner des Heims besser zu verstehen und in der Folge dann besser mit ihm umgehen zu können. Thematisch geht es hier also um einen Bewohner und den richtigen Umgang mit ihm, die Form der Auseinandersetzung ist explizit sachbezogen und zielorientiert. Parallel dazu bzw. alternierend mit dieser Arbeitsebene wird jedoch auch auf einer szenischen Ebene kommuniziert. Diese ist dadurch gekennzeichnet, dass Inhalte nicht explizit sprachlich ausgedrückt werden und dass die Akteure sich zumindest teilweise dessen, was sie zum Ausdruck bringen, selbst nicht bewusst sind. Neben der eigentlichen klientenbezogenen Fallsupervision tritt immer wieder ein zweiter Themenbereich in den Vordergrund, bei dem es um die besondere Arbeitssituation des Teams, also die Rahmenbedingungen der Arbeit, strukturelle Merkmale der Einrichtung etc., geht. Auch und gerade bei dieser Thematik spielt neben der expliziten sachbezogenen Auseinandersetzung wiederum die Ebene, auf der eher szenisch handelnd kommuniziert wird, eine große Rolle. Hier zeigt sich oft mit besonderer Deutlichkeit, dass die auf diese Weise kommunizierten Inhalte meist unausgesprochene Konflikte zum Ausdruck bringen.

9.2 Analyse einer Sitzung

Das Team, aus dessen Supervisionsprozess die im folgenden untersuchte Sitzung stammt, arbeitet an einer stationären Jugendhilfeeinrichtung in der Nähe einer süddeutschen Großstadt. Es ist für neun männliche Bewohner im Alter von 8 bis 14 Jahren zuständig und besteht aus sieben Mitarbeiterinnen und Mitarbeitern (vier Frauen, drei Männer). Die hier untersuchte Supervisionssitzung war die fünfte Sitzung eines im Durchschnitt alle drei Wochen mit je 90 Minuten stattfindenden Supervisionsprozesses mit einer Psychoanalytikerin.

9.2.1 Auftakt

Die Sitzung beginnt mit einer Bemerkung über die enge personelle Situation, die für viele der aktuellen Probleme verantwortlich sei. Mitarbeiter Manuel: »*man ist alleine, man ist nicht überall oder man kann nicht überall sein*« (Z. 11f.). Daraufhin spricht die langjährige Mitarbeiterin Elke in sehr emotionaler Weise ein aktuelles Vorkommnis an: »*ich hätte gestern zum Mörder werden können*« (Z. 20), scheint dieses aber erst in der darauffolgenden Teambesprechung thematisieren zu wollen. Die Kollegen ermuntern sie, ihr Erlebnis zu schildern und alle einigen sich schnell darauf, den darin involvierten Jugendlichen H. zum Thema der Supervision zu machen. Elke schildert nun die Vorgeschichte des Vorfalls vom Vorabend: Der Jugendliche hatte zuvor bei einem Einbruch eine geringe Summe Geld entwendet. Die Mitarbeiterin habe ihn nun zur Rede stellen wollen, sei deshalb in sein Zimmer gegangen und habe ihn in seinem von ihm mit Tüchern verhängten Bett dabei angetroffen, wie er mit Papier zündelte. Aufgrund der dadurch für das ganze Haus bestehenden Feuergefahr habe sie es für ihre Pflicht gehalten, den Erziehungsleiter anzurufen, welcher auch später gekommen sei. Im nun stattfindenden Gespräch ärgerte sich die Mitarbeiterin jedoch massiv darüber, dass dieser nicht autoritär auftrat und Konsequenzen verhängte, sondern sich freundlich mit H. unterhalten habe. Elke: »*so was von lieb – so was von schön,– ich hätte beide ne – hätt ich aus dem Fenster jagen können, aber ist mein Chef*« (Z. 74–76).

Der Auftakt der Sitzung weist bereits eine Verschränkung zweier Themen auf: Einerseits geht es um einen Bewohner, andererseits ist es der Umgang eines Vorgesetzten mit diesem Jugendlichen, der bei der Mitarbeiterin massive Wut auslöste. Wie um die Heftigkeit ihrer Reaktion zu rechtfertigen, leitet die Mitarbeiterin gleich zur nächsten Straftat über und erzählt, dass Hans in der Woche zuvor einen Gedenkstein beschädigt habe. Die sich daraus ergebende Diskussion kreist nun darum, dass offenbar Vorgesetzte die Entscheidung, ob deshalb Anzeige erstattet werden solle, nicht selbst getroffen, sondern an das Team zurückgegeben hätten. Sehr ausführlich und erregt wird darüber diskutiert, dass es wohl nicht sein könne, dass die Mitarbeiter als Privatpersonen die Straftat eines Bewohners zur Anzeige zu bringen hätten; auf dieses Thema wird mit ähnlicher Emotionalität im weiteren Verlauf der Supervisionssitzung noch mehrfach zurückgekommen. Die Supervisorin hält sich bis auf kurze kommentierende Einwürfe in dieser Phase der Sitzung vollkommen zurück.

Die Arbeitsebene, insbesondere der Aspekt des Verstehens, scheint vollständig verlassen zu sein, manifest geht es nur darum, dass die Einrichtung dafür zu sorgen hätte, dass das Fehlverhalten des Bewohners auch Konsequenzen nach sich ziehe.

9.2.2 Der Gedenkstein trägt einen Namen

Eine Änderung der Atmosphäre entsteht kurzzeitig, als Manuel über den Verstorbenen, an welchen der Gedenkstein erinnert, spricht, und den viele der Gesprächsteilnehmer persönlich kannten. Er wies besonders auf die Trauer der Hinterbliebenen hin.

Für einen Moment scheinen einige Mitarbeiter emotional berührt, Hans und seine Tat rücken in den Hintergrund. Thematisch wird über einen Mann gesprochen, der es nicht leicht hatte, sein Leben aber unter Kontrolle gebracht hatte. Es wird aber auch von der Enttäuschung dieser Hoffnung berichtet, von einem endgültigen Abbruch, von Trauer. Betrachtet man die beschriebene Gesprächssituation als Feld im Sinne von M. Baranger und W. Baranger (1960/2018), so lässt sich sagen, dass die Erzählung von dem Verstorbenen in Verbindung zu dem Jugendlichen, der dessen Gedenkstein geschändet hatte, gerät. Schwere Kindheit, Hoffnung, Beziehungsabbruch und Trauer bilden nun ein Assoziationsfeld, durch das das Bild des Jungen sich erweitert und insbesondere emotional vertieft. Dazu gehört durchaus auch, dass die Stimmung schnell wieder ins Aggressive umschlägt:

E.: »… das find ich ganz schlimm, dass diese Frau die so trauert und kommt dorthin und sieht, dass dieser von unseren Kindern zerstört wurde. Dann wäre ich Amok gelaufen, das weiß ich wenn das mein Partner gewesen wäre und einer hätte sich das Recht genommen«. (Z. 181–187)

In der hier vertretenen Sichtweise ließe sich sagen, dass für einen kurzen Moment ein emotionaler Kontakt zu etwas entstanden war, was bis dahin noch nicht thematisiert worden war; die angesprochenen Gefühle ließen sich zumindest probeweise in Verbindung mit dem Jugendlichen bringen: schwere Kindheit, Hoffnung, sein Leben unter Kontrolle zu bringen (implizit damit auch: Angst davor, die Kontrolle zu verlieren), Hoffnung auf Liebe, Beziehungsabbruch, Trauer, aber auch unkontrollierte Wut. Im Team wächst einerseits wieder die emotionale Erregung, andererseits findet Elke, die den Jungen eingebracht hatte, zurück zur Arbeitsebene: *»diesem Jungen muss geholfen werden!«* (Z. 209f) und sie führt weiter aus: *»... da ist irgendwie was ne, – da geht irgendwas mit dem durch, das muss doch mal eruiert werden warum, durch Gespräche kommt man an ihn nicht ran, es klappt einfach nicht. Wenigstens hier in diesem Rahmen nicht«* (Z. 214–217). Szenisch gestaltet sich diese erneute Hinwendung zu Hans allerdings als Appell, ein Appell, der unausgesprochen wohl an die Supervisorin gerichtet ist: *Jemand* muss helfen, die Teammitglieder selbst können es nicht. Eigentlich sind sie es, die genauso Hilfe benötigen. Dieser Appell bleibt, zunächst, von der Supervisorin unbeantwortet. Nun kippt der Affekt der gerade wortführenden Mitarbeiterin Elke unvermittelt wieder ins Aggressive: Hatte sie gerade noch recht sachlich und verständnisvoll berichtet, was der Bewohner ihr über seine Wünsche nach mehr Autonomie gesagt hatte, wechselt sie (sprachlich nicht einmal getrennt, sondern sogar durch ein »und« verbunden) zu der Szene vom Vorabend, die sie so wütend gemacht hatte: *»Er hat zu mir auch gesagt er wollte hier raus, er fühlte sich überhaupt nicht wohl hier. Er hat die Vorstellung in das Haus A. [ein weniger betreutes Haus] zu kommen ..., in eine ja Betreuung wo er ganz alleine sein kann und das geht, ist überhaupt nicht denkbar und dann saß dieser junge Mann, wie der [Erziehungsleiter] gegangen war (...), da hat der gegrinst, na, hab ich doch wieder gut hingekriegt! Da hätte ich ne, ich hätte den Tisch nehmen können, ich hätte den mit dem Tisch vor die Wand klatschen können. So ne Wut hatte ich!«* (Z. 218–228). Man könnte sagen: Ganz ähnlich, wie sie es in Bezug auf den Jungen beschrieben hatte, geht »irgendetwas mit ihr durch«.

Was passiert an dieser Stelle? Betrachtet man die Szene, so könnte man die Rückkehr zu der mit heftiger Wut aufgeladenen Szene zunächst als Reaktion darauf verstehen, dass die Supervisorin den Appell von Elke zuvor nicht beantwortet hatte. Sie verbindet sich mit der Wut auf den Erziehungsleiter, der auch nicht eingegriffen hatte. Und in der

Szene, von der Elke erzählt, wird diese Wut ausgelöst durch den Blick des Jungen, der zu sagen scheint: »Siehst Du, ich habe beim Erziehungsleiter etwas in meinem Sinne bewirken (ihn herumkriegen, manipulieren) können, Du nicht!« Psychoanalytisch lässt sich die erzählte Szene als projektive Identifizierung (Ogden 1979/1988) verstehen, d. h. als eine Art unbewusster Kommunikation, bei der ein Mensch sich eines für ihn unerträglichen Affektes entledigt, indem er ihn bei einem anderen unterbringt. Die Betreuerin verspürt, nach diesem Verständnis, also eine »ohnmächtige« Wut, Wut angesichts der eigenen Ohnmacht, wie der Junge sie sicherlich kennt, verbunden mit einem Neid- (der andere kommt an, ich nicht) und einem Entwertungsgefühl (ich bin die Dumme). Die Tatsache, dass die Stimmung im Team nun wieder in ein aufgeregtes Protestieren gegen die Leitung umschlägt, scheint mir darauf hinzuweisen, dass diese Wut auf ein im Team latent bereits vorhandenes Gefühl trifft: ein Gefühl der Ohnmacht gegenüber »denen«, der Einrichtung, dem Erziehungsleiter.

Zwar ließe sich deskriptiv sagen, dass nun argumentiert wird (wenn der Jugendliche keine Grenzen erlebt, dann macht er immer weiter), aber die allgemeine Erregung und der Eindruck, dass alle sich einig sind, also niemand überzeugt werden muss, deuten darauf hin, dass hier agiert wird, also Gefühle eher handelnd in Szene gesetzt als sprachlich mitgeteilt und verstanden werden. Die von Elke berichtete Szene fungiert dabei als Katalysator; in verdichteter Weise sind die lebensgeschichtlichen Beziehungserfahrungen des Jungen und die aktuellen Gefühle der Teammitglieder in der Institution verwoben. Als aktueller Auslöser spielt darüber hinaus die bis dahin im Wesentlichen ausbleibende Reaktion der Supervisorin eine wichtige Rolle.

9.2.3 Im Wald

Nun wird berichtet, dass der Junge regelmäßig mit seinem Rucksack in den Wald zieht, und dass sich in diesem Rucksack ein Kanister mit Benzin fand. Elke: »*Warum nimmt ein 14 jähriger sich Sprit mit also Benzin? Ob die da Feuer machen, wer weiß das denn wenn er mit seinem vollgepacktem Rucksack losgeht*« (Z. 347, 349f). Offenbar assoziativ zum Thema

»undurchsichtig« und »gefährlich« angeregt ergänzt Manuel: *»und was man auch ganz schlecht einschätzen kann ist seine Gemütslage. Ist es schon depressiv was da mittlerweile hinter steckt? Also der ist also immer so schwammig.«* (Z. 351–354). Nun wird berichtet, dass der Jugendliche sich in seiner Anfangszeit im Heim sehr destruktiv verhalten, sich später aber sehr verändert habe. Manuel: *»Also der hat viel gelernt und hat viel unter Kontrolle, was er vorher nicht hatte«* (Z. 360f). In den letzten Wochen habe sich dies aber wieder geändert. Nun spricht Elke implizit die Supervisorin an, die sich bis zu diesem Zeitpunkt, wie bereits beschrieben, kaum geäußert hatte: *»Es muss ja irgendeine Lösung geben, irgendeine Möglichkeit im System wie man diesem Jungen helfen kann. Der Junge braucht in meinen Augen (…) Hilfe. (…) Und es muss auch erstmal ergründet werden warum er so ist, warum er das so macht«* (Z. 371–378). Sie kommt damit wieder auf die Arbeitsebene, agiert dabei, möglicherweise diesmal durchaus bewusst, innerhalb der Szene, indem sie der Supervisorin den Ball zuspielt. Diese greift ihn auch auf, indem sie nachfragt, ob der Junge in Therapie sei.

Wenn die Mitarbeiterin fragt, ob es »irgendeine Möglichkeit im System« gebe, und die Supervisorin nach einer Therapie fragt, treffen beide sich in der implizit angenommenen Voraussetzung, dass eine Hilfe von außen kommen müsse. Damit erscheint ein weiteres Thema im Feld: Wer kann helfen? Wie kann man helfen? Niemand, weder die Betreuer noch die Supervisorin, fragen danach, wie dieses Team helfen kann.

Betrachtet man die Supervisionssitzung unter diesem Gesichtspunkt, so fällt auf, dass die konkrete Arbeit der Erzieher mit Hans nicht thematisiert wird. Die Supervisorin fragt nicht danach, und auch die Mitarbeiter erzählen kaum davon, wie sie mit dem Jungen sprechen bzw. was sie mit ihm tun. Dadurch entsteht der Eindruck, die Arbeit der Betreuer sei irgendwie nicht so wichtig, jedenfalls nicht annähernd so wichtig wie die von Psychiatern, Psychotherapeuten oder Erziehungsleitern. Macht man sich diese Sichtweise zu eigen, so ist es durchaus konsequent, von diesen »wichtigeren« Berufsgruppen die Lösung von Problemen zu erwarten, sie damit aber auch in der Verantwortung zu sehen. Dann wird von den Wohngruppenbetreuern auch nicht erwartet, dass sie einen wesentlichen Beitrag zu einer positiven Veränderung leisten könnten, es wird ihnen aber auch nicht die Verantwortung für Fehlentwicklungen zugerechnet. Diese Dynamik dürfte sowohl in der Außensicht, hier vertreten durch die Supervisorin, als auch in der Selbstwahrnehmung des Teams wirksam sein.

Die Teilnehmer der Supervision sprechen nach der Frage der Supervisorin also nicht über die Wohngruppe und die hier zwischen Hans und den Erziehern stattfindenden Interaktionen, sondern befassen sich mit dem Thema Psychotherapie. Es wird nun berichtet, dass der Junge eine Zeitlang bei einer Psychologin in Therapie war, dass er dort gerne hingegangen sei und es ihm offenbar besser gegangen war. Die Psychologin hatte dann aber gekündigt und seither kam es zu keiner Wiederaufnahme. Auf Nachfragen der Supervisorin meint eine weitere Mitarbeiterin, Birgit: *»Es wird halt dann nicht weitergeführt. Sie war halt weg und damit war die Sache dann vorbei«* (Z. 412–414).

Erneut erscheinen an dieser Stelle zwei zentrale Themen gleichzeitig in verdichteter Form: Zum einen wird die Frage nach professionellen Hilfemöglichkeiten thematisiert, zum anderen taucht eine Beziehungserfahrung, der plötzliche Abbruch, auf, die (zu diesem Zeitpunkt im Gesprächsverlauf kann man zunächst nur sagen: potentiell) eine Wiederholung früherer Erfahrungen des Jugendlichen darstellt.

9.2.4 Hier und Jetzt

Nachdem das Team ausführlich darüber gesprochen hatte, wie der Junge in ein Lager eingebrochen und es sich dort gemütlich gemacht habe, kommentiert die Supervisorin: *»Vielleicht baut er sich sein Apartment was er hier nicht kriegt«* (Z. 574f.). Diese Bemerkung wird vom Team aufgegriffen und führt zu weiteren Einfällen. Die Mitarbeiter erinnern sich, dass ihm vom Erziehungsleiter ein eigener Rückzugsraum in Aussicht gestellt worden war, was sich dann aber nicht realisieren ließ. Birgit greift die Intervention der Supervisorin auf und formuliert daraus einen Satz, der eine Dynamik des Jungen zusammenfasst: *»Was er hier nicht kriegt macht er sich selber«* (Z. 582). Als im Weiteren die Supervisorin anführt, der Wunsch nach einem eigenen Raum, in dem man für sich sein kann und nicht gesehen wird, sei in diesem Alter ganz normal, ändert sich die Atmosphäre im Team und damit auch die Haltung Hans gegenüber, es entsteht Verständnis. Erst jetzt, in dieser nun wohlwollenderen und verständnisvolleren Atmosphäre, kann Manuel einflechten: *»Der hatte auch mit dem Gedenkstein ernsthaft ein schlechtes Gewissen, das hab ich ihm auch wirklich abgenommen«* (Z. 659f.). Er berichtet, dass Hans einen ihm wichtigen persönlichen Gegenstand verkauft hatte, um von dem Erlös der Witwe eine Frühlingsblume zu kaufen.

Hier kommt eine Seite des Jungen, die in der emotional aufgeladenen, durch Agieren bestimmten Diskussion über den beschädigten Gedenkstein aus dem Blickfeld verschwunden war, durch eine Intervention der Supervisorin, die das Verhalten des Jungen in Bezug auf eine andere Situation als nachvollziehbar beschrieben hatte, wieder ins Bewusstsein. Allerdings kippt beim erzählenden Mitarbeiter die Haltung an diesem Punkt sofort wieder in eine andere Richtung: Er erwähnt das *»kriminelle, verrückte«*, das der Junge habe. *»Also für mich ist der wirklich ne tickende Zeitbombe so der, der ist ja also der (…) wäre einer wo ich keinen Cent gegensetzen würde, dass der dir in einer schlechten Situation ein Messer ins Kreuz sticht«* (Z. 682–685).

An diesem Punkt schlägt die Arbeitsebene, auf der sich ein Verständnis für den Jungen entwickeln konnte, um, es wird ein Aspekt angesprochen, der von den Teammitgliedern nicht verstanden wird. Gleichzeitig bleibt der Junge aber im Fokus, auch das Umschlagen gehört ja, wie bereits beschrieben wurde, zu seiner Dynamik, und die unerwartete, potentiell gefährliche Aggression ist etwas, was das Team von diesem Jungen kennt. Die Supervisorin fragt: *»Dann ist er so dissoziiert und kriegt das gar nicht mit was er macht?«* (Z. 692f). Birgit: *»Er kriegt schon mit was er macht, aber der ist dann glaub ich voller Wut und voller Hass, das er das nicht mehr unterscheiden kann«* (Z. 695–697). Diese Gedanken führen die Supervisionsteilnehmer zum Erzählen der für sie sehr frustrierenden Erfahrung, dass sie immer wieder gut mit dem Jungen reden können *»und ein Tag später [ist] dann aber irgend ne andere Scheisse die er gemacht hat«* (Z. 709f.). Das Team beschreibt also die Erfahrung, dass der gute Kontakt mit dem Jungen immer wieder abbricht.

Dieses Phänomen des Kontaktabbruchs zeigt sich nun aber in geradezu frappierender Weise auch szenisch in der Supervisionssitzung. So entwickelt sich der gerade beschriebene durchaus konstruktive Austausch, in dem es um die Gefühle des Jugendlichen geht, weiter zu einer langen Diskussion seiner Medikation, während derer nicht nur die Verbindung zu dem besprochenen Bewohner, sondern auch der Kontakt zwischen Team und Supervisorin zeitweise verloren gehen. Dann wieder entsteht ein innerer Kontakt zum Patienten und zunehmendes Verständnis, diesmal initiiert von der Supervisorin, als von Betreuerseite als Beleg für eine Tendenz des Jungen, willkürlich Anlässe für seine Wut heranzuziehen, berichtet wird, dass er sich sogar aufgeregt habe, als sein Rucksack in die Waschmaschine gesteckt wurde, erklärt die Supervisorin spontan: »*Das kann ich aber auch verstehen!*« (Z. 870). Sie erläutert nun dem Team, dass es sich um ein Übergangsobjekt handle, und findet damit sofort Resonanz im Team:

M.: »Mein Rucksack, ja ja das ist sein Rucksack, ist das wichtigste drin, ja das stimmt. Das sind seine Schätze!« (Z. 874)

Wenig später ergänzt Elke zum lebensgeschichtlichen Hintergrund:

E.: »Er hat als, ich weiß gar nicht wie lange das jetzt her ist, das Verhältnis zur Mutter – war sehr schwierig. Und da hat der immer Angst gehabt er würde nicht mehr versorgt werden von der Mutter und das ist glaub ich das was in ihm auch ganz fest sitzt.

S: Ja klar und deswegen, bleibt in einem drin und deswegen hat der auch einen Rucksack in dem immer alles drin ist und auch Benzin dass er Feuer machen kann« (Z. 981–995).

Der Kontakt untereinander und zu dem besprochenen Jugendlichen ist nun so gut wie noch zu keinem Zeitpunkt in dieser Sitzung. Die Not von Hans wird verstanden als Reaktion auf die Beziehung zu seiner Mutter und seiner Angst, von dieser nicht mehr versorgt zu werden. Sein Wunsch alleine klar zu kommen kann darauf bezogen werden und wird so auch vom Team aufgenommen. Es entsteht eine sehr ruhige und konstruktive Stimmung. Aber das hier Erreichte kann offenbar nicht festgehalten werden, da das Team sich erneut mit der Frage der Anzeige der Straftaten von Hans zu beschäftigen beginnt. Dieses hier mit besonderer Deutlichkeit zutage tretende Phänomen findet sich, wie bereits erwähnt, in ähnlicher Form an vielen Stellen des Supervisionsverlaufs. Für einen Moment war der Patient mit einem wesentlichen Teil seiner Dynamik sichtbar und verstehbar geworden, nun verliert sich dieses deutliche Bild wieder und taucht bis zum Ende der Stunde nicht mehr auf.

Dieses Phänomen lässt sich als szenische Wiederholung einer unsicheren Bindungserfahrung, einer durch Kontaktabbrüche geprägten Beziehung zu einer als nicht verlässlich erlebten Bezugsperson verstehen. Es ist aber möglicherweise darüber hinaus auch Ausdruck einer aktuell wirksamen Dynamik im Team. Um diese zu beschreiben möchte ich noch einmal an den Punkt der Sitzung zurückkehren, an dem die Frage nach einer professionellen Hilfemöglichkeit (*»es muß ja irgendeine Lösung geben wie man dem Jungen helfen kann.«* Z. 371f.) mit besonderer Dringlichkeit gestellt wurde.

Kurz nachdem über die abgebrochene Therapie gesprochen worden war, macht Elke einen Witz, der, zunächst nicht von allen verstanden, ein zentrales Thema auf den Punkt bringt:

»E: Ich hab diese Nacht — hab ich gedacht, ach wisst ihr was, ich mach heute einfach mal den Vorschlag, wir stecken den mal ins Heim. Vielleicht kann dem im Heim mal irgendwo geholfen werden. Wie wäre das?

B: wen wolltest du jetzt ins Heim schicken?

(Gelächter)

E: Ich fand die Idee bombig, hab ich selber darüber gelacht. Wäre doch mal ne Möglichkeit. Da wird dem Jungen geholfen ich schwöre es euch, wenn wir den mal in irgendein Heim schicken.

S: Was meinen Sie denn jetzt mit Heim? Ich krieg wahrscheinlich den Witz nicht.

E: Ja er ist ja in einer Heimeinrichtung.

S: Ja

E: .. wo mit dem Jungen gearbeitet werden sollte.

S: Ja

E: .. aber es läuft ja nix.

S: Ja ja

E: Wir können ihn ja mal in ein anderes Heim stecken und kucken vielleicht wird ihm da ja mal geholfen.« (Z. 418–440)

Obwohl allgemein verstanden wird, dass die Mitarbeiterin ein Dilemma in humorvoller Weise zuspitzt, wird das Thema doch konkret bzw. konkretistisch aufgegriffen und sofort wieder in Verbindung mit dem Wunsch des Bewohners, in eine andere Einrichtung, die ihm mehr Selbstständigkeit ermöglichen würde, verlegt zu werden, gebracht, um die Idee dann wieder als unrealistisch zu verwerfen. Das der Witz treffend die paradoxe Situation des Teams beschreibt, geht unter: Die Mitarbeiter fühlen sich hilflos und machtlos, und sie appellieren an *jemanden* (den abwesenden Erziehungsleiter, die anwesende Supervisorin), ihnen zu helfen. Dabei sind sie selbst in einer Einrichtung, in der solchen Jugendlichen geholfen werden soll, eine der letzten Stationen, von denen Hilfe erwartet wird, wenn andere Stellen mit einem Kind überfordert sind.

Der in der zuletzt zitierten Passage deutlich werdende Aspekt, nämlich das Gefühl von Überforderung und des Alleingelassenwerdens zieht sich wie ein roter Faden durch die Sitzung. Er ist einerseits offenbar Ausdruck einer Verunsicherung in Bezug auf die eigene professionelle Identität und die damit einhergehenden Handlungsmöglichkeiten. Andererseits wird szenisch der Wunsch nach Unterstützung geäußert, der in der wohl durchaus realistischen Wahrnehmung, mit einem schwierigen Jugendlichen, und hier insbesondere mit dessen aggressivem und destruktivem Potential alleingelassen zu werden, wurzelt. Dieser implizit auch an die Supervisorin gerichtete Wunsch wird, nach einer vom Team wohl zunächst als weitere Enttäuschung erlebten Zurückhaltung der Supervisorin, von ihr durch einige markante Interventionen in gewissem Maße erfüllt. Dass sie etwa den Einbruch mit dem Wunsch des Jugendlichen nach einem eigenen Apartment in Verbindung bringt, und dass sie seinem Rucksack eine wichtige Bedeutung beimisst, eröffnet dem Team die Möglichkeit, (wieder) Verständnis für Hans zu entwickeln. Diese deutenden Interventionen werden im Team aktiv aufgegriffen und durch eigene Einfälle und Gedanken angereichert, was dafürspricht, dass die Teammitglieder sich aus dem Gefühlsgemisch aus Ärger, Angst und Enttäuschung lösen können und wieder arbeitsfähig werden.

9.2.5 Zusammenfassung

Ziel der Untersuchung war es, wie eingangs beschrieben, die als unbewusst motiviert imponierenden Szenen auf ihren Bedeutungsgehalt zu untersuchen und einzuschätzen, ob sie eher im Sinne des Parallelprozesses eine Dynamik des besprochenen Jugendlichen widerspiegeln oder ob sie besser als Ausdruck einer spezifischen Dynamik des Teams zu verstehen sind. Am Beispiel dieser Supervisionssitzung wurde deutlich, dass beide Ebenen sehr miteinander verschränkt sind. Viele der beobachteten Szenen erscheinen, je nach Blickwinkel, sowohl vor dem Hintergrund der Lebensgeschichte des Jungen Hans als auch im Zusammenhang mit der aktuellen Situation des Teams bedeutungsvoll. Zwei Themen seien hier kurz herausgegriffen: *Überforderung* und *Kontaktabbruch*. Das Stichwort *Überforderung* steht für eine Beziehungsdynamik, wie sie in Elkes »Witz« treffend auf den Punkt gebracht wird: Aufgrund der eigenen Überforderung wird nach einem »anderen«, z. B. einer Institution, gesucht, die leisten soll, woran man selbst scheitert. Hans hat wohl seit seiner Kindheit die Erfahrung gemacht, dass Bezugspersonen von ihm überfordert waren und ihn »weitergaben«. Der vom Team problematisierte forcierte Verselbständigungswunsch des Jungen ist auch als eine Form der »Selbsthilfe« angesichts überforderter Bezugspersonen zu verstehen. Gleichzeitig offenbart sich an diesem Punkt die Not eines Arbeitsteams in einer Institution, die einerseits die Funktion der »letzten Hoffnung« für solche Kinder, die nirgendwo wirklich ankommen können, innehat, sich andererseits aber selbst alleingelassen fühlt. Letzteres Gefühl stellt sich szenisch gegenüber der Supervisorin dar, wird aber so in der Supervision nicht explizit thematisiert. Der *Kontaktabbruch* stellt ein Phänomen dar, das, wie beschrieben, in den Sitzungen immer wieder eklatant in Erscheinung tritt, gleichzeitig aber wohl auch eine prägende Beziehungserfahrung des Jungen darstellt. Dass das Phänomen der Kontaktabbrüche sich auch szenisch in der Supervisionssitzung zeigt, scheint zunächst im Sinne des Parallelprozesses mehr mit dem besprochenen Jungen Hans als mit der Dynamik des Teams zu tun zu haben. Anhand weiterer Protokolle von Supervisionen, in denen andere Bewohner besprochen werden, wäre zu überprüfen, ob dieses Phänomen tatsächlich spezifisch im Zusammenhang mit diesem Jungen auftritt, oder ob es sich hier auch um eine der Abwehr dienende Reaktionsweise im Team handelt. Diese könnte die Funktion haben, die Mitarbeiter vor schmerzhaften Gefühlen, gerade im Zusammenhang mit Verlusten und Gefühlen der Verlassenheit, die sie bei einem sich Einlassen auf die Erfahrungswelt ihrer Bewohner zu spüren bekommen würden, zu schützen. Nicht auszuschließen ist aber auch, dass die im Gesprächsverlauf immer wieder beobachtbare Sprunghaftigkeit der Abwehr konflikthafter Tendenzen, sei es in Beziehung zur Supervisorin, sei es aber auch innerhalb des Teams, dienen könnte.

9.3 Literatur

Argelander, H. (1970). Die szenische Funktion des Ich und ihr Anteil an der Symptom- und Charakterbildung. *Psyche – Zeitschrift für Psychoanalyse und ihre Anwendungen, 24*, 325–345.

Lorenzer, A. (1970). *Sprachzerstörung und Rekonstruktion*. Frankfurt a. M.: Suhrkamp.

Baranger, M. & Baranger, W. (1960/1918). Die analytische Situation als dynamisches Feld. *Psyche – Zeitschrift für Psychoanalyse und ihre Anwendungen*, 72, 10/11.

Hamburger, A. (2020). Einleitung zu Teil III. In A. Hamburger & U. Vogelheim (Hrsg.), *Supervision in der Jugendhilfe* (S. 147–150). Stuttgart: Kohlhammer.

Krupp, J. (2020). Wirksamkeit psychoanalytischer fallbezogener Teamsupervision in der stationären Jugendhilfe – Zusammenfassung quantitativer Befunde aus dem »PSASUP«-Projekt. In A. Hamburger & U. Vogelheim (Hrsg.), *Supervision in der Jugendhilfe* (S. 151–170). Stuttgart: Kohlhammer.

Lucius-Hoene, G. & Deppermann, A. (2004). *Rekonstruktion narrativer Identität. Ein Arbeitsbuch zur Analyse narrativer Interviews.* Wiesbaden: Verlag für Sozialwissenschaften.

Ogden, T. (1979/1988). Die projektive Identifizierung. *Forum der Psychoanalyse*, 4, 1–21.

Teil III – Forschung

Einleitung zu Teil III

Andreas Hamburger

Der letzte Abschnitt dieses Bandes ist der Forschung gewidmet. Er präsentiert Ergebnisse aus einem großen Forschungsprojekt, das seit 2012 gemeinsam mit Svenja Taubner (Heidelberg) und Wolfgang Mertens (München) durchgeführt wurde. Es wurde gefördert und getragen von zwei großen Einrichtungen der Kinder- und Jugendhilfe, dem Martinswerk Dorlar und dem Münchner Jugendhilfeverbund in der Inneren Mission Bayern[7]. In den Einrichtungen werden Leistungen auf der Grundlage des Kinder- und Jugendhilfegesetzes (SGB VIII) angeboten, darunter Regel- und Intensivgruppen für Kinder und Jugendliche, stationäre und teilstationäre Angebote wie Wohn- und Tagesgruppen, außerdem verschiedene ambulante Angebote, die die Kinder und Jugendlichen in ihrer Entwicklung unterstützen und dabei auch das Betreuungsumfeld einbeziehen.

Das Forschungsprojekt »Psychoanalytische Supervision in der stationären und ambulanten Jugendhilfe« (PSASUP) hatte sich zum Ziel gesetzt, Wirkfaktoren und Effekte von psychoanalytisch orientierter Supervision im Vergleich zu klassischer Supervision (Treatment as usual, TAU) in den Arbeitsfeldern der stationären und ambulanten Jugendhilfe zu untersuchen. Insgesamt waren 174 Mitarbeiterinnen und Mitarbeiter aus 26 Teams in den beiden Jugendhilfeeinrichtungen an der Supervisionsstudie beteiligt, denen an dieser Stelle ausdrücklich dafür gedankt

---

7 Ich danke den Supervisorinnen und Supervisoren (Bärbel Ahrberg, Christine Bäuchle, Christiane Bakhit, Gerhard Bliersbach, Angela Dornacher, Gabriele Heinemann, Günther Klug, Reinholde Kriebel, Hermann Rath, Eva Randebrock, Wolfgang Stietz, Bruno Waldvogel) sowie den Mitarbeiterinnen und Mitarbeitern des Jugendhilfeverbundes München und des Martinswerks Dorlar.

sei, dass sie sich bereit erklärt haben, an der Studie mitzuwirken. Großer Dank gebührt auch den beteiligten Supervisorinnen und Supervisoren. Für sie wie für die teilnehmenden Erziehenden war das eine Herausforderung: Nicht nur haben wir ihnen an sieben Messzeitpunkten insgesamt sechs Fragebogeninstrumenten vorgelegt; sie hatten auch nach jeder Supervisionssitzung einen kurzen »Screeningbogen« auszufüllen (▶ Kap. 10). Überdies wurden die Sitzungen der psychoanalytischen Supervision audiographiert, um später in anonymisierter Form für qualitative Auswertungen zur Verfügung zu stehen. Eine Reihe dieser Auswertungen wird im Folgenden vorgestellt.

Das Projekt war so angelegt, dass zusätzlich zu den bereits in den Einrichtungen arbeitenden TAU-Supervisoren noch psychoanalytische Supervisoren hinzukommen sollten, und durch die Fragebogeninstrumente und die Screeningbögen Unterschiede zwischen den beiden Supervisionsarten verdeutlicht werden sollten. Um den erwarteten Effekt deutlicher heraustreten zu lassen, planten wir ein »Kreuzdesign«, d. h. in der Mitte der geplanten Laufzeit, also nach einem Jahr, sollten die teilnehmenden Gruppen die Supervisionsart wechseln. Dieser Versuch der Objektivierung stellte sich freilich als problematisch heraus: Es erwies sich, dass ein Jahr zu kurz ist, um wirklich Effekte eines Supervisionsprozesses messen zu können. Infolgedessen wurde die Datenerhebung um ein weiteres Jahr verlängert, in dem die Gruppen mit ihren Supervisoren unverändert zusammenblieben und wir so einen Prozess von zwei Jahren Dauer als Forscher begleiten konnten.

Dennoch brachte die quantitative Auswertung außer dem erwarteten und für beide Formen der Supervision zutreffenden Ergebnis, dass Supervision als hilfreich eingeschätzt wird, keine wesentlichen Unterschieden zwischen der psychoanalytischen, überwiegend fallbezogenen Supervision und der klassischen Teamsupervision (▶ Kap. 10).

Wie ist dieses Ergebnis zu erklären? Haben wir Forschungsinstrumente verwendet, die das, was wir aus unserer praktischen Erfahrung vermutet hatten, nicht messen können? Oder war es ein spezifischer Bias der Situation, der die Ergebnisse verfälscht hat? Letzteres könnte der Fall sein: So wies die Gruppe der Erziehenden (also der Supervisanden in unserem Projekt) eine erhebliche Fluktuation auf – insgesamt haben nur 12 % von ihnen an allen sieben Messungen teilgenommen, was die

Aussagekraft der Ergebnisse stark beeinträchtigt. Solche Fluktuationen ergeben sich daraus, dass über drei Jahre mit einer natürlichen Fluktuation sowie mit Teamwechseln zu rechnen ist; es kann sich darin aber auch ein Überdruss am Beforschtwerden äußern. Bedeutsam freilich ist eine andere Erklärung: Nämlich, dass wir vielleicht etwas Falsches erwartet haben, und dass in der Tat kaum (messbare) Unterschiede zwischen den »Schulen« bestehen. Das freilich kann aus der allgemeinen Erfahrung nicht unbedingt abgeleitet werden. Psychoanalytiker unterscheiden sich in ihrer Theorie und Arbeitsweise von Supervisoren mit systemischem, gestalt- oder behavioralem Ansatz. Die Erklärung dafür, warum wir dennoch kaum Unterschiede, auch nicht in den sehr spezifischen Kennzeichen, wie Übertragungsdeutungen und szenisches Verstehen, messen konnten, mag darin liegen, dass diejenige der beiden Einrichtungen, in der wir Vergleichsmessungen hatten, ausdrücklich einen psychodynamischen Ansatz vertritt und daher auch die TAU-Supervisoren angehalten waren, Übertragungs- und Gegenübertragungsprozesse einzubeziehen (vgl. dazu Stietz, ▶ Kap. 5).

Genauere Aufklärung zu den Unterschieden hätten qualitative Untersuchungen erbringen können – leider standen uns von den TAU-Supervision keine Tonaufzeichnungen zu Verfügung. Wir konnten daher nur die psychoanalytischen Supervisionsprozesse mit qualitativen Methoden weiter aufklären, und einige der bisher vorliegenden Ergebnisse sind in diesem Teil des Bandes versammelt. Susan Schneider untersucht konversationsanalytisch das Gruppenklima im Vergleich zweier Supervisionsverläufe und findet ein interessantes Wechselspiel zwischen Leitungsstil und Gruppendynamik (▶ Kap. 11); ähnlich versucht Katrin Lechat mit einem hermeneutischen Verfahren der Frage nachzugehen, wie sich eigentlich in einer Supervisionsgruppe ein psychoanalytischer Raum entfaltet (▶ Kap. 12). Christiane Schragner (▶ Kap. 13) und Stephan Schmidt (▶ Kap. 14) untersuchen anhand von Sitzungsanalyse die institutionell bedeutsamen Fragestellungen nach Fehlerkultur und Change Prozessen, und abschließend stellt Beate Pauluth-Cassel ein neues Ratingverfahren zur Erfassung gruppendynamischer Prozesse nach Wilfred Bion vor (▶ Kap. 15).

All diese Forschungsbemühungen sind vorläufig, sie ermutigen aber zu weiterem, genauerem Hinsehen, sei es in der Forschung oder in der Praxis.

10 Wirksamkeit psychoanalytischer fallbezogener Teamsupervision in der stationären Jugendhilfe – Zusammenfassung quantitativer Befunde aus dem »PSASUP«-Projekt

Jurian Krupp

10.1 Einleitung

Supervision als Maßnahme der Qualitätssicherung ist, vor allem im Vergleich zu ihrer großen Verbreitung in (sozial-)therapeutischen Berufen, wenig erforscht, wenngleich generelle Nachweise über ihre Wichtigkeit und Wirksamkeit erbracht wurden (Mor Barak, Travis, Pyun & Xie, 2009). Entsprechend der in der Einleitung zu Teil III (▶ Teil III) des vorliegenden Bandes beschriebenen Zielsetzung des PSASUP-Projekts sollte mit mehreren Selbsterhebungsinstrumenten untersucht werden, inwiefern Supervision in der Jugendhilfe generell hilfreich ist und ob sich die psychoanalytische Supervision von der allgemeinen, in den beforschten Einrichtungen traditionell angewandten Teamsupervision in ihrer Wirkweise unterscheidet.

Psychoanalytische Supervision (Frawley-O'Dea & Sarnat, 2001; Mertens & Hamburger, 2016) nutzt ihrer Theorie nach die Szene, die sich in der Supervisionssitzung selbst zwischen den Teilnehmern (einschließlich des Supervisors) entfaltet, als Indikator für die Themen, die zwischen dem berichterstattenden Betreuer und seinem Klienten unbewusst wirken: Diese bewusst zu machen, hilft auf lange Sicht die Betreuungsbeziehung zu verbessern. Unbewusste Hintergründe von Reaktions- und Handlungstendenzen der Betreuer und der Betreuten bewusst zu machen, ist deshalb hilfreich, weil an die Stelle von impulsivem oder unreflektiertem Handeln ein Akt des Nachdenkens und des inneren Positionswechsels treten kann. So ist es z. B. möglich, nach einer erfolgreichen Bearbeitung in der Supervision, Impulse von Enttäuschung, Ärger, aber auch von überzogenem Beschützen-wollen als eigene Beteiligung am unbewusst reinszenierten Interaktionsmuster des Klienten zu erkennen, und in der Folge Handlungsentscheidungen bewusster zu treffen. Von besonderer Bedeutung sind solche Effekte in Teams, da hier die reaktivierten unbewussten Szenen nicht nur zwischen einzelnen Betreuern und Klienten, sondern als gruppendynamisches Phänomen im Team (bzw. in der Bewohnergruppe) abgebildet werden und sich aufschaukeln können. Auch hier setzt die Arbeitsweise der psychoanalytischen Supervision nicht daran an, das Auftreten solcher unbewusst hervorgebrachten Gruppenreaktionen sofort zu unterbinden, sondern sie zuerst einmal deutlich hervortreten zu lassen, um sie bearbeiten zu können. Deshalb sind auch auf der Teamebene zu Beginn eines psychoanalytischen Supervisionsprozesses verstärkte affektgeladene Prozesse, wie Spannungen oder Teamspaltungen, zu erwarten. Erst wenn diese als »Spiegelphänomene« erkannt und bearbeitet wurden, verfügt das Team insgesamt, ebenso wie die einzelnen Supervisanden, über eine verbessertes »Immunsystem« für die von den Klienten eingebrachten unbewussten Konfliktthemen.

Das PSASUP-Projekt zielte darauf ab, zu erfassen wie sich psychoanalytische Supervision im Vergleich zu den an den untersuchten Einrichtungen bisher durchgeführten Supervisionsmethoden (»treatment as usual«, TAU) auf das Erkennen und Bewältigen unbewusster Gegenübertragungsreaktionen auswirkt und wie sie die Wahrnehmungs- und sozio-emotionale Fähigkeiten der supervidierten Sozialpädagogen und somit die Beziehungen zu den von ihnen betreuten Jugendlichen verbessert. Erwartet wurden u. a. eine langfristig verbesserte Reflexionsfähigkeit und Ambiguitätstoleranz, wobei mit einem kurzzeitigen Anstieg negativer Befunde gerechnet wurde (s. u., Forschungsfragen). Diese Erwartung einer zweiphasigen Auswirkung ist verknüpft mit Überlegungen zur Spezifität der Methode der psychoanalytischen Supervision, die Teilnehmer nicht unmittelbar auf der Verhaltensebene, sondern auf der Ebene unbewusster Verflechtungen ansprechen soll. Dadurch könnten Supervisanden zu Beginn der Arbeit eher emotional verunsichert werden, um später ihre Reaktionen auf Klienten umso fundierter zu reflektieren und ihre ambivalenten Gefühle aushalten zu können. Um die Wirkweise der Supervision auf Gruppenebene erfassen und abbilden zu können, wurde ein komplexes prozessbegleitendes Untersuchungsverfahren durchgeführt, welches im Folgenden dargestellt wird.

10.2 Methode

10.2.1 Stichprobe und Ablauf

10.2.1.1 Supervisoren und Supervisionsgruppen

Neben den bereits an den untersuchten Einrichtungen tätigen TAU-Supervisoren wurden zusätzlich sieben psychoanalytische Supervisoren eingesetzt. Auswahlkriterium für die Supervisoren war der Nachweis von Supervisionserfahrung (auch in der psychoanalytischen Ausbildung) und gewisse praktische Vorerfahrungen in der Jugendhilfe oder ähnlich gelagerten Anwendungsfeldern. Sie supervidierten insgesamt 26 Gruppen mit fünf bis neun Teilnehmern. Sie arbeiteten im Verlauf zunächst mit einer oder mehrerer Gruppen für ein Jahr und wechselten dann die Gruppe, in welcher sie für ein oder zwei Jahre blieben (▶ Tab. 10.1).

10.2.1.2 Supervisanden

Über den gesamten Drei-Jahres-Zeitraum nahmen 174 Supervisanden an den Fragebogenuntersuchungen teil. Davon gaben 124 (71.3 %) ein weibliches und 48 (27.6 %) ein männliches Geschlecht an. Das Alter der Teilnehmer (berichtet von 161 Teilnehmern (92.5 %) zu dem Zeitpunkt, an welchem sie zum ersten Mal die Fragebogenbatterie beantworteten) lag zwischen 19 und 62 Jahren ($M = 36.47$; $SD = 11.9$). Zum höchsten erzielten Bildungsabschluss befragt, machten 158 Teilnehmer (90.8 %) Angaben. Von diesen gaben 3.8 % einen Hauptschulabschluss, 22.2 % einen Realschulabschluss, 16.5 % ein fachgebundenes Abitur, 9.5 % den Gymnasialschulabschluss (Abitur), 28.5 % einen Fachhochschulabschluss und 19.6 % einen Hochschulabschluss als ihren höchsten Bildungsabschluss an. Aus den Angaben von 107 Teilnehmern (61.5 %) zur Anzahl an Jahren Berufserfahrung im aktuell ausgeübten Beruf als Erzieher bzw. Sozialpädagoge zu Beginn des Untersuchungszeitraums im Jahr 2012 ergab sich ein Durschnitt von 10.8 Jahren ($SD = 10.7$, Range von 0 bis 41 Jahren).

Die Mehrzahl der Supervisanden (58 %) nahm lediglich an einem (27.6 %), zwei (17.3 %) oder drei (13.2 %) der insgesamt sieben Messzeitpunkte teil. Nur 21 Teilnehmer (12.1 %) beteiligten sich an allen sieben Messungen, jeweils 17 (9.8 %) an sechs oder fünf Messungen und 18 (10.3 %) an vier Messungen. Die Anzahl der an jeder Messung beteiligten Supervisanden ist in der Tabelle 10.1 dargestellt (▸ Tab. 10.1). Die Häufigkeiten der eingereichten Sitzungsfragebögen werden in Tabelle 10.2 (▸ Tab. 10.2) und Tabelle 10.3 (▸ Tab. 10.3) dargestellt.

10.2.1.3 Zeitlicher Ablauf von Sitzungen und Messungen

Supervisionssitzungen fanden in einem dreiwöchigen Rhythmus statt, wobei die Supervisanden nicht an jeder Sitzung teilnahmen. Im Januar 2012 begann die Hälfte der Gruppen mit psychoanalytischer Supervision. Im Januar 2013 wechselten die Gruppen die Supervisionsart (d. h. Rückkehr in die Teamsupervision für die eine und Einführung von psychoanalytischer Supervision für die andere Hälfte). Die Messungen fanden direkt nach der Sitzung mit dem Sitzungsfragebogen und zu festgelegten Terminen zu Beginn und Mitte des Jahres mit der großen Fragebogenbatterie statt (▸ Tab. 10.1).

10.2.2 Instrumente

10.2.2.1 Sitzungsfragebogen

Der Sitzungsbogen wurde explizit für das Projekt entwickelt und war jeweils im Anschluss an eine stattgefundene Supervisionssitzung von jedem Teilnehmer sowie vom Supervisor auszufüllen. Die Bögen wurden im Anschluss vom Supervisor in einem Umschlag an die Projektleitung geschickt. Ziel des Einsatzes dieses Bogens war die Erhebung spezifischer Informationen zur einzelnen Sitzung.

Sitzungsbogen für Supervisanden

Der Teilnehmer wird aufgefordert anzugeben, ob er in dieser Sitzung einen Fall eingebracht hat. Außerdem soll er die Sitzung in Bezug auf

Tab. 10.1: Eingesetzte Messinstrumente und jeweilige Supervisionsbedingung der 26 Supervisionsgruppen zu den sieben Messzeitpunkten über den gesamten Drei-Jahres-Zeitraum und alle Teilnehmer (N = 174).

Messzeitpunkte	T1 (Januar 2012)	T2 (Juni 2012)	T3 (Januar 2013)	T4 (Juni 2013)	T5 (Januar 2014)	T6 (Juni 2014)	T7 (Januar 2015)
Verwendete Messinstrumente	ISK IS FKK EKF IMA 40	ISK IS FKK	ISK IS FKK EKF IMA 40	ISK IS FKK	ISK IS FKK EKF IMA 40 PMS FPI	ISK IS FKK	ISK IS FKK EKF IMA 40 PMS
Gruppen in psychoanalytischer Fallsupervision	1–9 19–22	1–9 19–22	10–18 23–26	10–18 23–26	10–18	10–18	10–18
Gruppen in Teamsupervision	10–18 23–25	10–18 23–25	1–9 19–22	1–9 19–22	1–9 20–22	1–9 20–22	1–9 20–22
Vorhandene Daten von	*n* = 111	*n* = 96	*n* = 115	*n* = 83	*n* = 73	*n* = 69	*n* = 54

sich selbst, die Gruppe und den Supervisor anhand 20 ordinalskalierter 5-stufiger Items bewerten (1 = gar nicht, 2 = kaum, 3 = weder noch, 4= etwas, 5 = sehr). Die Items beziehen sich inhaltlich auf unterschiedliche Konstrukte, wie z. B. Zufriedenheit mit der Sitzung, Stimmung in der Gruppe oder Vorgehen des Supervisors. Beispiele für Items sind »Die heutige Sitzung war hilfreich für mich«, »Im Team ging es heute hoch her«, »Der/die SupervisorIn hat pädagogische Anleitungen gegeben«. In Tabelle 10.2 wird dargestellt, wie häufig die Sitzungsfragebögen von den Teilnehmern unter welcher Bedingung ausgefüllt wurden (▶ Tab. 10.2).

Sitzungsbogen für Supervisoren

Hier wird der Supervisor gebeten, die Sitzung aus seiner Perspektive anhand eines parallelisierten Fragebogens einzuschätzen. Die 20 von ihm zu beantworten Items orientieren sich an denen für die Supervisanden und werden anhand der gleichen 5-stufigen Skala eingeschätzt. Beispiele für Items sind »Ich vermute, die Sitzung war hilfreich für die Supervisanden«, »In der Gruppe ging es heute hoch her« oder »Ich habe heute pädagogische Anleitungen/Ratschläge gegeben«. In Tabelle 10.3 werden die Häufigkeiten der ausgefüllten Fragebögen im Anschluss an eine Sitzung berichtet (▶ Tab. 10.3).

Tab. 10.2: Häufigkeiten der von den Supervisoren ausgefüllten Sitzungsbögen (PSASUP = Psychoanalytische Fallsupervision; TAU = Teamsupervision (»Treatment as usual«)

	Jahr der Sitzung			
Supervisionsart	**2012**	**2013**	**2014**	**total**
PSASUP	47	73	21	141
TAU	32	57	43	132
total	79	130	64	273

Tab. 10.3: Häufigkeiten der von den Supervisanden ausgefüllten Sitzungsbögen (PSASUP = Psychoanalytische Fallsupervision; TAU = Teamsupervision (»Treatment as usual«)

	Jahr der Sitzung			
Supervisionsart	**2012**	**2013**	**2014**	**total**
PSASUP	627	342	200	1169
TAU	268	304	303	875
total	895	646	503	2044

Skalen des Sitzungsfragebogens

Der Sitzungsfragebogen wurde als eine offene Fragensammlung konzipiert, welche aus der Operationalisierung von in der Supervisionsforschung relevanten Konstrukten entstand. Dabei können relevante Aspekte durch mehr als ein Item abgefragt werden. Die Items lassen sich dementsprechend hinsichtlich verschiedener Skalen zusammenfassen: empfundener Nutzen der Supervision (Item 1–5, 12, 16 und 20), Gruppenklima (Item 11, 13 (negativ gepolt), 14 und 18) und Adhärenz des supervisorischen Vorgehens mit der psychoanalytischen Theorie (Item 6–8, 15, 17, 19).

10.2.2.2 Forschungshypothesen zur Fragebogenbatterie aus validierten Fragebögen

Es wurden verschiedene Fragebögen eingesetzt, welche die Selbsteinschätzung von arbeitsassoziierten Fähigkeiten, Fertigkeiten und Konsequenzen erfordern. Einzelne Sub- oder Gesamtskalen dieser Instrumente stehen in Zusammenhang mit den a priori formulierten Hypothesen zur Wirkung von Supervision. Die Fragebögen wurden unterschiedlich häufig und zu unterschiedlichen Zeitpunkten eingesetzt (▶ Tab. 10.1). Im Folgenden werden die Fragebögen und die mit den Hypothesen zum Supervisionsverlauf in Verbindung stehenden Skalen vorgestellt.

Das Inventar sozialer Kompetenzen (ISK; Kanning, 2009) erfasst auf 17 Primär- und vier Sekundärskalen »situationsübergreifende« soziale Kompetenzen, welche als grundlegende Fertigkeiten und Persönlichkeitseigenschaften von Menschen angesehen werden. Die Sekundärskala »Reflexibilität« war dabei von Interesse für diese Studie. Wir vermuteten unter Supervision einen generellen Anstieg, welcher sich in den psychoanalytisch supervidierten Gruppen umso deutlicher zeigen sollte.

Die Irritations-Skala zur Erfassung arbeitsbezogener Beanspruchungsfolgen (IS; Mohr, Rigotti & Müller, 2007) erfasst im Arbeitskontext mittels eines Kurzscreenings mit acht Items kognitive Irritation (arbeitsbezogene Rumination) und emotionale Irritation (Gereiztheit). Wir vermuteten, dass die Irritation unter psychoanalytischer Supervision aufgrund der Umstellung auf die neue Arbeitsweise kurzfristig ansteigen würde, um dann langfristig abzufallen.

Mit dem Fragebogen zur Kompetenz- und Kontrollüberzeugung (FKK; Krampen, 1991) können internale und externale Kontrollüberzeugungen auf vier Skalen bzw. zwei Sekundärskalen und/oder einer Tertiärskala erhoben werden. Wir nahmen an, dass sich unter psychoanalytischer Supervision eine stärkere Selbstwirksamkeit bei den Probanden entwickelt, welche sich auch in der Aufgabe externaler Kontrollüberzeugungen zeige.

Der Emotionale-Kompetenz-Fragebogen (EKF; Rindermann, 2009) erhebt die Einschätzung eigener emotionaler Fähigkeiten und generelle Einstellungen zu Emotionen auf vier Skalen. Wir vermuteten ein verbessertes »Erkennen und Verstehen eigener Emotionen« in den psychoanalytisch supervidierten Gruppen.

Im Inventar zur Messung der Ambiguitätstoleranz (IMA-40; Reis, 1997) wird durch 40 Items auf fünf Subskalen und einer Gesamtskala das Konstrukt der Ambiguitätstoleranz erfasst, welches die in der Persönlichkeit verankerte Tendenz beschreibt, »Widersprüchlichkeiten, Inkonsistenzen oder mehrdeutige Informationslagen in ihrer Vielschichtigkeit wahrzunehmen und positiv zu bewerten«. Wir erwarteten unter psychoanalytischer Supervision eine insgesamt erhöhte Ambiguitätstoleranz, v. a. auch in Bezug auf das Elternbild und Rollenstereotypien.

Die Psychological Mindedness Scale (PMS; Conte, Ratto & Karasu, 1996; Shill & Lumley, 2002; zur deutschen Übersetzung Krupp, Taubner, Huber & Hamburger, 2019) erfasst auf 45 Items das Konstrukt der psychologischen Mentalität, einer Fähigkeit und Bereitschaft, sich mittels kognitiver und emotionaler Prozesse in das eigene Erleben als auch in das Erleben anderer Menschen einzufühlen. Wir erwarteten hier einen langfristigen Anstieg unter psychoanalytischer Supervision im Vergleich zur TAU-Gruppe.

Letztlich füllte eine Teilstichprobe der Supervisanden das Freiburger Persönlichkeitsinventar (FPI; Fahrenberg, Hampel & Selg, 2010) aus, welches mittels 138 Items verschiedene Persönlichkeitseigenschaften und -bereiche erfasst (darunter Gehemmtheit, Aggressivität, Offenheit, Extraversion und Emotionalität), von denen angenommen wurden, dass sie in einem moderierenden Zusammenhang mit dem Wirken der Supervision stehen können.

10.3 Ergebnisse

10.3.1 Sitzungsbögen

10.3.1.1 Deskriptive Ergebnisse – Darstellung über die Teilnehmer beider Bedingungen

Unter Berücksichtigung aller in den drei Jahren eingereichten Sitzungsbögen (▶ Tab. 10.2) ergab sich, dass alle Teilnehmer in 33.3 % der Sitzungen einen oder mehrere Fälle in der Sitzung einbrachten. Demgegenüber brachten sie in 53.4 % der Sitzungen keinen Fall ein, für 13.3 % der Sitzungen fehlte eine Angabe.

Für 55.6 % der Supervisionssitzungen war die häufigste Bewertung der Sitzung »etwas hilfreich für mich«, wohingegen sie in 23.4 % der Sitzungen als »sehr hilfreich« eingeschätzt wurde. Demgegenüber stehen 1.1 % von Einschätzungen einer Sitzung als »gar nicht« und 4.5 % als »eher nicht hilfreich«. Supervisoren wurden in 49.9 % der Sitzungen als »etwas haltend und stützend«, in 22.2 % als »sehr« und in 21.3 % als »weder noch« haltend und stützend erlebt. In 4.3 % und 1.5 % der Sitzungen bewertenden Supervisanden ihren Supervisor als »eher nicht« bzw. »gar nicht« haltend und stützend.

In 37.4 % der Sitzungen gaben Supervisanden an, dass sie sich »etwas« wertgeschätzt fühlten, in 33.5 % der Sitzungen fühlten sie sich »sehr« wertgeschätzt, wohingegen sie sich in 1 % »gar nicht« und in 1.6 % der Sitzungen »eher nicht« wertgeschätzt fühlten.

10.3.1.2 Skalen

Die vorab postulierten Skalen innerhalb des Sitzungsbogens wurden auf ihre interne Konsistenz hin überprüft, indem Cronbachs Alpha berechnet wurde (▶ Tab. 10.4). Dabei erzielte die Skala »Gruppenklima« Werte weit unter .70, weshalb diese aufgrund mangelnder Reliabilität in den folgenden Berechnungen nicht weiter berücksichtigt wurde.

Tab. 10.4: Interne Konsistenzen (Cronbachs Alpha) der Skalen des Sitzungsfragebogens.

Skala	Supervisandenbogen	Supervisorenbogen
Nutzen/Zufriedenheit	.82	.79
Gruppenklima	.57	.47
Adhärenz	.68	.80

Die Supervisanden schätzten die Supervisionssitzungen im Mittel als nützlich ein ($M = 3.88$, $SD = .58$), ebenso die Supervisoren ($M = 4.16$, $SD =.49$). Die Adhärenz wurde sowohl von Supervisanden ($M = 3.30$, $SD = .61$) als auch von Supervisoren ($M = 3.46$, $SD = .77$) auf einem mittleren Niveau eingeschätzt. Sitzungen, in denen Supervisanden selbst einen Fall eibrachten ($n = 614$), wurden von diesen im Mittel signifikant nützlicher eingeschätzt, als wenn sie selbst keinen Fall eingebracht hatten ($n = 943$), $t = 12.14$, $p < .001$. Dieser Befund traf sowohl für die TAU als auch die psychoanalytische Supervision gleichermaßen zu.

10.3.1.3 Skalen- und Itemvergleiche

Im Vergleich zwischen der psychoanalytischen Fallsupervision und der Teamsupervision ergab sich wie erwartet über den Gesamtzeitraum kein Unterschied im wahrgenommenen Nutzen der Sitzungen, $t = -.29$, $p = .78$. Festgestellt wurde ein signifikanter Unterschied in der Adhärenz, $t = 2.36$, $p = .01$. Die psychoanalytische Supervision wurde wie erwartet im Mittel etwas adhärenter zur psychoanalytischen Theorie wahrgenommen. In den Bewertungen der Sitzungen durch die Supervisoren unterschied sich der wahrgenommene Nutzen für die Teilnehmer nicht signifikant, $t = -1.44$, $p = .15$. Die eingeschätzte Adhärenz des Vorgehens unterschied sich hier allerdings deutlich, $t = 5.19$, $p < .001$.

Innerhalb der Supervisionsteilnehmer kam es über beide Bedingungen zu keinen Unterschieden im wahrgenommenen Nutzen der Supervision. Die mittlere Adhärenz nahm jedoch mit Dauer der Studie zu und war 2014 signifikant höher als 2012, nicht jedoch 2013, wie sich nach dem Bonferroni Post-Hoc-Test einer ANOVA ergab, $F(2) = 3.245$, $p = .039$. Getrennt nach Supervisionsart wurde für die psychoanalytische Supervision keine signifikante Veränderung im mittleren Nutzen festgestellt, $F(2) = 1.002$, $p = .368$. Die Adhärenz blieb zwar insgesamt annähernd gleich, im zweiten Jahr wurde sie tendenziell niedriger geschätzt, $p = .098$, im dritten Jahr signifikant höher, $p = .028$. In der Teamsupervision war sowohl der wahrgenommene Nutzen, $F(2) = 5.425$, $p = .005$, als auch die Einschätzung der Adhärenz, $F(2) = 21.237$, $p < .001$, im zweiten und dritten Jahr höher als im ersten Jahr. Da die Teilnehmer des zweiten und dritten Jahres in der Teamsupervision zuvor ein Jahr psychoanalytische Supervision absolviert hatten, werden weiter unten mögliche Effekte dieses Umstandes diskutiert. In der Abbildung 10.1 werden zudem die mittleren Bewertungen von Nutzen und Adhärenz getrennt nach Jahr und Supervisionsgruppe dargestellt (▶ Abb. 10.1).

Der Vergleich der einzelnen Items über den ganzen Drei-Jahres-Zeitraum ergab, dass sich die Verteilung der Werte zwischen den Bedingungen nach dem Mann-Whitney-*U*-Test für die Items 3, 5–10, 13–16 und 18 nicht unterschieden. Unterschiedliche Verteilungen im Sinne eines höheren mittleren Ranges in den psychoanalytisch supervidierten Sitzungen stellten wir bei den Items 2, 4, 17 und 19 fest. Umgekehrt war der mittlere Rang der Bewertungen der Items 1, 11, 12, und 20 in den Teamsupervisionssitzungen höher.

Folglich tendierten Teilnehmer der PSASUP insgesamt eher dazu, anzugeben, dass sie der vorgestellte Fall besonders beschäftigt, sie Erwartungen hätten, dass sich ein neuer Weg eröffne, dass das Bewusstmachen der Stimmung geholfen habe, den Fall zu verstehen und der Supervisor eine Parallele zwischen dem gegenwärtigen Erleben und der Beziehung zum Klienten aufzeigte. Teilnehmer der Teamsupervision

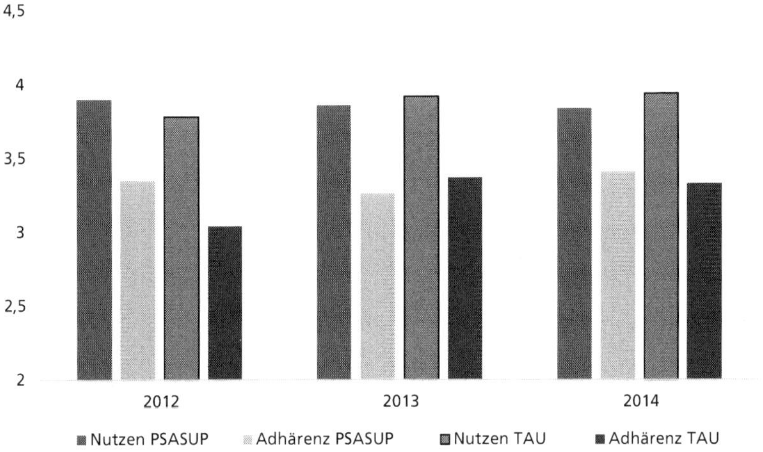

Abb. 10.1: Mittelwerte auf den Skalen »Nutzen« und »Adhärenz« getrennt nach Untersuchungsjahr und jeweiliger Supervisionsbedingung (PSASUP = psychoanalytische Fallsupervision, TAU = Teamsupervision).

tendierten im Vergleich zur PSASUP dahingegen eher dazu anzugeben, von der Sitzung berührt zu sein, dass es im Team hoch hergehe, dass sie sich offen mitteilen konnten und sich wertgeschätzt fühlten. In Bezug auf alle anderen Items gab es keine statistisch signifikanten Verteilungsunterschiede.

Die Zusammenhänge der Bewertung einzelner Aspekte der unterschiedlichen Sitzungen wurden für alle Teilnehmer über den gesamten Zeitraum (▶ Tab. 10.5) und getrennt nach jeweiliger Supervisionsbedingung (▶ Tab. 10.6) berechnet. Dabei ergab sich ein signifikanter mittlerer Zusammenhang zwischen dem wahrgenommenen Nutzen der Sitzung und der Adhärenz zum psychoanalytischen Vorgehen, welcher in den psychoanalytischen Supervisionssitzungen signifikant stärker ausgeprägt war als in den Teamsupervisionssitzungen. Das Item, welches pädagogische Anleitungen durch den Supervisor abfragt, korrelierte dabei entgegen unserer Vorannahmen sowohl mit dem empfundenen Nutzen der Sitzungen als auch mit der Adhärenz zum psychoanalytischen

Vorgehen. Dieser Zusammenhang unterschied sich sogar signifikant zwischen psychoanalytischer und Teamsupervision, $z = 3.45$, $p < .001$.

Tab. 10.5: Spearman's Rho (non-parametrische Korrelationen) der Skalen und ausgewählter Items über alle Teilnehmer und den gesamten Drei-Jahres-Zeitraum.

	Nutzen	Adhärenz	Item 9	Item 10	Item 11	Item 12	Item 13
Nutzen	1	.43**	.46**	.28**	.12**	.55**	.40**
Adhärenz		1	.34**	.34**	.28**	.17**	.14**
Item 9			1	.21**	.04	.23**	.31**
Item 10				1	.33**	.03	.07**
Item 11					1	-.03	-.08**
Item 12						1	.37**

** $p < .01$ (2-seitig)
Item 9: Der/die SupervisorIn hat pädagogische Anleitungen gegeben.
Item 10: Mich hat in dieser Sitzung etwas überrascht.
Item 11: Im Team ging es heute hoch her.
Item 12: Ich konnte mich heute offen mitteilen.
Item 13: Die anderen Teammitglieder und ich arbeiten auf gemeinsam beschlossene Ziele hin

Auf Itemebene wurden über alle Teilnehmer mehrere kleine bis mittlere positive Zusammenhänge festgestellt (▶ Tab. 10.5), u. a. zwischen der Zustimmung für die Aussage, dass es heute im Team hoch hergehe und empfundener Überraschung in Bezug auf die Sitzung. Zustimmung zur Aussage, sich offen mitteilen zu können, hing ebenfalls mit Zustimmung zur Aussage, mit den anderen an gemeinsamen Zielen zu arbeiten, zusammen. Keinen Zusammenhang gab es zwischen der Aussage, dass es im Team hoch hergehe und der empfundenen Möglichkeit, sich offen mitteilen zu können.

Tab. 10.6: Non-parametrische Korrelationen der Skalen und einzelner Items getrennt nach Supervisionsbedingung und Vergleich dieser Korrelationen auf signifikante Unterschiede.

		Adhärenz	Item 9	Item 10	Item 11	Item 12	Item 13
Nutzen (Skala)	ρ PSA	.46**	.48**	.31**	.13**	.57**	.39**
	ρ TAU	.37**	.44**	.21**	.09**	.52**	.41**
	z	2.244	1.001	2.227	0.901	1.455	-0.411
	p	**.012**	.158	**.013**	.184	.073	.34
Adhärenz (Skala)	ρ PSA		.40**	.37**	31.**	.19**	.19**
	ρ TAU		.25**	.30**	.23**	.15**	.07
	z		3.453	1.666	1.683	0.75	2.529
	p		**<.001**	**.048**	**.046**	.227	**.006**

$^{**}p < .01$ $^{*}p < .05$; signifikante Werte der Prüfgröße z (Vergleich von ρ PSA & TAU) wurden **fett** gedruckt.
(Berechnung nach Eid, Gollwitzer & Schmidt, 2011, S. 547f.; einseitige Testung)
ρ = Spearman's Rho; PSA = Psychoanalytische Supervision; TAU = Teamsupervision
Item 9: Der/die SupervisorIn hat pädagogische Anleitungen gegeben
Item 10: Mich hat in dieser Sitzung etwas überrascht
Item 11: Im Team ging es heute hoch her
Item 12: Ich konnte mich heute offen mitteilen
Item 13: Die anderen Teammitglieder und ich arbeiten auf gemeinsam beschlossene Ziele hin

Einen signifikanten Unterschied zwischen den Bedingungen in der Beurteilung des Nutzens der Sitzungen gab es bei dem Item »Mich hat in dieser Sitzung etwas überrascht«. Unter psychoanalytischer Supervision war die positive Beantwortung dieses Items signifikant deutlicher mit dem empfundenen Nutzen verbunden als in der Teamsupervision (► Tab. 10.6). Da sich der empfundene Nutzen als solcher nicht zwischen den Bedingungen unterschied (s. o.), weist dies auf eine Spezifität des Settings hin.

10.3.2 Testung der Forschungsfragen mit der Fragebogenbatterie

Intergruppenvergleiche von Veränderungen

Zur Überprüfung der Forschungshypothesen in Bezug auf die eingesetzte Fragebogenbatterie wurden zunächst mögliche querschnittliche Gruppenunterschiede in den Mittelwerten der entsprechenden Skalen (ISK Reflexibilität, IS kognitiv, IS emotional, IS gesamt, FKK Selbstwirksamkeit, FKK Externalität, EKF Eigene Emotionen, EKF Emotionale Kompetenz gesamt, IMA Elternbild, IMA gesamt, PMS gesamt) im *t*-Test überprüft. Weder in Bezug auf den ersten Messzeitpunkt, welcher als »quasi-Baseline« fungierte, da zu diesem Zeitpunkt erst eine Sitzung stattgefunden hatte, noch in Hinsicht auf spätere Zeitpunkte kam es hier zu statistisch signifikanten Unterschieden in den Mittelwerten (alle $p > .10$).

Als nächstes wurden als Effektmaße »change scores« (i. e. Mittelwertdifferenzen) zwischen den einzelnen Messungen berechnet (Fu & Holmer, 2015) und im Anschluss zwischen den Bedingungen mittels *t*-Test verglichen. Im ersten und im zweiten Messzeitraum kam es weder über den Gesamtzeitraum (also von T1 zu T3 und von T3 zu T5, T6 oder T7) noch bzgl. einzelner Instrumente in den Zwischenzeiträumen (also von T1 zu T2, T2 zu T3, T3 zu T4 usw.) zu signifikant unterschiedlichen Veränderungen in den Messwerten (alle $p > .15$). Im Ergebnis konnten in Bezug auf alle Hypothesen zur differentiellen Wirkweise psychoanalytischer Supervision im Vergleich zur Teamsupervision keine spezifischen Gruppeneffekte nachgewiesen werden.

10.4 Diskussion

10.4.1 Zusammenfassung und Einordnung der Ergebnisse

Im von 2012–2014 durchgeführten Projekt wurde Supervision in ihrer Wirkweise auf vielfältige Art untersucht. Dabei nutzten wir verschiedene qualitative (▸ Kap. 11, ▸ Kap. 12, ▸ Kap. 13, ▸ Kap. 14) und quantitative Methoden (▸ Kap. 11, ▸ Kap. 15), wie die Auswertung unterschiedlicher Formen von Selbstauskünften zur prozessbegleitenden Messung, welche in diesem Kapitel zusammengefasst wurden.

Die Supervision als solche wurde von den Teilnehmern nahezu durchgängig als hilfreich und unterstützend empfunden. So wurden Sitzungen beispielsweise nur in einem kleinen Teil der Fälle von gut 5 % von Teilnehmern als eher oder gar nicht hilfreich bewertet. Psychoanalytische Supervision wurde zwar hinsichtlich spezifischer Fragen anders (d. h. adhärenter) erlebt, insgesamt waren die Unterschiede jedoch überraschend wenig ausgeprägt. Unter Supervisoren war die Wahrnehmung der Unterschiede deutlicher als unter Supervisanden. Diese gaben weiterhin an, von beiden Verfahren in etwa gleich hohem Ausmaß profitieren zu können. Etwas überraschend stellten wir fest, dass psychoanalytische Supervisoren in der Praxis offenbar wesentlich mehr von ihrem theoretischen Hintergrund abwichen als angenommen – sie gaben beispielsweise nach Eigen- und Fremdaussage relativ viele pädagogische Ratschläge, welche darüber hinaus auch stark (positiv) mit der Zufriedenheit der Teilnehmer mit den Sitzungen zusammenhingen. Dies könnte mit ihrer relativen Unerfahrenheit in diesem Arbeitskontext oder auch einer schlichtweg pragmatischen Handlungsweise angesichts des hohen Drucks innerhalb der Strukturen sowie der Erfüllung impliziter Erwartungen zusammenhängen. Diese Abweichung von der Theorie stellt allerdings einen ernstzunehmenden Faktor dar, welcher die geringe unterschiedliche Wirkweise der Verfahren in dieser Untersuchung erklären könnte. Hier wird weitere vertiefende Forschung nötig sein, um den Prozess im Detail noch besser zu verstehen.

Das Design der Studie mit dem Wechsel der Supervisionsart nach dem ersten Untersuchungsjahr brachte die Schwierigkeit mit sich, dass mögliche Langzeiteffekte der Intervention des ersten Jahres PSASUP nicht von dem Effekt der Rückkehr ins ehemalige Setting und deren neuer/alter Wirkweise zu unterscheiden waren. Die in Abbildung 10.1 dargestellten und berichteten Befunde des leicht höher eingeschätzten Nutzens der TAU-Supervision im zweiten und dritten Jahr (▸ Abb. 10.1) können demnach theoretisch entweder aus einem negativen Vergleich mit der zuvor erlebten psychoanalytischen Supervision oder aber auch aus der positiven Langzeitwirkung eben dieser Supervision (oder aus beidem) resultieren – in dem Sinne, dass die Supervisanden ihre in der psychoanalytischen Supervision weiterentwickelten Fertigkeiten des Fallverständnis nun gewinnbringend für sich und andere Teilnehmer auch in der Teamsupervision anwandten. Für zukünftige Studien dieser Art empfehlen wir auf einen solchen Gruppenwechsel zu verzichten, um diese Effekte besser kontrollieren zu können.

Die Hypothesen bezüglich einer Empowerment-Wirkung von psychoanalytischer Supervision im Vergleich zur Teamsupervision hinsichtlich spezifischer Fertigkeiten, wie einer nachhaltig steigenden Reflexibilität, einem verbesserten emotionalen Stressmanagement und einer verbesserten emotionalen Kompetenz sowie einer höheren Ambiguitätstoleranz, konnten nicht bestätigt werden. Dies kann vielfältige Gründe haben: Zum einen können die Interventionen schlicht zu selten gewesen sein, um nachhaltige Effekte, die sich über Fragebögen abbilden lassen, zu erzielen. Zweitens bleibt fraglich, ob die psychoanalytischen Supervisoren nah genug an ihrer eigenen Methode blieben (s. o.). Die zwar signifikanten aber doch geringen Unterschiede in der Wahrnehmung der Adhärenz der Verfahren sowie das eher inadhärente Vorgehen der Psychoanalytikerinnen im Sinne eines zum Teil ausgeprägt pädagogischen Leitungsstils, liefern Hinweise für diese Vermutung. Demgegenüber zeigte sich für die TAU-Supervision, dass diese nicht rein auf Teamebene operierte, sondern laut Sitzungsfragebogen fast ebenso häufig Fälle besprochen wurden wie in der »fallbezogenen« PSASUP. Weiterhin kann die Adhärenz der TAU-Supervision aufgrund der Daten nicht beurteilt werden, weil die Adhärenzitems des Screeningbogens auf die psychoanalytische Methode ausgerichtet waren und TAU-Supervision nicht einem der Psychoanalyse vergleichbaren Schulenparadigma verbunden ist. Es fiel jedoch auf, dass auch in den TAU-Supervisionen häufig »psychoanalytische« Adhärenzitems, wie z. B. die Interpretation von Spiegelungsphänomenen, vermerkt wurde. Dies könnte darauf hinweisen, dass solche Elemente psychoanalytischer Supervision auch in der TAU-Supervision eine Rolle spielen.

Selbst für sehr unterschiedliche Treatments zeigt die Forschung, wie es das sogenannte Dodo-Bird-Verdict verdeutlicht, dass sich meist nur sehr kleine Effekte differentieller Wirkweise feststellen lassen (Luborsky et al., 2002). Eben diese Effekte, wenn vorhanden, konnten sich möglicherweise auch aufgrund der Schwierigkeiten bei der Durchführung der Studie (▶ Kap. 10.4.2) mit den eingesetzten Messinstrumenten nicht abzeichnen. In Bezug auf die Wirkweise von Supervision muss hinzukommend noch die empirisch weitgehend unbeantwortete Frage hinsichtlich einer vorwiegenden Optimierung personenbezogener Eigenschaften und Fertigkeiten versus einer vor allem entlastenden und stützenden Funktion zugunsten der Burnout-Prophylaxe (Jovanović et al., 2016) berücksichtigt werden.

10.4.2 Limitationen

Problematisch war in erster Linie die langfristig gesehen relativ niedrige Compliance der Teilnehmer zur Bearbeitung der Fragebögen, welche sich in einer hohen Dropout-Rate und vielen unbeantworteten Fragen bzw. Fragebögen niederschlug. Die a priori verfassten Hypothesen konnten aufgrund der zum Teil sehr kleinen verbleibenden Stichprobengrößen über den Gesamtzeitraum zum Teil nicht hinreichend sicher getestet werden.

Weiterhin bestand das bereits oben angesprochene »Studiendesign-Problem«, nachdem »psychoanalytische Langzeiteffekte« leider nicht kontrolliert erfasst werden konnten und (aufgrund des Gruppenwechsels) möglicherweise sogar spezifische Fehlervarianz kreierten. In diesem Sinne ist auch die aufgrund praktischer Probleme fehlende Baseline und Katamnese und eine aufgrund ethischer Bedenken fehlende Kontrollgruppe zu bemängeln.

10.4.3 Ausblick

Das Projekt lieferte stützende Hinweise für die Angemessenheit und Nützlichkeit unterschiedlicher Supervisionsarten im Kontext der Kinder- und Jugendhilfe. Der im Projekt entwickelte Sitzungsfragebogen stellt ein insgesamt vielversprechendes Forschungstool für die Untersuchung psychodynamischer/psychoanalytischer Supervisionen dar. Vorab vermutete Effekte hinsichtlich nachhaltig unterschiedlicher Wirkweisen von psychoanalytischer Supervision und Teamsupervision auf personenbezogene Eigenschaften, konnten auf Gruppenebene nicht bestätigt werden. Hier werden weitere Studien nötig sein, bei denen sehr genau auf Kontrollierbarkeit der Bedingungen (soweit dies in der Feldforschung möglich ist) geachtet werden sollte. Wir empfehlen aus den Erkenntnissen über die Schwierigkeiten in der praktischen Durchführung des Projektes, sehr spezifische Fragestellungen mit spezifischen Instrumenten zu untersuchen. Ebenfalls interessant wäre die Untersuchung der indirekten Wirkweise der Supervision hinsichtlich einer sich ändernden Arbeitsweise mit den betreuten Klienten. Abschließend soll nicht unerwähnt bleiben, dass sich in der augenscheinlichen Prüfung der Daten bei einzelnen Personen relativ deutliche Änderungen in den Messwerten im Untersuchungszeitraum erkennen lassen. Hier liegt aus unserer Sicht ein spannender Ausgangspunkt für vertiefende idiografische Prozessforschung.

10.5 Literatur

Conte, H. R., Ratto, R. & Karasu, T. B. (1996). The Psychological Mindedness Scale: Factor structure and relationship to outcome of psychotherapy. *The Journal of psychotherapy practice and research*, *5*(3), 250-9.

Eid, M., Gollwitzer, M. & Schmitt, M. (2011). *Statistik und Forschungsmethoden* (2. Auflage). Weinheim: Belz.

Fahrenberg, J., Hampel, R. & Selg, H. (2010). *FPI-R: Freiburger Persönlichkeitsinventar; Manual*. Göttingen: Hogrefe.

Frawley-O'Dea, M. G. & Sarnat, J. E. (2001). *The Supervisory Relationship: A contemporary* psychodynamic *approach*. New York: Guilford Press.

Fu, R. & Holmer, H. K. (2015). *Change score or followup score? An empirical evaluation of the impact of choice of mean difference estimates*. Rockville (MD): Agency for Healthcare Research and Quality (US).

Jovanović, N., Podlesek, A., Volpe, U., Barrett, E., Ferrari, S., Kuzman, M. R., ... & Moscoso, A. (2016). Burnout syndrome among psychiatric trainees in 22 countries: Risk increased by long working hours, lack of supervision, and psychiatry not being first career choice. *European Psychiatry*, *32*, 34–41.

Kanning, U. P. (2009). *Inventar sozialer Kompetenzen: ISK; Manual*. Göttingen: Hogrefe.

Krampen, G. (1991). *Fragebogen zu Kompetenz- und Kontrollüberzeugungen (FKK)*. Göttingen: Hogrefe.

Krupp, J., Taubner, S., Huber, D. & Hamburger, A. (2019). Validierung der deutschen Übersetzung der Psychological Mindedness Scale (PMS). *Zeitschrift für Psychosomatische Medizin und Psychotherapie*, *65* (1), 27–41.

Luborsky, L., Rosenthal, R., Diguer, L., Andrusyna, T. P., Berman, J. S., Levitt, J. T., Seligman, D. A. & Krause, E. D. (2002). The dodo bird verdict is alive and well–mostly. *Clinical Psychology: Science and Practice*, *9*(1), 2–12.

Mertens, W. & Hamburger, A. (2016). Psychoanalytische Supervisionskonzepte. In A. Hamburger & W. Mertens (Hrsg.), *Supervision – Konzepte und Anwendungen. Band 1: Supervision in der Praxis – ein Überblick* (S. 17–32). Stuttgart: Kohlhammer.

Mohr, G., Rigotti, T. & Müller, A. (2007). *Irritations-Skala zur Erfassung arbeitsbezogener Beanspruchungsfolgen: IS*. Göttingen: Hogrefe.

Mor Barak, M. E., Travis, D. J., Pyun, H. & Xie, B. (2009). The impact of supervision on worker outcomes: A meta-analysis. *Social Service Review*, *83*(1), 3–32.

Reis, J. (1997). *Ambiguitätstoleranz:Beiträge zur Entwicklung eines Persönlichkeitskonstruktes*. Heidelberg: Asanger.

Rindermann, H. (2009). *EKF: Emotionale-Kompetenz-Fragebogen*. Göttingen: Hogrefe.

Shill, M. A. & Lumley, M. A. (2002). The Psychological Mindedness Scale: Factor structure, convergent validity and gender in a non-psychiatric sample. *Psychology and Psychotherapy: Theory, Research and Practice*, *75*(2), 131–150.

11 Psychoanalytische Supervision und Gruppenklima

Susan Schneider

Im Forschungsprojekt der International Psychoanalytic University Berlin wurde versucht zu klären, *wie* Supervision wirkt, indem einerseits quantitativ Persönlichkeitsveränderungen der Supervisanden durch verschiedene Skalen erfasst wurden, andererseits qualitativ das Geschehen in der Supervision mittels Tonbandaufzeichnungen genauer untersucht wurde. In der vorliegenden Arbeit werden zwei psychoanalytisch geführte Supervisionsgruppen betrachtet, deren Supervisanden sich hinsichtlich der gemessenen Persönlichkeitsmerkmale gegenläufig entwickelt haben. Die Frage ist, ob sich mit der Konversationsanalyse der Transkripte Unterschiede im Gruppenklima zeigen lassen, die die gegenläufige Entwicklung auf den Persönlichkeitsskalen mit erklären könnte.

Zunächst werden die nach der Supervision festgestellten Gruppenunterschiede der Skalenmittelwerte vorgestellt. Anhand von drei Supervisionstranskripten pro Gruppe werden dann Unterschiede der Konversation in beiden Gruppen näher untersucht. Dazu werden Auffälligkeiten qualitativ beschrieben und drei quantitative Indikatoren gebildet, die das Gruppenklima charakterisieren: Lachen, Schweigen und Overlaps. Nach einer Illustration an Beispielen werden die beobachteten Daten zu »prototypischen« Gruppenklimata psychoanalytischer Supervision zusammengefasst und Hypothesen über den Zusammenhang mit der gegenläufigen Entwicklung der Supervisanden formuliert.

11.1 Daten zu den Gruppen und verwendeten Skalen

11.1.1 Gruppen

Es werden zwei Erziehergruppen einer Einrichtung miteinander verglichen[8]. Gruppe A besteht aus sechs Erzieherinnen im Alter von Anfang 20 bis Mitte 40, die bis zu sieben Mädchen im Alter von 13 bis 18 Jahren betreuen. In Gruppe B betreuen drei Erzieherinnen (alle in den Zwanzigern) und drei Erzieher (alle deutlich über 40 Jahre) bis zu zehn Jungen im Alter von 9 bis 16 Jahren. Sowohl hinsichtlich der betreuten Zielgruppe (sieben Mädchen vs. zehn Jungen) und Betreuungsdichte als auch hinsichtlich des Geschlechts und Alters des Erzieherteams unterscheiden sich die Gruppen stark. Die Alters- als auch Rollendifferenzierung ist im Team der Jungengruppe höher als im Team der Mädchengruppe. Außerdem wurden die Gruppen von zwei verschiedenen Personen supervidiert. Supervisionsforschung versteht sich hier vor dem Hintergrund des jeweiligen Spannungsfelds aus Persönlichkeit der Supervisorin, Persönlichkeiten der Supervisanden und im Kontext der institutionellen Struktur.

11.1.2 Verwendete Skalen

Zur Messung persönlicher Veränderungen bei den Supervisanden wurde zu Beginn und am Ende des Supervisionszeitraumes das Inventar sozialer Kompetenz en (ISK; Kanning, 2009), die Emotionale Kompetenz (EKF; Rindermann, 2009) sowie die Ambiguitätstoleranz (IMA; Reis, 1996) erhoben.

Auf mehreren Persönlichkeitsskalen entwickelten sich die Einschätzungen der Erzieherinnen und Erzieher von Gruppe A und B über einen Beobachtungszeitrum von einem Jahr unterschiedlich (► Tab. 11.1). Erwartet wurde jeweils eine langfristig positive Veränderung durch die

8 Alle Namen wurden geändert.

Supervision (Krupp, 2020, ► Kap. 10). Die Effektstärken nach Cohen (1988) zeigen, dass die soziale Orientierung in Gruppe A sich stark verringerte, während sie sich in Gruppe B kaum veränderte. Die Selbststeuerung blieb dagegen in Gruppe A stabil, in Gruppe B stieg sie um einen mittleren Effekt. Ähnliches gilt für die emotionale Kompetenz. Anders entwickelte sich dagegen die Ambiguitätstoleranz, die sich in Gruppe A erwartungsgemäß stark erhöhte, während sie in Gruppe B deutlich abnahm.

Tab. 11.1: Effektstärken der Veränderung der Gruppenmittelwerte (Vergleich Ende mit Beginn der Supervision)

Gruppe	ISK soziale Orientierung	ISK Selbststeuerung	EKF emotionale Kompetenz	IMA Ambiguitätstoleranz
A	-0,85	-0,1	-0,03	0,76
B	0,06	0,42	0,43	-0,54

Anmerkung: Effektstärke ab 0,2 entspricht einem schwachen, ab 0,4 einem mittleren und ab 0,8 einem starken Effekt.

Der Gesamteffekt der Ambiguitätstoleranz geht in beiden Gruppen besonders auf die Subskala zum Elternbild zurück, die sich gegenläufig entwickelte (A: +1,08; B: -1,24).

11.2 Konversationsanalyse – ein Instrument zur Erforschung von Supervisionsprozessen?

Sidnell und Stivers (2013) stellen die Konversationsanalyse (CA) als einen Ansatz zur Untersuchung von alltäglichen, natürlichen Sprechsituationen vor, der theoretische Annahmen, Untersuchungsziele, ausgewählte Daten, Datenvorbereitung sowie analytische Methoden in einer ihm eigenen Weise miteinander verbindet. Die von Buchholz und Kächele (2013) vorgebrachten Vorteile der CA für die Psychotherapieforschung scheinen bedingt auf die Supervisionsforschung übertragbar, da Datenfülle und Komplexität im Gruppensetting erheblich ansteigen. Die Methode der CA konnte in der vorliegenden Arbeit nur näherungsweise im Sinne einer ersten Dateninspektion und der quantitativen Erfassung ausgewählter Redeparameter angewendet werden.

11.3 Auffälligkeiten beim Hören der Audioaufzeichnungen

Ausgewählt wurden jeweils die erste, fünfte und letzte Supervisionssitzung. Beim Anhören der Tonaufnahmen entsteht der subjektive Eindruck, dass sich sowohl die Atmosphäre als auch die Arbeitsweise beider Gruppen stark unterscheidet. So erscheint die Atmosphäre in Gruppe A ruhig, respektvoll und kollegial. Die Falldarstellungen sind von vielen Affekten begleitet. In Gruppe B dagegen scheint eine Anspannung spürbar, die aber nicht thematisiert wird. Die Interventionen der Supervisorin wirken direktiver und konfrontativer als die ihrer Kollegin. Unterbrechungen und Parallelsprechen kommen in Gruppe B bei Supervisanden und Supervisorin häufig vor. Die Atmosphäre scheint kühler und etwas steif durch lange Schweigepausen, einsilbige Antworten, Stöhnen und angespanntes kurzes Lachen. Es werden Unverständnis bis hin zu Missmut über die Fragen der Supervisorin ausgedrückt. Diesen subjektiven Eindrücken werden nun einige konversationsanalytische Indikatoren gegenübergestellt.

11.4 Schweigen, überlappende Rede und Lachen als Indikatoren für das Gruppenklima?

Schweigepausen, Überschneidung von Sprechzügen (Overlaps) und Häufigkeit von Lachen wurden im Transkript ausgezählt. Überlappung von Redezügen ist ein alltägliches Phänomen, wobei sich meist ein Sprecher schnell zurückzieht, um dem anderen das Wort zu überlassen. Während in der CA Overlaps verschieden kategorisiert werden (z. B. Schegloff, 2007; Jefferson, 1986), wurde hier aufgrund der Komplexität der Gruppensituation eine einfachere Einteilung in »zustimmend« (ah, ja, mhm), »ablehnend« (nein, aber) oder »neutral« (Person wechselt das Thema) vorgenommen, was als Indikator für Respekt und die Offenheit gegenüber Widersprüchen gedeutet werden kann. Lachen als komplexes Phänomen kann einerseits als Hinweis auf Freude oder Humor, aber auch für Scham, Belustigung oder Sarkasmus und daher nur im genauen Kontext interpretiert werden (Glenn, 2003). Hier wurde zunächst nur unterschieden, ob eine Person allein lacht oder mindestens zwei Personen lachen, was als Indikator für die Gruppenkohäsion interpretiert wird. Letztlich wurden die Schweigepausen von mindestens einer Sekunde Dauer aufsummiert und daraus eine Aussage über die Pausen bezogen auf die Gesamtdauer der Sitzung gemacht. Dies könnte sowohl ein Ausdruck für die Nachdenklichkeit als auch für Verweigerung oder Anspannung in der Gruppe sein (► Tab. 11.2).

Tab. 11.2: Häufigkeiten von Lachen, überlappender Rede sowie Schweigezeiten in Gruppe A und B

Sitzung	Gruppe	eine Person lacht	mehrere lachen	Lachen gesamt	zustimmender Overlap	widersprechender Overlap	neutraler Overlap	Overlap gesamt	Schweigepausen in Sekunden	Schweigesekunden pro Sitzungsminute	Sitzungsdauer in Minuten
Erste	**A**	89	68	157	32	10	16	68	202	2,8	71
	B	28	4	32	66	48	42	156	344	3,9	88
Fünfte	**A**	61	21	82	52	17	48	117	255	3,1	82
	B	95	22	117	50	26	47	123	566	6,7	85
Letzte	**A**	130	89	219	54	28	116	248	212	2,6	82
	B	65	16	81	72	13	33	118	493	5,8	85

Während in Gruppe B durchgehend mehr und besonders in der fünften Sitzung fast sieben Sekunden pro Minute geschwiegen wurde, liegt diese Zeit in Gruppe A nahezu konstant bei rund drei Sekunden pro Minute (▶ Abb. 11.1).

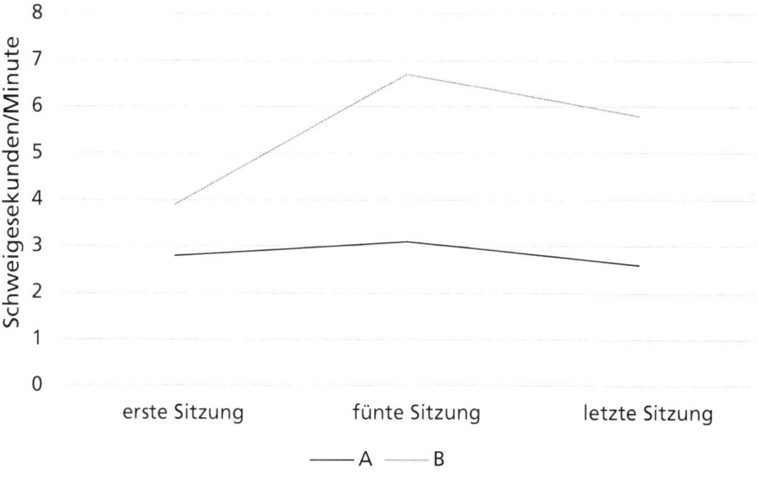

Abb. 11.1: Schweigesekunden pro Sitzungsminute in Gruppe A und B

Insbesondere die erste und die letzte Sitzung der beiden Gruppen unterscheiden sich hinsichtlich des Lachens und der Überschneidungen. Bildet man für diese Ereignisse die Quoten pro Sitzungsminute, so zeigt sich, dass in der ersten und letzten Sitzung in Gruppe A rund dreimal häufiger gelacht wird als in Gruppe B, in der fünften Sitzung sind sich beide Gruppen ähnlich. Die Overlaps pro Minute sinken dagegen in Gruppe B leicht ab, in Gruppe A steigen sie in der letzten Sitzung stark an (▶ Abb. 11.2).

Eine genauere Betrachtung der Overlaps pro Minute, bei denen der übernehmende Sprecher einen Widerspruch zum Vorredner äußert, ergibt folgendes Bild. Während die Quote der widersprechenden Overlaps in Gruppe A mit der Zeit ansteigt, fällt sie in Gruppe B stark ab (▶ Abb. 11.3). Dies könnte einerseits ein Hinweis darauf sein, dass Widerspruch respektvoller, da nicht mehr den Vorredner unterbrechend, geäußert wird, andererseits aber auch darauf, dass eventuell die Stimmung zunehmend resignativ geworden ist.

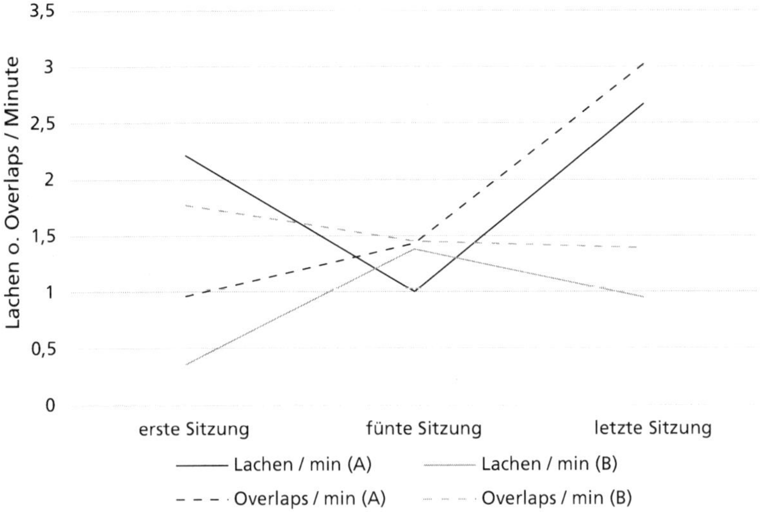

Abb. 11.2: Lachen und Overlaps pro Sitzungsminute in Gruppe A und B

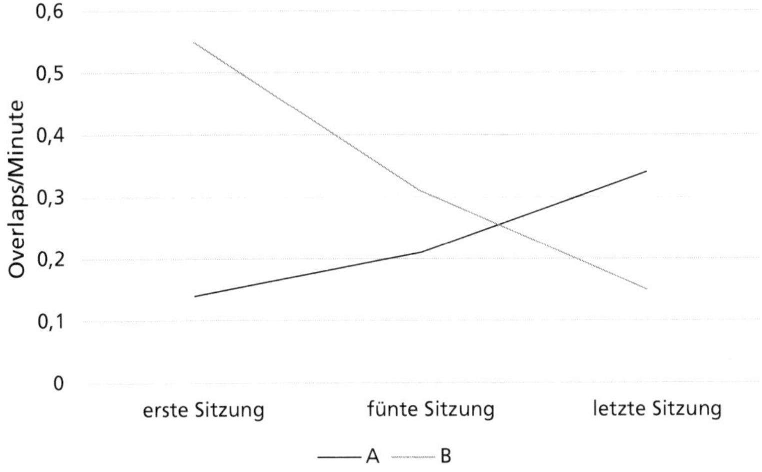

Abb. 11.3: Widersprechende Overlaps pro Sitzungsminute in Gruppe A und B

Betrachtet man zusätzlich das Lachen genauer, ist in beiden Gruppen das Lachen einer einzelnen Person häufiger als das mehrerer. Der Unterschied ist jedoch in Gruppe B viel stärker ausgeprägt als in Gruppe A, so dass vermutet werden kann, dass entweder das Lachen nicht auf die Gruppe ausstrahlt (mangelnde Gruppenkohäsion) oder eher defensiv als schamverdeckendes oder belustigendes Lachen einer Person eingesetzt wird. Grundsätzlich wird in Gruppe A mehr gelacht als in Gruppe B (▶ Abb. 11.4).

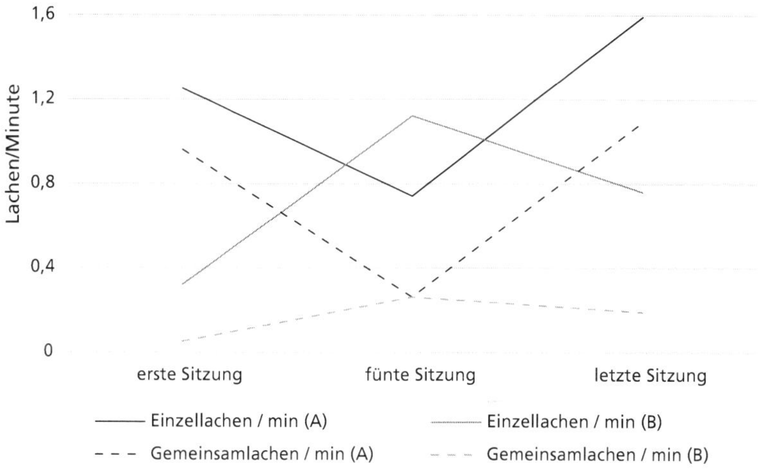

Abb. 11.4: Einzelnes und gemeinsames Lachen pro Sitzungsminute in Gruppe A und B

Diese Indikatoren verstärken den Eindruck eines unterschiedlichen Gruppenklimas, welches an kurzen Beispielen aus dem Transkriptmaterial (nach GAT, Selting et al., 1998) von rund 300 Seiten aus der Fallarbeit am Ende der ersten Sitzung illustriert wird.

11.5 Illustration des Gruppenklimas anhand von Transkriptauszügen

11.5.1 Gruppe A: Aber wie können wir ihr denn da helfen?

Der folgende Auszug bringt die Fallarbeit der Jugendlichen Manja zum Abschluss (Transkriptzeilen 1001 bis 1140). Hier erläutert die Supervisorin ein psychoanalytisches Modell der Affektverarbeitung, um den Erzieherinnen zu helfen, wie sie Manjas Verhalten (lügen, stehlen) besser verstehen und selbst darauf reagieren können. Sie weist auf die Gefühle der Erzieherinnen hin: Enttäuschung, Frustration. Diese Gefühle werden von drei Erzieherinnen aufgegriffen.

Die Supervisorin formuliert ihre Perspektive mit Ich-Aussagen und äußert ihre Wertschätzung für die Arbeit der Erzieherinnen.

1001 SUP: ... Aber (.) ich glaube auch, der Anspruch is hoch und ich denk auch, Sie machen gute Arbeit das geht gut aber die Frage is »Wie mit der eignen Enttäuschung zurechtkommen ja und mit der eigenen Ungeduld vielleicht?«

1005 Dora: Ja, das stimmt wohl eigentlich. ...

1013 SUP: .hh Ne Stolperfalle seh ich auch noch darin (.) äh:m Sie ham das vorher gesagt, Frau M., mit dem, (.) so da das klang so n bisschen als würd sie s mit Absicht machen, ja? und ich glaube, dass sie manchmal berechnend is, .h aber ich glaube manchmal, bei den emotionalen Sachen, da kriegt sie s nich besser hin, ja? auch wenn sie s vielleicht so verkauft, als würde sie s besser können ...

Die Supervisandinnen sprechen ihre Gefühle, Fragen und Zweifel offen aus.

1018 Dora: Was meinen Sie denn jetzt?

Die Supervisorin geht darauf ein und heißt auch nicht zu beantwortende Fragen willkommen.

1019 **SUP**: .hhh Das ich weiß das Beispiel nich mehr ((lacht)) was Sie sagten. ähm (1,5) Fällt mir nich mehr ein, was es genau war, aber es ging so dru=also .hh so zusammenfassend denk ich, is wichtich, dass ich glaube sie macht das vielleicht zum Teil (.) berechnend, aber ich glaube dass sie in ihrem (.) Inneren viel bedürftiger is, aber das das wird nich, das zeigt sie nich (.)

1023 **Dora**: mhm. Na, das, das glaub ich auch! Ich glaube, dass die absichtlich schon mal falsche Informationen, also das das glaub ich auch immer noch! ((lacht)) ...

1029 **SUP**: Das macht sie, aber eigentlich (.) nich, weil ich glaube, dass sie irgendwie da jetzt böse Absichten hat, sondern, weil sie so bedürftig is. (1,5) Ne, da hat sie die Zügel in der Hand.

1031 **Dora**: Ja::! (.) Ich glaub aber, dass ihre Absicht diese is, dass sie sich über die andern stelln kann, weil, sie setzt Informationen, sie bringt die anderen in eine ganz dumme Situation und dann verpetzt sie die, ja, genau im richtigen Moment!

1034 **SUP**: Und was is der Vorteil (.) wenn ich [( )]?

1035 **Dora**: [Ja, natürlich!] dass sie sich selber da da hochschraubt, dass sie selber da gut dasteht, dass is ja, dass is ja gezIElt dann für mich! .hh

1037 **SUP**: Ja::? Aber, ich bin nich mehr ohnmächtig, ja? Die [Ohnmacht is wo anders deponiert]

1038 **Dora**: [Na ja das hätt ich jetzt auch gesagt ( )]

1039 **SUP**: und ich glaube sie hat ne große Ohnmacht! ja? die sie immer wieder irgendwo deponieren muss und das macht Sie natürlich auch so hilflos? weil .hh jetzt ham Sie die Ohnmacht, ja? (--) ( )

1042 **Dora**: Ja, aber woher rührt die? Das is ja die Frage, woher rührt diese Ohnmacht? Wann fühlt sie sich ohnmächtig?

1044 **SUP**: mhm (--) Das is ne wichtige Frage. ...

Sie erläutert psychologische Modelle in einer Weise, die vom Team gut verstanden wird.

1052 **SUP**: mhm Dazu is s dann leichter empathisch zu sein? Ich glaube indem Sie Fähigkeiten ham, die Manja nich hat. Dass Sie in der Lage sind, die Ohnmacht irgendwie auszuhalten, weil Sie sonst in Ihrem Leben nich so ohnmächtig sind. (--)

1055 **Dora**: Ja, aber wie hab ich ihr denn damit geholfen? So, ja (.) akut, ja? Aber, auf (.) auf Dauer?

1056 **SUP**: S gibt n Modell (-) ähm ich finde das sehr wichtich und sehr hilfreich in der Zusammenarbeit mit Menschen, die (-) Schwierigkeiten ham mit den eigenen Gefühlen zurechtzukommen, und ich glaub, des kennt auch jeder n Stück weit? (--) Wenn die Gefühle zu stark sind mh, dann (.) müssen die irgendwie raus (-)

1060 **Unb.**: mhm

1061 **SUP**: und dann (-) is da n andrer der sie mit mir teilt (--) und dann (-) kann ma so wie so n gemeinsamer Verdauungsprozess, ja? .h Gemeinsam werden dann irgendwie die Gefühle verdaut. Ich (.) vielleicht kenn Se s auch von sich selber, wenn eim irgendwie was Schlimmes passiert is, .hh ich erzähl s nem andern und allein dadurch dass ich s erzählt hab is es schon irgendwie n bisschen leichter, ja?

1066 **Dora**: Ich find das krass, aber ich kenn das auch, ja. ((lacht))

1067 ((mehrere lachen))

1068 **SUP**: Und dieses dieses GemEInsame ja?, das is ne gemeinsames Verdauen. Und das machen Sie, ja? Sie verdauen mit Manja die Ohnmacht. (-) Und das is manchmal (.) äh glaub ich, sehr mühsam, weil SIE (.) ganz viel von dem Verdauungsprozess leisten, während Manja weiteragiert.

1072 **Dora**: .hh Ich kann das total verstehen. Ich hab auch wirklich jetzt grade was gelernt, das muss ich echt sagen, aber ich ich möchte für mich immer noch wissen: Wo rührt das her? Weil ich glaube (-) dann machen wir das immer wieder, immer wieder, immer wieder, immer wieder.

Die Teilnehmer respektieren das Rederecht des Sprechers, Überschneidungen treten selten auf. Das Lachen einer Person wird von anderen oft erwidert.

1084 **Dora**: Ja, [wenn des reicht? (-) Das]

1085 **SUP**: [dass Sie verdauen müssen]

1086 **Dora**: <<auflachend> kann man ja>?

1087 ((mehrere lachen auf))

1088 **Dora**: <<p>ka ma [mit leben, ne?]>

1089 **SUP**: [Aber s is gut] zu wissen einfach, ja? dass Sie da immer wieder was für sie (-), ja ich find, verdauen triffts ganz gut.

1091 **Dora**: mhm. Mhm

1092 **Berta**: Ich komm mir grad vor wie so n Darm.

Nach einem Lernprozess treten häufig längere Pausen als Ausdruck von Nachdenken und Aufnehmen des Gesagten auf.

1130 **SUP**: Das (-) mit dem kleinen Kind kann ma sich s, glaub ich besser vorstelln, wie das is mit der (-) Angst – wenn ma sagt »«Och, das is jetzt aber ganz schön schrecklich«, ja, irgendwie so und ja dann merkt das Kind »«Das is nich eins zu eins.«« Und das is dieser Verdauungsprozess. (5,0) Und dann is, glaub ich, auch die (2,5) Ja, dann (-) kommt nur noch der eigene Leistungsanspruch.

1135 **Unb.**: mhm. Ja ((mehrere, leise)) (3,0)

1136 **Dora**: Ja, aber ich glaube, wenn man, also für für mich is das wenn ich das für mich klar habe: »«So, jetzt benutzt sie mich grade für was total Sinnvolles.«« ((räuspert sich) dann is diese eigene Frustration gar nich so da

11.5.2 Gruppe B: Sie komm' jetzt von außen und schau'n sich mal das Schachbrett an

In der ersten Sitzung von Gruppe B berichtet Sina über den zwölfjährigen Bernd, der durch seine Verweigerung, seinen Rückzug und sein aggressives Verhalten die Erzieher vor Schwierigkeiten stellt. Nachdem dies 50 Minuten in allen Facetten geschildert wurde, drückt Heinz seine konkreten Erwartungen an die Supervisorin aus, ihnen neue Ideen zu geben. Über die Metapher »Schachbrett« entwickelt sich eine Sequenz über Regeln und Ohnmacht, an der sich die divergierenden Erwartungen von Supervisorin und Supervisanden zeigen (Transkriptzeilen 960 bis 1077).

Die Erzieher erwarten konkrete Handlungsanweisungen, sprechen mit langen Pausen, ihr Lachen wirkt wie ein Versuch, die eigenen Ohnmachtsgefühle zu verdecken.

960 Heinz: Die Frage [an Sie wär]

961 Laura: [Abwarten]

962 Heinz: jetzt äh (--) könn Sie aus Ihrer la:ngjährigen ErFAH:rung, die Sie haben, -hh uns da wir sehn das immer so n bisschen vo sach ich jetzt mal von dem pädagogischen Teil aus (--)

964 SUP: Ja:

965 Heinz: Weil wir halt in dieser Schiene sin ((lacht kurz auf)) hehe, das kann ja auch manchmal n bisschen äh (-) eingefahren sein, oder was, dass Sie unsern <<lachend> Horizont n bisschen erweitern würden, he> indem Sie sagen, das wär vielleicht SO n (--) Ansatzpunkt, wo man äh: (-) mit dem Jugendlichen so verfahren könnte oder ich weiß es jetzt nich genau.(1,3) Is die ((lacht)) ich meine .h in diesem Bereich (-) gibt es kein TABU, gibt es auch kein keine Eingeschränktheit, sondern da müsste man ALLES versuchen, um (-) letztendlich (-) ERFOLG zu haben, sach ich jetzt mal. (1,3) .hh oder um um um was bewirken zu können (---) müsste man alles äh (--) versuchen.

Die Supervisorin formuliert ihre Deutungen weniger als subjektive Meinung, sondern als Tatsachen, sie verwendet »man« und Fachbegriffe.

972 **SUP**: Schaun Se mal, und das meint ich vorhin mit HILFLOSIGKEIT in Anführungszeichen. Er bringt einen an nen Punkt, wo Sie sagen .hhh hhh Obwohl wir doch das alles so mAchen wie wir das so gewohnt sind und erfahren haben und wie wir wissen auch, dass es funktioniert, .h bringt er ein doch an den Punkt zu sagen, was solln wir denn nun eigentlich machen. (1,8) Denn, was wir machen, im Moment, is ja, dass wir versuchen, seinen Konflikt zu verstehen, Autonomie-Abhängigkeit! (--)

978 **Heinz**: mhm

979 **SUP**: ne, ich will autonom sein und GLEICHZEITIG fühlt er sich EXtrem und is er auch .h Extrem in seinem Leben (1,6)

981 **Heinz**: gefangen

982 **SUP**: verplant worden, oder unberechenbar oder nich nicht konnte nicht einwirken auf das auf sein Umfeld (3,8) und gleichzeitig MACHEN SIE ja viel. (--) Wie Sie mit ihm umgehen. (1,9) Und Ihre Frage is jetzt für mich so n bisschen (2,0) als wenn Sie sagen, ja zielt das alles nich? müsste man s nich irgendwie ganz anders machen (1,7)

Die Erzieher fühlen sich nicht verstanden und äußern offen ihren Widerspruch.

986 **Heinz**: Nein, [die Frage is]

987 **SUP**: [Sie MACHEN ja]

988 **Heinz**: Ham Sie ne andre, andre n andern Ansatzpunkt noch, die (1,3) mal was so auf die PSYCHOLOGISCHE Schiene mehr geht oder so (1,6).

Nachdem die Supervisorin die Erwartung konkreter Vorschläge nicht sofort aufgreift, bringt ein Erzieher die Metapher vom Schachspiel ein, versichert sich mit häufigen »Ja?«-Anhängseln des Verständnisses der Supervisorin, die mit Verwunderung auf die Metapher reagiert und dabei die Erzieher unterbricht. Schweigen folgt, das ein gewisses Mismatch der Erwartungen signalisiert.

990 **Egon**: hhh Wir spieln im Haus alle Schach, ne? Sie komm jetzt von außen und schaun sich mal s Schachbrett an

992 **SUP**: mhmmhm

993 **Egon**: Ja? Und wir versuchn (1,8) Ja, dem Bernd den Bernd mal matt zu setzen, ja? Aber brauchen dafür, was weiß ich, mal zwanzig Züge mehr als Sie (1,5) Zum Beispiel jetzt
[vielleicht mal hätten auch sagen]

995 **SUP**: [Sie versuchen, den MATT] zu setzen?

Die Supervisorin gerät in die Defensive, beginnt häufiger mit »ja, aber« und setzt (den Erwartungen entsprechend) konkrete Normen für die Erzieher.

1002 **SUP**: Naja, aber das wär die Phantasie, ich wär der OBERspieler, ne? Ich wär sozusagen der Spieler, der das Fa=SCHACHbrett sieht und sofort .hh (--) sagen kann [zack zack zack]

1004 **Egon**: [aber denen, die von der Seite mal] zuschauen, ich mein, is das schon zulässig, also, kucken Se von da oben, wir sitzen mal so

1006 **SUP**: mhm

1007 **Egon**: und wir spieln unsere Partie jetzt im Haus (1,2) ja, und Sie kommen jetzt=

1008 **Heinz**: =Sie sind außenstehend, sind eigentlich nni=gar nich mit der Sache äh quasi involviert, (-) das sin WIR nur Sie: könn das von von ner andern Position aus betrachten und auch vielleicht uns

1010 **SUP**: .hhh hhh

1011 **Heinz**: da Hilfestellung geben

1012 **SUP**: Ja, aber s is ja die Vorstellung, als wenn man es irgendwie GANZ ANDERS machen könnte

1013 **Leo**: [Ich seh es so]=

[...]

1047 **SUP**: Was sehen Sie an ihm, wo Sie in Kontakt bleiben können? .hh Aber vielleicht noch mal das Bild mit dem SCHACHspiel. das is ja, s gibt feste Regeln und wenn man die anwendet, dann führt das zum Erfolg. Das geht ja auch um Erwartungen an MICH, die Sie jetzt ansprechen. .h ne? Ob

1050 **Leo**: Ja.

1051 **SUP**: wenn man die richtigen (--) Züge macht, dann funktioniert das. . hh Die Frage is, ob ich sowas erfÜllen kann, ob ne Supervision überhaupt so was erfüllen kann, denn (---) Sie müssen ja BEZIEHUNGEN halten, und Beziehungen heißt, Sie müssen sich auseinander setzen. (---) Immer wieder. Und nich die richtigen Züge machen. (1,0) Sondern, Sie machen das, der reagiert, der reagiert nich, Sie machen wieder n Angebot ...

Der Versuch, Frustration oder Wut über das Verhalten der Jugendlichen als Abwehr durch Resignation und »Schach-matt-Setzen« zu deuten, scheint nicht anzukommen. Die Erzieher verstehen den Hinweis auf ihre eigenen Anteile als Vorwurf:

1062 **Leo**: Wenn wir ganz ehrlich sind, gibt es (-) heute Jugendliche, wo man ganz einfach sagen muss, da geht s nich. WEnn wir das auf s Schachspieln [schon wieder beziehn]

1064 **SUP**: [Ja, aber das is] dann wieder dieses Schach matt und das is die andere [Seite, wo Sie genau das]

1065 **Leo**: [Ja, nur falschrum dann]

1066 **SUP**: ihn ausstoßen! Wo Sie sagen, wenn der nich so funktioniert, (- -) dann lass ich ihn falln
[das is die Umkehrung auf der anderen Ebene]

1068 **Leo**: [Wir lassen kein falln!]

1069 **Heinz**: Das wolln wir auch nich! [Das wolln wir auch nich!]

In den Auszügen zeigt sich sowohl ein unterschiedlicher Stil der Supervisorinnen als auch eine unterschiedliche Gesprächskultur in den Gruppen. Kombiniert man diese Eindrücke und die Indikatoren Lachen, Overlaps und Schweigen miteinander, könnte man stark vereinfachend folgende »Gruppenklimata« unterscheiden und die ausgewerteten Sitzungen diesen zuordnen.

Tab. 11.3: Schematische Gruppenklimata

Lachen	**Schweigen**	**wenige Überlappungen**	**viele Überlappungen**
wenig gemeinsames Lachen	wenig Schweigen	*(1) nüchternes Arbeiten* (Bsp. Fünfte Sitzung A)	*(3) angespanntes Arbeiten* (Bsp. Letzte Sitzung B)
wenig gemeinsames Lachen	viel Schweigen	(2) nachdenkliches Arbeiten	*(4) widerständiges Arbeiten* (Bsp. Erste und fünfte Sitzung B)
viel gemeinsames Lachen	wenig Schweigen	*(5) lustvoll-heiteres Arbeiten* (Bsp. Erste Sitzung A)	*(7) ausgelassene Stimmung, weniger Arbeitsatmosphäre* (Bsp. Letzte Sitzung A)
viel gemeinsames Lachen	viel Schweigen	*(6) lustvoll-nachdenkliches Arbeiten*	*(8) ambivalente Stimmung zwischen Frohsinn / Belustigung und Nachdenken / Anspannung*

11.6 Weitere zu berücksichtigende Faktoren

In beiden Gruppen sind die Erzieherinnen und Erzieher mit schwer aushaltbaren Gefühlen von Hilflosigkeit und Ohnmacht konfrontiert. Bei der Interpretation der Unterschiede müssen neben dem Supervisionsprozess auch die Persönlichkeiten der Supervisanden berücksichtigt werden.

Die von vornherein ambiguitätstoleranteren Supervisandinnen der Gruppe A treffen auf eine Supervisorin, die durch klare Rahmensetzung, explizite Wertschätzung, Affektaufnahme, einfühlsame Reformulierungen und einen subjektiv formulierten, aufnehmenden Deutungsstil die Reflektion der Gruppe weiter fördert.

Die von vornherein weniger ambiguitätstoleranten Erzieherinnen und Erzieher der Gruppe B beginnen die Supervision in der Erwartung einer Weiterbildung mit konkreten Handlungsanweisungen. Diese Gruppe trifft auf eine Supervisorin, deren Deutungsstil konfrontierender ist und auf Abwehr trifft. So gelingt es kaum, den Affekt der Supervisanden aufzugreifen, das Gespräch bleibt auf die Jugendlichen fokussiert. Die Supervisorin wird vom Team als Erziehungsexpertin konstruiert und entspricht diesem Rollenbild. Eine negative Entwicklung der Ambiguitätstoleranz bei allen Supervisanden der Gruppe B kann mit dieser Abwehr in Verbindung gebracht werden.

11.7 Zusammenfassung und Ausblick

Der Beitrag dieser Arbeit liegt darin, die CA auf Transkripte von Gruppensupervision anzuwenden, die Datenfülle anhand weniger, einfach zu ermittelnder Indikatoren mit einem Gesamteindruck zu vergleichen und die gewonnenen Eindrücke an Auszügen zu illustrieren. Den acht möglichen Kombinationen der gebildeten Indikatoren wurden schematisch Gruppenklimata zugeordnet. Zusammenfassend lassen sich folgende Hypothesen aufstellen.

1. Die Kombination der drei Indikatoren Lachen, Schweigen und Overlaps pro Sitzungsminute zu acht möglichen Gruppenklimata kann als Grobraster für die aktuelle Arbeitsatmosphäre einer Gruppe dienen.
2. Sofern das Arbeitsklima in einer Supervisionsgruppe eher angespannt (3) oder widerständig (4) ist, werden sich weniger positive Veränderungen bei den persönlichen Einstellungen der Gruppenteilnehmer vollziehen als in einer Gruppe mit lustvoll-heiterem (5) oder lustvoll-nachdenklichem (6) Arbeitsklima.

In weiteren Untersuchungen könnten die formulierten Hypothesen an zwei Gruppen, die von derselben Person supervidiert wurden, auf Unterschiede hinsichtlich ihrer Entwicklung sowohl in den Skalen (IMA etc.) als auch der beobachteten Gruppenklimata überprüft werden. Weiterhin könnte man zwei andere Gruppen, die von den zwei untersuchten Supervisoren supervidiert wurden, vergleichen und prüfen, ob sich dort ähnliche Entwicklungen zeigen. Damit könnte man den Einfluss der Supervisanden und der Supervisorin auf den gemeinsamen Prozess noch näher differenzieren.

11.8 Literatur

Buchholz, M. B. & Kächele, H. (2013). Conversation Analysis – A Powerful Tool for Psychanalytic Practice and Psychotherapy Research. *Language and Psychanalysis*, 2 (2), 4–30.

Cohen, J. (1988). *Statistical power analysis for the behavioral sciences.* (2. Auflage). New York, USA: Lawrence Erlbaum Associates, 79–80.

Glenn, P. (2003). *Laughter in interaction* (Studies in Interactional Sociolinguistics). Cambridge: Cambridge University Press.

Jefferson, G. (1986). Notes on ›latency‹ in overlap onset. *Human Studies, 9* (2/3), 153–183.

Kanning, U. P. (2009). *Inventar sozialer Kompetenzen*. Göttingen: Hogrefe.

Krupp, J. (2020). Wirksamkeit psychoanalytischer fallbezogener Teamsupervision in der stationären Jugendhilfe – Zusammenfassung quantitativer Befunde aus dem »PSASUP« Projekt. In: A. Hamburger & U. Vogelheim (Hrsg.), *Supervision in der Jugendhilfe* (S. 151–170). Stuttgart: Kohlhammer.

Reis, J. (1996). *Inventar zur Messung der Ambiguitätstoleranz (IMA). Manual.* Heidelberg: Roland Asanger Verlag.

Rindermann, H. (2009). *Einschätzung emotionaler Kompetenzen und emotionaler Intelligenz aus Selbst- und Fremdsicht.* Göttingen: Hogrefe.

Schegloff, E. A. (2007). *Sequence Organization in Interaction. A Primer in Conversation Analysis I.* Cambridge: Cambridge University Press.

Selting, M., Auer, P., Barden, B., Bergmann, J., Couper-Kuhlen, E., Günther, S., Meier, C., Quasthoff, U., Schlobinski, P & Uhmann, S. (1998). Gesprächsanalytisches Transkriptionssystem (GAT). *Linguistische Berichte 173* (1998), 91–122.

Sidnell, J. & Stivers, T. (Hg.) (2013). *The Handbook of Conversation Analysis.* West Sussex: Wiley-Blackwell.

12 Die Entfaltung des psychoanalytischen Raums in der Supervision im Feld der stationären Jugendhilfe im Gruppenvergleich. Eine Untersuchung mit der Szenisch-narrativen Mikroanalyse

Katrin Lechat

Im folgenden Beitrag möchte ich anhand von je einem Beispiel beschreiben, wie mithilfe der psychoanalytisch orientierten Fallsupervision in der stationären Jugendhilfe ein Raum etabliert werden kann, in dem die unbewussten Prozesse und Dynamiken, die in der Arbeit mit den Jugendlichen wirksam sind, verhandelt werden können. Hierzu greife ich auf Sitzungstransskripte von zwei unterschiedlichen Teams zurück. Die Transkripte wurden im Rahmen des Projekts »Psychoanalytische Supervision in der Jugendhilfe« (Hamburger, Taubner, Mertens & Haupt, 2015) erstellt und anschließend mit der Szenisch-narrativen Mikroanalyse (Hamburger, 2017b) untersucht.[9]

12.1 Psychoanalytische fallorientierte Teamsupervision in der Jugendhilfe

Ebenso wie in anderen Bereichen wird Supervision auch in der Kinder -und Jugendhilfe als Instrument der Qualitätssicherung und -entwicklung angewandt. Evaluationen von Supervision zeigen, dass sie entscheidend dazu beitragen kann, Arbeitsmotivation und -fähigkeit gerade in

9 Ich danke Prof. Dr. Hamburger für die Möglichkeit, meine Masterarbeit auf Grundlage der Transkripte aus dem PSASUP-Projekt und unter Anwendung der Szenisch-narrativen Mikroanalyse anfertigen zu können, sowie für seine Unterstützung während des gesamten Prozesses.

belastenden Arbeitssituationen zu erhalten (vgl. Beer & Gediga, 1999, zit. nach Seckinger, 2008, S. 44). Daher kommt ihr in dem von unterschiedlichen disziplinären Traditionen geprägten Feld der stationären Kinder- und Jugendhilfe, in dem verschiedene Berufsgruppen wie z. B. Erzieher, Pädagogen, Sozialarbeiter, Lehrer und Psychologen tätig sind, eine große Bedeutung zu. Laut Statistischem Bundesamt (2016, S. 15) waren im Jahr 2014 in Deutschland 69.720 Kinder und Jugendliche in stationären Einrichtungen untergebracht. Die Gründe dafür sind schwerwiegend: Zu nennen sind vor allem Vernachlässigung, Missbrauch, Misshandlung, psychische Erkrankungen der Eltern oder elterlicher Substanzmissbrauch (Hamburger, 2017c, S. 135). Viele dieser Kinder und Jugendlichen haben Traumatisierungen unterschiedlicher Art erlebt (vgl. Jaritz et al., 2008) und wiederholte Beziehungsabbrüche hinter sich. Häufige Folge ist ein gestörtes Bindungsverhalten. Neben anderen massiven Verhaltensstörungen zeigen viele dieser Kinder und Jugendlichen eine impulsive und widersprüchliche Nähe-Distanz-Regulierung. (Hamburger, 2017c, S. 154). Der Umgang mit ihnen ist für die Mitarbeiterinnen und Mitarbeiter in den Einrichtungen sehr herausfordernd und kann zu Sekundärtraumatisierungen und Mitgefühlserschöpfung führen (Gies, 2009). Zudem stehen sie vor dem Dilemma, einerseits dem Kinderschutz und einer gewaltfreien Erziehung verpflichtet zu sein und andererseits mit Kindern und Jugendlichen zu arbeiten, die aufgrund eigener Gewalterfahrungen häufig selbst eine hohe Gewaltbereitschaft aufweisen. Es muss ihnen gelingen, »selbst gewaltlos und zugleich erfolgreich grenzsetzend aufzutreten« (Hamburger, 2017c, S. 153).

Die psychoanalytische Supervision hat hier das Ziel und die Aufgabe, die aus den genannten Spannungsfeldern zwangläufig resultierenden Konflikte und unbewussten Dynamiken zu thematisieren, sie selbstreflexiv zu bearbeiten und im besten Falle aufzulösen, wobei psychoanalytische Supervision nicht als fachliche Anleitung zum Handeln verstanden werden darf (Hamburger, 2017a, S. 50).

Eine entscheidende Rolle spielt in der psychoanalytischen Supervision die Berücksichtigung unbewusster Prozesse. Mithilfe psychoanalytischer Reflexion soll die unbewusste interpersonelle Szene bewusst gemacht und ansonsten reflexhaft und automatisch ablaufende Prozesse sollen erfahrbar, nachfühlbar und dadurch in reflektierbare Form gebracht werden. Dies geschieht unter anderem durch die Annahme, dass scheinbar unzusammenhängende Ereignisfolgen im supervisorischen Raum analog der freien Assoziation sowie auftretende Übertragungs- und Gegenübertragungsphänomene auf unbewusste »Szenen« hindeuten können. Ausdrücklich erlaubt ist im psychoanalytischen Raum auch die Äußerung sozial unerwünschter Gefühle und Gedanken, da diese erst durch ihre Benennung reflektierbar werden (Hamburger, 2017a, S. 50). Das assoziative Gruppengespräch sollte sich allerdings auf Arbeitszusammenhänge beschränken (Möller, 2001, S. 50 f.).

Unbewusste Übertragungskonflikte und interpersonelle Interaktionen zwischen den Supervisanden und ihren Klienten können sich ebenfalls in der Supervisionsgruppe replizieren (»Spiegelungsphänomen«; vgl. Rappe-Giesecke, 2009, S. 132 ff.). Gegenstand psychoanalytischer Supervision ist also einerseits die Übertragungs-Gegenübertragungsbeziehung zwischen Team und Klient und andererseits die unbewusste Übertragungs-Gegenübertragungsbeziehung zwischen Team und Supervisor. Beide können Aufschluss geben über die Übertragung und das unbewusste Erleben der Klienten, wenn die Gegenübertragungen des Teams als von den Klienten induzierte, für sie typische Reaktionen interpretiert werden können (Möller, 2001, S. 52 f.). Um diesen Prozess zu ermöglichen, bedarf es der Supervisoren, die selbst Teil der innerhalb der Supervisionsgruppe entfalteten Übertragungsszene werden. Hierbei oszillieren sie zwischen introspektiver Reflexion und gleichzeitiger Teilhabe an der Szene, um das, was sich unbewusst abspielt, deutend zu verbalisieren (Hamburger, 2017a, S. 51).

12.2 Die Untersuchung: Entfaltung des psychoanalytischen Raumes in der fallorientierten Teamsupervision im Gruppenvergleich

Im Rahmen der hier auszugsweise vorgestellten Masterarbeit wurden die Sitzungstranskripte der jeweils zweiten und sechsten Sitzung psychoanalytischer fallorientierter Teamsupervision von zwei unterschiedlichen Supervisionsgruppen untersucht. Die Gruppen setzten sich aus Mitarbeiterinnen und Mitarbeitern aus der stationären Jugendhilfe zusammen und wurden von einer Supervisorin bzw. einem Supervisor supervidiert, die supervisionserfahrene Psychoanalytiker waren. Die psychoanalytische Methode war für beide Teams neu. Die analysierten Transkripte wurden ausgehend von Audioaufnahmen angefertigt, die aus dem Forschungsprojekt »Psychoanalytische Supervision in der Jugendhilfe« von Hamburger et al. (2015) in Zusammenarbeit mit dem Martinswerk e. V. Dorlar stammen.

Die Transkripte wurden mithilfe der Szenisch-narrativen Mikroanalyse (SNMA) untersucht. Die SNMA wurde im Kontext der Reanalyse von Zeitzeugeninterviews von chronisch hospitalisierten Holocaust-Überlebenden (Laub et al., 2010; Hamburger et al., 2010, 2015; Laub & Hamburger, 2017) zuerst angewandt und wird seitdem kontinuierlich weiterentwickelt. Die Methode beruht auf dem Prinzip des analytischen Zuhörens: Die Psychoanalytiker oszillieren zwischen der Teilnahme an der Szene, der introspektiven Selbstbeobachtung dieses Prozesses und seiner theoretischen Reflexion (Hamburger, 2016, S. 218). Hauptelement ist das szenische Verstehen (Lorenzer, 1970; Argelander, 1970) der unbewussten Szene, die sich in der psychoanalytischen Situation entfaltet (Hamburger & Metzner, 2016). In ihr ist das enthalten, was bewusst nicht erinnert werden kann. Obwohl sich unbewusste Szenen zwangsläufig entfalten, heißt das nicht, dass sie immer bemerkt oder deutend angesprochen werden (Hamburger & Metzner, 2016). Die SNMA eignet sich als Methode zur Identifizierung, Analyse und Deutung solcher bedeutsamen unbewussten Szenen in Form von *Now Moments* und *Mo-*

ments of Meeting im Sinne von Stern (vgl. 1998, 2004). Now Moments bezeichnen affektiv hoch geladene Ereignisse, die das implizite Beziehungswissen, d. h. nichtsymbolische Repräsentanzen intersubjektiver Beziehungserfahrungen, verändern (vgl. Lyons-Ruth, 1998; Prager, 2003). Aus einem Now Moment kann ein Moment of Meeting entstehen, wenn die Interaktanten etwas Neues und Authentisches in ihrer Reaktion zeigen und so Raum für einen neuen intersubjektiven Kontext entsteht (Stern, 1998, S. 305 f.).

Für die vorliegende Untersuchung erhielten fünf unabhängige Raterinnen und Rater die vier Transkripte sowie die Audioaufnahmen der entsprechenden Sitzungen, um sie zunächst individuell auf das Vorhandensein von Now Moments bzw. Moments of Meeting zu untersuchen. Anschließend wurden Szenen, die von mindestens drei Ratern als bedeutsam markiert worden waren, im Rahmen einer moderierten Konsenssitzung gemeinsam analysiert und diskutiert.

Auf Grundlage der Protokolle der Konsenssitzungen zu diesen ausgewählten besonderen Momenten ging ich der Frage nach, wie sich der psychoanalytische Raum innerhalb der unterschiedlichen Supervisionssitzungen entfaltete: Was genau geschah in den Sitzungen, inwieweit waren die Sitzungen »typisch psychoanalytisch«, welche Dynamiken entwickelten sich und welche Bewegungen ließen sich in der unbewussten Szene ausmachen? Weiterhin lag ein Augenmerk darauf, ob sich durch die vorgefundenen Übertragungs-Gegenübertragungsbeziehungen zwischen Team und Klient bzw. Team und Supervisor Rückschlüsse auf die Erlebniswelt der Klienten ziehen ließen und diese von den Supervisoren entsprechend gedeutet wurden.

Anhand der folgenden zwei Beispiele möchte ich zeigen, auf welche unterschiedliche Art und Weise ein Raum, in dem psychoanalytische Reflexion möglich wird, innerhalb der Sitzungen etabliert wurde, um anschließend die wichtigsten Untersuchungsergebnisse zusammenfassend darzustellen.

12.2.1 Konsenssitzung zur zweiten Supervisionssitzung der Gruppe A – »An Mamas Hand«

In der zweiten Supervisionssitzung der Gruppe A (Transkript Nr. 21, PSASUP-Datenbank) geht es um Ilona, ein sechzehnjähriges Mädchen, das sich »dumm stellt« und lügt. Seitdem sie in der Gruppe ist, habe sie viele Fortschritte gemacht, doch im Moment müsse man ihr die einfachsten Tätigkeiten in einzelne Handlungsschritte aufgliedern. Auch ihre mangelnde Körperhygiene sowie ihre Tendenz, sich anderen als Opfer anzubieten, werden thematisiert. Die Betreuerinnen sind verärgert, weil sie nicht wissen, was das Mädchen kognitiv tatsächlich nicht verarbeiten kann und wo sie nur so tut als ob sie es nicht könne. Die Mitarbeiterinnen möchten verstehen, was der Auslöser für die Verhaltensänderung sein könnte und wie sie damit umgehen können.

In der ersten Hälfte der Sitzung ereignen sich zwei Now Moments, die von ihrer Struktur her fast identisch sind. Die Supervisorin strukturiert und klärt, die Mitarbeiterinnen bringen unmittelbar darauf jeweils eine neue Deutung ein. Die aktive Strukturierung durch die Supervisorin führt quasi zum Selberdenken. Auf diesem Nährboden ereignen sich dann in der zweiten Hälfte der Sitzung drei weitere Now Moments, die eine ganz andere emotionale Qualität haben. Der im Folgenden dargestellte vierte Now Moment ereignet sich in der 63. Sitzungsminute und wurde von allen markierten Momenten am eindeutigsten geratet (dreimal als Now Moment, einmal als Moment of Meeting). Es geht um den Vater, der die Familie nach seinem Coming Out verlassen hat, als Ilona ca. sechs oder sieben Jahre alt war:

751. Supervisorin: und ähm, das heißt es könnte sein dass da, dass er da auch nicht wirklich reagiert hat, das heißt: da hat die gar keinen Erfolg gehabt, das heißt sie konnte ihn nicht locken durch Schönsein, durch Attraktivsein, durch Charmantsein (Zustimmung); das heißt, dass hat alles nicht funktioniert, das würde noch mal mehr erklären: möglicherweise – ähm, warum sie auf dieses Opferding, gekommen sein könnte, ja!?; – weil sie keine Reaktion locken konnte irgendwie, also: da geht's ja jetzt nicht um was wirklich Sexuelles, aber (Zustimmung), sondern darum zu locken und Reaktion zu bewirken, aber das war ihr vielleicht schwerlich möglich, aber das ist alles ja hypothetisch –

752. Ina: hmhm –
753. Supervisorin: und – ja?, dieses Ich-vernachlässige-mich: ›Dann weiß ich wenigstens
754. Susanne: hmhm!!
755. Supervisorin: dann weiß ich wenigstens warum sich der andere von mir abwendet.‹ –
756. Ina: hmhm
757. Supervisorin: das hat seine Gründe: ›Ich bin schuld, das heißt ich bin nicht ohnmächtig.‹, sondern: ›Ich bin dafür verantwortlich und da hab ich einen Einfluss drauf.‹ ; das ist immer noch besser als zu ertragen:
758. Ina: dass man verlassen worden +ist
759. Supervisorin: einfach so! – und unbewusst diese Ohnmacht aufzuhalten (Zustimmung) – –

Obwohl die Szene insofern ähnlich strukturiert ist wie die vorangehenden, als dass die Supervisorin einen Gedanken einbringt, den das Team aufnimmt und weiterentwickelt, scheint hier etwas Besonderes zu geschehen.[10] Die Tragik des Verlassenwerdens bekommt auf einmal einen Raum, den sie vorher nicht hatte. Eine Art Ruhe ist eingetreten, die mit Emotionalität gefüllt ist und gleichzeitig etwas Verlegenes, Verwirrtes an sich hat. In der Supervisionsgruppe wird hier etwas von der Desorientierung des Mädchens wahrgenommen, was diesmal nicht wie an anderen Stellen verleugnet wird. Das provozierende Verhalten des Mädchens wird als Ersatz für das ödipale Werben erkannt. Unter der kognitiv geführten Verhandlung der Ödipustheorie spüren die Rater die emotionale Ebene und die Verwirrung des sechsjährigen Mädchens, das von seinem homosexuellen Vater verlassen wird.

Als Konsensformel für die Sitzung kann festgehalten werden, dass die Supervisorin im ersten Teil der Sitzung durch ihr Modell die Supervisionsgruppe stellvertretend für Ilona zum Selberdenken anregt. Im zweiten Teil der Sitzung werden mehr Emotionen spürbar und das Klima wird schwieriger, denn die hier noch nicht reflektierten Gefühle erschweren die Verarbeitung und Darstellung der Problematiken der Jugendlichen. Dennoch beginnt das Team, sich stärker in Ilonas Position

10 In der Konsensgruppe wird einhellig angemerkt, dass die Szene, die beim reinen Lesen eher kognitiv wirkt, beim Anhören eine tiefe emotionale Qualität hatte.

hineinzuversetzen und nachzuempfinden, was das Mädchen fühlt. Stark spürbar ist das Gefühl von Verwirrung. Immer wieder wird deutlich, dass offenbar zwei nicht verbundene Ebenen des Denkens und des Fühlens existieren.

12.2.2 Konsenssitzung zur sechsten Supervisionssitzung der Gruppe B – »Ist das Psychoanalyse?«

In der sechsten Supervisionssitzung der Gruppe B (Transkript Nr. 6, PSASUP-Datenbank) geht es zunächst ausschließlich um einen Konflikt zwischen der Supervisionsgruppe und dem Supervisor, der gleich zu Beginn der Sitzung angesprochen wird. Die Mitarbeiterinnen sind nach den Sitzungen frustriert. Sie empfinden sie als zu offen, den Supervisor als viel zu zurückhaltend, aber vielleicht »ist das Psychoanalyse« (Doris, ebd., 12)? Nach den Sitzungen stelle sich häufig Ärger ein. Sie fragen nach dem Sinn der Supervision, die momentan eher als belastend und mühsam denn als hilfreich wahrgenommen wird. Erst in der 44. Sitzungsminute wird ein Fall eingebracht, der aber insgesamt im Hintergrund bleibt.

In der ersten halben Stunde der Sitzung geht es vor allem um die Wünsche und Erwartungen, die das Team an den Supervisor richtet und den Ärger und die Enttäuschung über den fehlenden »Gewinn« (Doris, ebd., 56). Eine starke Abwehrhaltung wird deutlich. Gleichzeitig ist die Erwartung nach Anleitung und Führung wahrnehmbar. Zunächst versucht der Supervisor wiederholt, sein Verständnis des Auftrags zu erklären, was jedoch nicht gelingt. In der 23. Minute erfolgt dann eine implizite Deutung der Erwartungen des Teams durch den Begriff »bedienen« (Supervisor, ebd. 161), auf die besonders Doris mit heftigem Ärger reagiert. In der Konsensgruppe wird die Vermutung geäußert, dass der Wunsch des Teams, bedient zu werden, vermutlich daraus resultiert, dass es selbst unter enormen Druck steht, liefern zu müssen.

Anschließend führt der Supervisor weiter aus, was er an Wünschen der Gruppe wahrgenommen hat, und spricht damit implizit eine Settingänderung an. Doris wirkt jedoch immer noch sehr ärgerlich und

Klaus, der Psychologe der Einrichtung, schaltet sich in einer scheinbar vermittelnden Funktion ein, um dem Supervisor zu erklären, was das Team sich von ihm wünsche. Der Moderator der Konsensgruppe fasst die (supervisions-)gruppendynamische Szene aus seiner Sicht zusammen: Es gibt die Gruppe der unzufriedenen Mitarbeiterinnen, Klaus, der Bescheid weiß, und »dieses schwarze Loch von Supervisor, in dem alles verschwindet« (Moderator, Transkript Konsenssitzung 4, 197). Die Stimmung ist eindeutig ödipal geprägt.

In der 35. Sitzungsminute ereignet sich dann eine Szene, die von den Ratern als Wendepunkt erlebt wird. Sie wurde dreimal als Now Moment und einmal als Moment of Meeting kodiert. In dem vorangehenden Redezug beginnt Doris ihren Satz mit »sondern in bereichernder f-, ähm ... helft mir, ein bereichernden« (Transkript Nr. 6, 223), führt ihn jedoch nicht zu Ende, sondern bittet die anderen, ihr beizuspringen. Nach einer Pause wirft Rita den Begriff »Funken« (ebd., 224) in den Raum:

226. Supervisor: (lacht) Funke? (Unbekannt prustet)
227. Doris: einfach ein fachliches, ähm, Einschätzung also, dass das ein Fleisch und Blut kriegt, aber ich langsam glaube ich verstehe ich auch wie Ihre Art ist zu arbeiten weil, also korrigieren Sie mich wenn ich falsch bin, Sie möchten mit der Frage was anregen, aber selbst eigentlich nicht Stellung beziehen, weil das in dem Moment nicht gefragt ist, sondern weil das eher den Prozess anregen soll, ist das so? nicht so
228. Supervisor: ich möchte +gerne
229. Doris: genau.+
230. Supervisor: etwas in Entwicklung bringen, +genau. hmhm
231. Doris: genau, okay+ weil dann, also ich brauche einfach ein Bild und ich glaube, das kriege ich langsam.
232. Supervisor: hmhm, ja. also ich möchte gerne einen gemeinsamen Arbeitsprozess in der Gruppe anregen. ja?
233. Doris: ja, genau

An dieser Stelle schlägt die vorher wahrnehmbare Aggression in Kooperation um. Es fällt auf, dass zusammen gelacht wird. Endlich scheint der Supervisor verstanden zu haben, was Doris meint, die jede seine Ausführungen mit »genau« (Transkript Nr. 6, PSASUP-Datenbank, 228, 230, 232) bestätigt, anstatt ihm wie vorher ins Wort zu fallen oder zu widersprechen (vgl. ebd., 161–168).

Als überlegt wird, was der Auslöser dieser bemerkenswerten Änderung des Gesprächsklimas gewesen sein könnte, wird der »Funke« (Rita, ebd., 226) erwähnt. Auf einmal wird eine humorvolle Komponente wahrnehmbar, es fällt der Begriff »Flirt« (Moderator, Transkript Konsenssitzung 4, 258). Durch den »Funken« kommt eine amouröse Ebene mit ins Spiel. Auch die entglittene Metapher »Fleisch und Blut« (Transkript Nr. 6, 227) statt »Fleisch an die Knochen« hat eine sinnliche Konnotation. Im weiteren Sitzungsverlauf bleibt die Stimmung entspannt und affekthaltig.

Erst als es um den Jugendlichen Christoph geht, wird die Stimmung sehr diffus und unklar. In diesem Sitzungsteil wird kein einziger übereinstimmender Now Moment kodiert. In der Konsensgruppe stellt sich die Frage, ob der Fall Christoph zufällig eingebracht wurde oder ob ein Zusammenhang zu der beobachteten Dynamik besteht. Die Frage lässt sich nicht eindeutig beantworten, es wird jedoch festgestellt, dass das Team offenbar mit sehr schwierigen Jugendlichen arbeitet. Vermutlich haben es die Mitarbeiter mit schwer strukturell- oder persönlichkeitsgestörten Klienten zu tun.

12.3 Diskussion der wichtigsten Ergebnisse

Generell fiel bei der Untersuchung auf, dass sowohl die Supervisorin als auch der Supervisor zwar analytisch arbeiteten, sich ihr Stil jedoch gänzlich unterschied: Während die Supervisorin der Gruppe A einen hohen Redeanteil hatte, schnell wieder das Wort ergriff und stark strukturierend vorging, hielt der Supervisor der Gruppe B sich stark im Hintergrund. Damit mag es zusammenhängen, dass die Teilnehmerinnen großen Ärger und einen starken Widerstand gegen die Supervision bzw. den Supervisor entwickelten[11].

11 Der strikte analytische Stil des Supervisors der Gruppe B führte bereits in der dritten Sitzung zu einem Konflikt und der Äußerung von Ärger von Seiten des Teams (PSASUP-Datenbank, Audioprotokoll 3. Sitzung, Team Z)

Dennoch konnte in beiden Sitzungen etwas Wichtiges erreicht werden:

Den Teilnehmerinnen der Gruppe A gelang es zunehmend, nicht nur kognitiv zu verhandeln, was die Regression der Jugendlichen ausgelöst haben könnte, sondern eine emotionale Verbindung zu ihr herzustellen. Die Teilnehmerinnen brachten selbst mehrfach Deutungen für das Verhalten der Jugendlichen ein. In der Konsensgruppe fiel auf, wie sich die die Schwierigkeit des Mädchens, sich zu strukturieren, in der Supervisionsgruppe replizierte. Am Ende der Sitzung erfolgte keine Übertragungsdeutung dieser Dynamik durch die Supervisorin, was darauf zurückgeführt wurde, dass von Seiten des Teams noch große Unsicherheiten bezüglich der Sicherheit des Settings bestanden, wie sich aus den zahlreichen Fragen hinsichtlich der Verwendung der Audiomitschnitte schließen ließ.

Das Geschehen in der Gruppe B lässt sich als Versuch von Supervisor und Team interpretieren, gemeinsam einen Raum zu etablieren, in dem die besonders schwierigen Klienten der Einrichtung gehalten werden können. Gehalten ist hier gemeint im Sinne von Bions »contained« (vgl. Mertens, 1998). Dafür musste zunächst ausgehandelt werden, wie die Zusammenarbeit zwischen Team und Supervisor aussehen könnte. Der Supervisor passte seine Technik dementsprechend an. Es wurde versucht, eine fruchtbare Arbeitsbeziehung herzustellen, um den sehr schweren Fällen, mit denen das Team zu tun hat, gerecht werden zu können. Aus den Audiomitschnitten (PSASUP-Datenbank, Team Z) der nachfolgenden Sitzungen geht hervor, dass die Teilnehmerinnen und Teilnehmer die sechste Sitzung als konstruktiv erlebten und die Folgesitzungen als wesentlich hilfreicher empfanden.

Insgesamt wurde das Team der Gruppe B als besser strukturiert und reflektierter erlebt, wobei auffallend war, dass der Supervisor selbst weit weniger strukturgebend und anleitend auftrat als die Supervisorin der Gruppe A. Gleichzeitig ließ die Gruppe B in beiden Fällen, die in den analysierten Sitzungen besprochen wurden, weder ein klares Anliegen noch einen klaren Auftrag an den Supervisor erkennen. Dem Team der Gruppe A gelang es hingegen sehr schnell, sich darauf zu einigen, welcher Fall unter welcher Fragestellung eingebracht werden sollte. Die Herausforderung, mit schwer gestörten Jugendlichen zu arbeiten, schien sich in der Gruppe B auch in der Schwierigkeit, einen klaren Auftrag formulieren zu können, zu manifestieren, wobei die Erwartung des Teams an den Supervisor, von ihm Anleitung und Orientierung zu erhalten, stark spürbar war. Interessant war, wie sich die Entwicklung eines klaren Auftrags der Supervisionsgruppe an den Supervisor innerhalb des Supervisionsprozesses beobachten ließ. Schien der Wunsch nach Führung und Anleitung zunächst nur implizit durch, wurde er im Verlauf der folgenden Sitzungen explizit geäußert, bis er in der sechsten Sitzung schließlich in der Form eines »Funkens« Gestalt annahm, der diesem, mit äußerst schwierigen Klienten befassten Team, als Orientierung dienen sollte. Bemerkenswert war, dass es bei Gruppe B im gesamten Supervisionsverlauf nur zu einer einzigen Übertragungsdeutung kam, welche in der dritten Sitzung von einer Teilnehmerin selbst geäußert wurde. Sie vermutete, dass die nicht zustande gekommene Gestalt und das Gefühl der Frustration, das nach der Sitzung bei den Teilnehmerinnen zurückblieb, mit dem eingebrachten Fall des Jugendlichen zusammenhängen könnten (PSASUP-Datenbank, Audiomitschnitt 3. Sitzung, Team Z). Es lässt sich vermuten, dass gerade die Abstinenz des Supervisors gegenüber der ihm angetragenen Führungsrolle und der von ihm gebotene offene Raum dazu führten, dass die Gruppe gemeinsam reflektierte und eigene Deutungsvorschläge entwickeln konnte.

12.4 Literatur

Argelander, H. (1970). Die szenische Funktion des Ichs und ihr Anteil an der Symptom- und Charakterbildung. *Psyche – Zeitschrift für Psychoanalyse und ihre Anwendungen*, *24*, 325–345.

Gies, H. (2009). Sekundäre Traumatisierung und Mitgefühlserschöpfung am Beispiel familienähnlicher stationärer Betreuungen in der Jugendhilfe. *systhema*, *23*(2), 214–228.

Hamburger, A. (2015). Refracted attunement, affective resonance: Scenic-narrative microanalysis of entangled presence in a Holocaust survivor's testimony. *Contemporary Psychoanalysis*, *51*(2), 239–257.

Hamburger, A. (2016). Blick-Winkel. Psychoanalytische Reflexion in der Forschung mit Videozeugnissen. In S. Knopp, S. Schulze & K. Eusterschulte

(Hrsg.), *Videographierte Zeugenschaft – Ein interdisziplinärer Dialog,* S. 218–255. Weilerswist-Metternich: Velbrück.

Hamburger, A. (2017a). Psychoanalytische Supervision im Feld: Fallorientierte Teamsupervision in der stationären Jugendhilfe. *Supervision: Mensch, Arbeit, Organisation, 1,* 50–56.

Hamburger, A. (2017b). Scenic narrative microanalysis. Controlled psychoanalytic assessment of session videos or transcripts as a transparent qualitative research instrument. In D. Laub & A. Hamburger (Eds.): *Psychoanalysis and Holocaust Testimony: Unwanted Memories of Social Trauma* (pp. 166–182). London: Routledge.

Hamburger, A. (2017c). Supervision in der Jugendhilfe. In W. Mertens & A. Hamburger (Hrsg.), *Supervision – Konzepte und Anwendungen. Band 1: Supervision in der Praxis – ein Überblick* (S. 148–166). Stuttgart: Kohlhammer.

Hamburger, A., Leuzinger-Bohleber, M., Knopp, S., Heberlein, P. & Laub, D. (2010). Forgotten Victims. Scenic analysis of testimonies of hospitalized Holocaust survivors. Research Poster at the 11th*Sandler Research Conference,* Frankfurt/M. Feb.5th–7th, 2010.

Hamburger, A. & Metzner, S. (2016). *The voice was lost, right now, here. Szenisch-narrative und musikalisch-künstlerische Rekonstruktion eines Zeitzeugnisses der Shoa.* In T. Breyer, M. Buchholz, A. Hamburger, S. Pfänder & E. Schumann (Hrsg.), *Resonanz, Rhythmus und Synchronisierung: Erscheinungsformen und Effekte* (S. 351–390). Bielefeld: Transcript Verlag.

Hamburger, A, Taubner, S., Mertens, W. & Haupt, L. (2015). *PSASUP – Psychoanalytische Supervision in der Jugendhilfe.* Research Poster, Sandler Research Conference, Frankfurt/M. 27.2.2015.

Jaritz, C., Wiesinger, D. & Schmid, M. (2008). Traumatische Lebensereignisse bei Kindern und Jugendlichen in der stationären Jugendhilfe. Ergebnisse einer epidemiologischen Untersuchung. *Trauma und Gewalt, 4,* 266–277.

Laub, D., Hamburger, A., Leuzinger-Bohleber, M. & Knopp, S. (2010). Forgotten victims: On the re-narritivization of lost life stories of Shoah victims diagnosed and treated as chronically psychotic. *Unpublished research proposal.* Sigmund-Freud-Institut, Frankfurt/M. & IPU Berlin.

Lorenzer, A. (1970). *Sprachzerstörung und Rekonstruktion. Vorarbeiten zu einer Metatheorie der Psychoanalyse.* Frankfurt a. M.: Suhrkamp.

Lyons-Ruth, K. (1998). Implicit relational knowing: its role in development and psychoanalytic treatment. *Infant Mental Health Journal, 19*(3), 282–289.

Mertens, W. (1998). *Psychoanalytische Grundbegriffe* (2. Aufl.). Weinheim: Beltz.

Möller, H. (2001). *Was ist gute Supervision? Grundlagen – Merkmale – Methoden.* Stuttgart: Klett-Cotta.

Prager, H. (2003). Ein »now moment« unter der Lupe. Eine Fallgeschichte. *Forum der Psychoanalyse, 19,* 312–325.

Rappe-Giesecke, K. (2009). *Supervision für Gruppen und Teams* (4. Auflage). Heidelberg: Springer.

Seckinger, M. (2008). Supervision in der Jugendhilfe. *Supervision. Mensch Arbeit Organisation*, *2*, 43–47.

Statistisches Bundesamt (2016). *Statistiken der Kinder- und Jugendhilfe. Erzieherische Hilfe, Eingliederungshilfe für seelisch behinderte junge Menschen, Hilfe für junge Volljährige – Heimerziehung, sonstige betreute Wohnform. 2014.* Wiesbaden: Statistisches Bundesamt.

Stern, D. N. (1998). The process of therapeutic change involving implicit knowledge: some implications of developmental observations for adult psychotherapy. *Infant Mental Health Journal, 19*(3), 300–308.

Stern, D. N. (2004). *The present moment in psychotherapy and everyday life*. New York: W. W. Norton & Company.

13 Die Funktion der psychoanalytischen Supervision für die Entwicklung einer Fehlerkultur in der Jugendhilfe. Eine qualitative Fallstudie

Christiane Schragner

Im Rahmen einer qualitativen Fallstudie wird der Prozess einer psychoanalytischen Supervisionssitzung nachgezeichnet, deren Hauptgegenstand die Beschäftigung mit dem professionellen Fehlverhalten einer Mitarbeiterin in einer Jugendhilfeeinrichtung ist. Dabei wird untersucht, ob die Verwendung des aufdeckenden psychoanalytischen Verfahrens zur Etablierung einer positiven Fehlerkultur im Arbeitsumfeld der Supervisanden beiträgt. Die Untersuchung knüpft an das in jüngster Zeit verstärkte Bemühen an, in psychotherapeutischen und psychosozialen Arbeitsfeldern die Ursache von Behandlungsfehlern und den konstruktiven Umgang damit wissenschaftlich zu untersuchen.

13.1 Methode

Im Mittelpunkt der Auswertung steht die Sinn-Rekonstruktion der zugrunde gelegten Sitzungstranskripte durch ein rekonstruktiv-hermeneutisches Textinterpretationsverfahren (Lucius-Hoene & Deppermann, 2004). Die Transkription ausgewählter Gesprächspassagen berücksichtigt prosodische Spracheigenschaften und nonverbale Signale, wie Sprechpausen, Intonation, Lachen, Seufzen etc., um mögliche Erwartungen und Intentionen der Gesprächsteilnehmer offenzulegen. Die Auswertung folgt dabei dem sequenziellen Gesprächsverlauf. Neben der allgemeinen Textanalyse knüpft die Untersuchung methodisch an Argelanders (1984) Konzept der Lücken und Brüche an, einem grundlegenden psychoanalytischen Verständnis zur Erklärung von Störphänomenen im manifesten Text. Mit diesem Konzept wird angenommen, dass Lücken und Brüche, wie Versprecher, Negationen, Aussparungen oder Unbestimmtheitsstelle vor allem dann auftreten, wenn eine unbewusste Thematik übermäßig aktiviert wird.

13.2 Auswahl der Stichprobe und Feinanalyse

Der Fallstudie liegen Tonaufnahmen von drei aufeinanderfolgenden Supervisionssitzungen zugrunde, die im Rahmen des Forschungsprojekts »Psychoanalytische Supervision in der stationären und ambulanten Jugendhilfe« aufgezeichnet wurden. Ausgangspunkt der Untersuchung ist eine Supervisionssitzung, in der eine Betreuerin der Jugendhilfeeinrichtung, Anja, ihr Verhalten im Umgang mit einer Bewohnerin, das sie selbst als unangemessen einschätzt, thematisiert. Mit den beiden Folgesitzungen wird in direktem zeitlichem Zusammenhang die Wirkung des spezifischen Umgangs mit dem berichteten Fehlverhalten in der Supervisionssitzung untersucht. Nach Erstellung einer Grobstruktur der Gesprächsinhalte orientiert sich die Auswahl der Textstellen zur Feinanalyse an Gesprächspassagen, die explizit das Fehlverhalten durch die fallvorstellende Betreuerin, die Teamkollegen und Supervisorin thematisieren, kommentieren oder deuten. Auch Widersprüche, Kontraste, Brüche oder Lücken im Verständnis des manifesten Texts werden in die Auswahl einbezogen. Durch Dokumentation subjektiver Eindrücke beim Auswertungsvorgang wird die methodische Einschränkung der Subjektivität kenntlich gemacht.

13.3 Ergebnisse

Der Schwerpunkt der Ergebnisdarstellung liegt auf Gesprächspassagen, die als Wendepunkt im Gesprächsverlauf identifiziert werden können. Relevante Inhalte der beiden Folgesitzungen, die in unmittelbarem Zusammenhang zur Fragestellung der Untersuchung stehen, werden ebenfalls durch exemplarische Auszüge aus dem Transkript verdeutlicht. Dabei gelten für alle aufgeführten Beispiele die gängigen Transkriptionskonventionen nach dem Gesprächsanalytischen Transkriptionssystem (Selting et al., 2009, S. 391–393).

13.3.1 Anfangsphase

Nach einer kurzen Rückschau über die Geschehnisse der zurückliegenden Wochen entfaltet sich schnell das Leitthema der Supervisionssitzung. Betreuerin Anja äußert den Wunsch, über ihr Erlebnis mit einer Bewohnerin der Jugendhilfeeinrichtung, der 17-jährigen Hilda, zu sprechen, die mit 14 Jahren als Flüchtling von Kenia nach Deutschland kam. Im folgenden Auszug aus dem Transkript spricht sie den Konflikt an, der sich bei Essensvorbereitungen ereignete:[12]

05 Anja:	also ich hab am: letzten: montag eine sitUAation äh gehabt (.) da:-
06	(-) da wär ich (.) fAst (.) ja (.) ausgflippt.=
07	=des mit dem essen.
08	des hat mich (-)°h <SELbst,
09 Supervisorin:	[hm_hm]-
10 Anja:	[in meiner] person !SO! betroffen;

Noch vor der konkreten Schilderung der Situation mit Bewohnerin Hilda schickt Anja voraus, sie habe unangebracht reagiert, da sie persönlich

12 Die Nummerierung am Zeilenbeginn folgt der sequenziellen Gesprächsabfolge.

sehr betroffen gewesen sei. Durch die vorgezogene Bewertung ihres Verhaltens gibt sie zu erkennen, dass sie sich ihres falschen Verhaltens bewusst ist. Gleichzeitig deutet sich schon in dieser Sequenz die ambivalente Haltung der Fallvorstellerin ihrem Fehlverhalten gegenüber an, indem sie ihre kritische Bewertung durch das vorangestellte »fast« wieder abschwächt. Auch auf Einwände der Teamkolleginnen Beate und Claudia, die im weiteren Gesprächsverlauf um mehr Verständnis für die schwierigen Lebensumstände des Mädchens werben, reagiert Anja ambivalent. Ihre zunächst nachdenkliche und entgegenkommende Äußerung, sie müsse dem Mädchen zukünftig vielleicht doch mit mehr Verständnis begegnen, wirkt aufgrund der Relativierung und des Aufforderungscharakters ihrer Bemerkung nur wenig authentisch. Erste Versuche der Supervisorin über die möglichen Hintergründe für die Überreaktion der Betreuerin ins Gespräch zu kommen (»Was hat sie denn da erwischt?«) beantwortet Anja nur ausweichend. Der Grund für ihre persönliche Betroffenheit, die als Erklärung für die Heftigkeit des Ärgers über die Mäkeleien der Jugendlichen an den Essensvorbereitungen dient, bleibt unklar. Zumal derartige Auseinandersetzungen in der Mädchenwohngruppe regelmäßig vorkommen, wie andere Kolleginnen bestätigen.

Nach weiteren kurzzeitigen Verständnisbekundungen über Hildas schwierige Lebensumstände beharrt die Fallvorstellerin fast trotzig darauf, sie könne dem Mädchen gegenüber nicht aus ihrer Haut heraus. Die Gesprächsdynamik pendelt auf ähnliche Weise immer wieder zwischen Anerkennung ihres Fehlverhaltens und spürbarer Betroffenheit darüber sowie Ambivalenz, Relativierung, Rechtfertigungsversuche und Ärger über die von ihr als fordernd und übermäßig anspruchsvoll kritisierte Bewohnerin.

13.3.2 Wendepunkt

Nach dieser länger andauernden Anfangsphase eröffnet schließlich eine Deutung der Supervisorin spürbar mehr Verständnis für das Mädchen. Die Supervisorin regt zu Überlegungen an, was sich hinter Hildas Anspruchshaltung verbergen könnte, die für Betreuerin Anja immer wieder Anlass zu großem Ärger über das Mädchen ist. Dies zeigt folgender Auszug aus dem Transkript:

386	Supervisorin:	naja=aber die frage wär ja wie kommt man: (--) °h äh: (.)-
387		also=wie kOmmt man oder wie kÖnnt man (.) da drAn komm_n an des was da drUNter liegt;
388		also=diese °h (-) AN:sprüchlichkeit hat ja vielleicht (.) °h w_was dAmit zu tun dass da son gefühl is z_zu w!E:!nig zu haben.
389		also=un jetzt nicht nUr (.) °h [<<f>materRIELL>],
390	Anja:	[((hustet))]
391	Supervisorin:	<<f>des is ja von Aussen oft SOwas>,
392		[sondern] dass sie da:(-)ja=vielleicht das gefühl hat-
393	Anja:	[hm_hm],
394	Supervisorin:	(---) ((trinkt etwas))
395	Anja:	zu wEnig,
396		äh: (-) ich glaub (.) die hängt noch SEhr ihrem exfreund;

Die Vermutung der Supervisorin, Hildas »Ansprüchlichkeit« könne nicht nur auf ein materielles, sondern vielmehr auf ein gefühlsmäßiges, seelisches Defizit hinweisen, wird nun von der Fallvorstellerin spontan aufgegriffen. Noch während die Supervisorin spricht, bekräftigt Anja deren Ausführungen, um in einer Sprechpause selbst das Wort zu ergreifen. Sie bezieht die Deutung, Hildas Anspruchshaltung könne als Ausdruck eines seelischen »Zuwenig« aufgefasst werden, auf ein Beispiel aus Hildas Lebenssituation. Mit der Betonung, Hilda hänge vermutlich noch »sehr« an ihrem Exfreund zeigt sie Einfühlung in Hildas Situation und Verständnis dafür, dass Hilda ihren schmerzlichen Verlust materiell kompensieren wolle. Daran schließt sich ein reger Austausch über Hildas Lebensgeschichte an. Im weiteren Gesprächsverlauf wird Hilda mit sehr positiven Eigenschaften beschrieben. Besonders Anjas lobende Bemerkungen über das Mädchen fallen auf, die im Gegensatz zu ihren im vorherigen Sitzungsverlauf sehr negativen Äußerungen über das Mädchen stehen. Rückblickend kann diese Gesprächspassage als Einleitung eines Wendepunkts identifiziert werden.

13.3.2.1 Offene Worte: Wir sind ja alle Profis

Der Austausch über Hildas Geschichte wird im weiteren Gesprächsverlauf ungeduldig von Erik, einem weiteren Teamkollegen, unterbrochen. Er knüpft an vorherige Ausführungen der Supervisorin über Verwicklungen zwischen Hilda und Betreuerin Anja an und vermutet einen Zusammenhang zwischen der Überreaktion der Fallvorstellerin und den Gefühlen des Mädchens. Anders als die Kolleginnen Beate und Claudia wagt Erik erstmals das Fehlverhalten der Kollegin offen zu kritisieren:

436 Erik:	(- - -)und ich finde de-
437	(.) °h also (.) da wo sie DIch so erwischt hat da sieht man ja schon [sEHr] um wieviel aggressiOn_s da auch einfach geh:t=ja?
438 Supervisorin:	[hm_hm];
439 Anja:	[hm_hm],
440 Erik:	also [dass] du dann sO: heftig reagIErst-,
441 Supervisorin:	[klar]-
442 Anja:	m_hm,
443 Erik:	ähm: (.) klA:r hat man selber ja auch noch sowas wie wErt [vorstellungen] und Ethische (-) ansprüchte=[aber]-
444 Supervisorin:	[ja:] [ja]-
445 Erik:	ä:hm (-) w_wir sind ja jetzt ja alle prOfis-
446	des wär ja eigentlich scho recht gUT (.) auch äh äh_m [abstand] ungefähr-
447 Anja:	[hm:]-

Bisher hatte lediglich Fallvorstellerin Anja selbst ihr Verhalten in mehr oder weniger relativierender Weise bewertet (»ausgeflippt«, »Hutschnur geplatzt«, »vielleicht_n bisschen auch ähm unangebracht angesprochen«). Kritik konnte nur aus indirekten Bemerkungen der Kolleginnen abgeleitet werden, die zwischen den Zeilen spürbar wurde. Eriks Bewertung der Überreaktion der Kollegin (»wir sind ja alle Profis«, »wäre ja schon recht gut auch Abstand«) scheint ihm nicht leicht zu fallen. Darauf deuten seine relativierenden Bemerkungen, die stockende Suche nach passenden Worten, unterbrochen von Fülllauten und schließlich auch seine Verständnisbekundung für die Situation der Kollegin hin. Dennoch werden Eriks Äußerungen als Kritik an Anjas Verhalten erkennbar, worauf die Fallvorstellerin verhalten und dabei in authentischer Art und Weise betroffen und nachdenklich reagiert.

13.3.2.2 Bruch: Was würde man einem Freund raten?

Der weitere Austausch zwischen Anja und ihren Teamkollegen über Hildas Situation zeigt besonders bei der Fallvorstellerin spürbare Betroffenheit, worauf beispielsweise ihre Atemgeräusche, die Verwendung von Füllworten oder die stockende Betonung schließen lassen. In einer kurzen Gesprächspause ergreift die Supervisorin das Wort, um einen Themenwechsel herbeizuführen. Sie fragt in die Runde:

464 Supervisorin:	°hh ich mein (.) was würde man denn jetzt quasi mit einem_m (--) kollEgen oder freund machen-
465	man würde ja AUch wenn man merkt(.) etz(.) hat man danEben getappt (.) mit der bemErkung oder ((kichernd))(.) <<:-)>dem schErz> den man gemacht [hat]-
466 Anja:	[ich] werd des [nochma aufgreifn]-
467 Supervisorin:	[ja ja ja]-
468 Anja:	mich bei ihr ent[schuldigen];
469 Supervisorin:	[ja ja]-

Die Nachfrage der Supervisorin erhält durch den abrupt eingeleiteten Themenwechsel eine gewisse Dringlichkeit. Dieser Eindruck wird durch das deutlich hörbare Einatmen zu Beginn ihrer Einlassung als Ausdruck einer höheren emotionalen Beteiligung verstärkt. Ihre Frage nach einem Freund oder Kollegen irritiert, da Hilda weder Kollegin noch Freundin, sondern eine der Fürsorge der Jugendhilfe anvertraute Minderjährige ist. Der Aufforderungscharakter und die implizite Ermahnung, Anja solle sich für ihr unangemessenes Verhalten entschuldigen, wird gleichzeitig durch die neutrale Bezeichnung des Fehlverhaltens als »Bemerkung«

und der kichernden Benennung als »Scherz« abgemildert. Trotz der offen in die Runde gestellte Frage fühlt sich die Fallvorstellerin direkt angesprochen. Sie ergreift selbst das Wort, noch während die Supervisorin spricht, und kündigt ihre Entschuldigung an. Die Supervisorin überlässt der Fallvorstellerin an dieser Stelle jedoch nicht das Rederecht, sondern führt ihre Gedanken weiter aus, wie das folgende Beispiel zeigt:

470	Supervisorin:	dass man AUch sagen würde(.)ups(.)ich glaub jetzt(.)bIN ich-
471		o_wenn mans vielleicht gar nich wEIss,
472		man würd ja [Irgendwas] sagen wie ups-
473	Anja:	[hm_hm];
474	Supervisorin:	jetzt hab ich glaub irgendwaS (---) hAb ich dich Irgendwo falsch erwischt.
475		glaub ich=[ja]?
476	Anja:	[hm_hm];
477	Supervisorin:	!SO!-
478		dass z_mIndestens ANkommt (.)[!ICH!] hab gemE:RKT (.) ich hab dich da [irgendwie] verletzt.
479	Anja:	[ja];
480		[hm_hm]-
481	Supervisorin:	ja?
482	Anja:	hm_hm. [ja ja];

Die Supervisorin stellt klar, was Betreuerin Anja »zumindestens« Hilda gegenüber ausdrücken sollte. Ihre wiederholten Hinweise auf die gegenseitigen Verwicklungen zwischen Hilda und der Betreuerin, die Rückversicherungen über das von der Fallvorstellerin Verstandene (»ja?«), aber auch ihr Vorschlag über die Wortwahl Hilda gegenüber wirken insistierend und adressieren das Fehlverhalten der Betreuerin entgegen ihrer bisherigen Intervention in direktiver Weise. Die Supervisorin nimmt mit weiteren Ausführungen zu dem Vorfall zwischen Hilda und Anja Stellung:

496 Supervisorin: ich krieg eine gewlscht (.) und dann (.) °h is mir auch grAd nix besseres <<lachend> [EINgefallen>]- ha ha <<lachend>als dir auch eine zu wischen>-

497 Anja: [<<p>hm_hm>];

498 Supervisorin: <<:-)>ja [ha ha]-

499 Anja: [<<p>tja>],

500 Supervisorin: so,

501 Anja: hm_hm.

Die bedrückt wirkende Reaktion der Fallvorstellerin steht in deutlichem Kontrast zu den betont heiter vorgebrachten Ausführungen der Supervisorin. Darauf deuten ihre leise und mit abfallendem Tonfall gegebenen Rezeptionsbekundungen (»hmhm«, »tja«) hin. Das Leiserwerden steht außerdem im Gegensatz zur Anfangsphase der Supervisionssitzung, in der Betreuerin Anja laut und dominant auftrat. Die Supervisorin äußert im weiteren Gesprächsverlauf keine direkte Kritik am Verhalten der Fallvorstellerin. Sie verstärkt dennoch diesen Eindruck durch die mehrmalige Betonung, Hilda werde »immer wieder« dieselbe Verletzung zugefügt.

13.3.3 Endphase: Wunsch nach vorzeitiger Beendigung der Sitzung

Die Endphase der Sitzung wird durch den überraschend geäußerten Wunsch der Fallvorstellerin eingeleitet, die Sitzung vorzeitig zu beenden:

551 Anja: kömme des jetzt SO: (-) beEnden?

552 Supervisorin: (-) <<p>von mIr aus>-

553 <<p>weiss nIcht wie>?

554 Anja: (-) weil ich (-) asso=ich weiss was ich:-

555 <<p>(.)zu tUn hab (.) und des werd ich mAchen (.) [und]>-

556 Supervisorin: [hm_hm],

557 Anja: ich erzähl dann_s [nÄchste mal wies] wAr;

558 Supervisorin: [hm_hm hm_hm],

Mit dem Beendigungswunsch von Betreuerin Anja wird der im weiteren Gesprächsverlauf angeregte Austausch in der Gruppe über Hildas insgesamt als positiv erachtete Entwicklung unterbrochen. Die Formulierung der Fallvorstellerin »ich weiß, was ich zu tun hab« und die Bekräftigung, sie werde es auch machen, kann auf Verunsicherung oder Beschämung über ihr Fehlverhalten und den vielleicht ungeduldigen Wunsch nach baldiger Widergutmachung des Fehlverhaltens hinweisen. Gleichzeitig erscheint es Betreuerin Anja zunehmend unangenehm zu sein, mit Hildas Fallgeschichte weiter im Fokus der Diskussion zu stehen. Nach weiteren Gesprächssequenzen, an denen sich Anja nur einsilbig beteiligt, wird die Sitzung schließlich zehn Minuten vor der vereinbarten Zeit beendet. Die Kommentierung der entstehenden Gesprächspausen durch die Supervisorin mit dem Hinweis auf die verbleibende Zeit beantwortet die Fallvorstellerin mit gequält wirkendem Auflachen. Der Eindruck, sie empfinde die Gesprächssituation als unangenehm, erhärtet sich dadurch weiter.

13.3.4 Zwei Folgesitzungen: Follow-up

Mit der Einbeziehung von zwei nachfolgenden Supervisionssitzungen in die Untersuchung wird ein zeitlicher Zusammenhang zwischen dem spezifischen Umgang mit dem berichteten professionellen Fehlverhalten in der Supervisionssitzung und den dadurch angestoßenen Veränderungen hergestellt. Beide Folgesitzungen fallen besonders durch das Schweigen über Hildas Fallgeschichte auf. Obwohl mehrmals der Name des Mädchens in einem anderen Kontext erwähnt wird, wird weder von Betreuerin Anja noch von den Kollegen oder der Supervisorin die Weiterentwicklung von Hildas Fallgeschichte thematisiert. Dies überrascht, da die Fallvorstellerin mit dem Wunsch nach Beendigung der Sitzung gleichzeitig ankündigt, sie werde in der nächsten Sitzung berichten, wie es in Hildas Fall weitergegangen sei. Der Eindruck, dass über Hildas Fall nicht weiter gesprochen werden soll, wird durch ein kontrastierendes Vorgehen im Fall einer Teamkollegin verstärkt. Kollegin Beate artikuliert in der dritten Sitzung deutlich ihren Wunsch, über die Entwicklungen in einem von ihr in der vorangegangenen Supervisionssitzung vorgetragenen Fall berichten zu wollen.

Im Verlauf der zweiten Folgesitzung stellt Betreuerin Anja eine weitere Fallgeschichte vor, in der sie von ihrem möglichen »Versagen« spricht. Es geht dabei um einen vergleichsweise harmlosen Fehler bei der Kleiderausstattung einer Bewohnerin in der Jugendhilfeeinrichtung:

604 Anja:	d!A! wusst ich jetzt auch net (-) äh (.) ham wir jetzt versA:gt?
605	oder ICH versagt;
606	°h (.) weil normAlerweise kriegn (.) °h flüchtlingsmädchen (.) in den mÄ:dchenräumen schon diese [Erstausstat]tung;
607 Supervisorin:	[hm_hm hm_hm],
608 Anja:	und anschEInend ist des bei !I!hr nicht gelAUfen;
609	ich weiss es nicht.
610 Claudia:	(xxx xxx xxx unverständlich, jemand hustet dazwischen)
611	dann wär das ja nicht [DEIn]-
612 Anja:	[ja dann],
613 Claudia:	FEHler ge[wesen];
614 Supervisorin:	[hm_hm];
615 Anja:	ja,
616 Claudia:	dann hätte des ja schon laufen [mÜssen] (.) oder?
617 Anja:	[ja]-
618 Claudia:	auch um [dIch] zu [entlasten].
619 Anja:	[genau] [ja]-
620 Supervisorin:	[hm_hm];

Der von Anja verwendete Ausdruck des »Versagens« wirkt übermäßig selbstanklagend und könnte als Folge der vorherigen Sitzung zu einer Verunsicherung in ihrer professionellen Rolle beigetragen haben. Darauf weist auch die explizite Entlastung vom Vorwurf eines Fehlers durch Kollegin Claudia hin.

In der dritten Folgesitzung drehen sich die Gespräche der Supervisanden vor allem um die Vorgänge rund um eine Weihnachtsfeier, die einige Tage zuvor stattgefunden hat. Trotz der Erwähnung von Hildas Namen wird erneut keine explizite Information über die Weiterentwicklung in der Fallgeschichte gegeben. Durch den Bericht von Kollegin Dora über Hildas Reaktion über ihre Geschenke, Hilda habe sich anders als andere Mädchen »wirklich gefreut«, kann jedoch indirekt eine Weiterentwicklung abgeleitet werden. Dies verdeutlicht der folgende Auszug aus dem Transkript:

680 Dora:	also=wer sich eigentlich wIrklich gefreut hat war hIlda,
681	(.) die hatte ihre jAcke [aber] schon im vOraus.
682 Anja:	[ja]-
683 Dora:	und die hat dann noch ne karte gebastelt gekriegt von [dir]-
684 Anja:	[gEnau:];
685 Dora:	und die hat sich g!A!nz süss gefreut-
686 Supervisorin:	hm_hm,
687 Dora:	auch über-
688 Anja:	ja?
689 Dora:	(-) des fünfzehn euro [geschenk][dann][noch]-
690 Supervisorin:	[hm_hm],
691 Anja:	[ja][(.) a::h]-
692 Dora:	[von der anja],
693 Anja:	[doch]-

Kollegin Doras Hinweis auf ein persönliches Geschenk von Betreuerin Anja für Hilda kann als positive Entwicklung der Beziehung zwischen der Fallvorstellerin und dem Mädchen gewertet werden.

13.4 Diskussion

Die Forschungsergebnisse zeigen, dass der Umgang mit dem berichteten Fehlverhalten im Rahmen der psychoanalytischen Supervision in der Jugendhilfe zu einer Verbesserung der Beziehungsqualität zwischen den beteiligten Supervisanden und der Bewohnerin der Jugendhilfeeinrichtung und zu einem tieferen Fallverständnis beigetragen hat. Ein deutlicher Wendepunkt in Richtung dieser Entwicklung kann mit der Deutung der Supervisorin identifiziert werden, die von der Supervisionsgruppe mit weiterführenden Einfällen und Überlegungen zu den lebensgeschichtlichen Hintergründen des Mädchens aufgegriffen wird. Besonders Betreuerin Anjas spürbares Interesse für und Betroffenheit über Hildas Geschichte und ihr Anknüpfen an persönlichen Erlebnisse mit dem Mädchen im späteren Sitzungsverlauf stehen in deutlichem Kontrast zu ihrem vorherigen ablehnenden Verhalten. Darüber hinaus offenbart die Geschenkszene in der dritten Supervisionssitzung, dass sich die Beziehung zwischen den Beteiligten positiv verändert hat. Das geschilderte Fehlverhalten wird in der Supervision allerdings nicht psychoanalytisch gedeutet, sondern durch direktives Intervenieren der Supervisorin adressiert. Im weiteren Sitzungsverlauf kommt es daraufhin zu Rückzugstendenzen der betroffenen Betreuerin. Diesen Eindruck vermittelt ihr Leiserwerden, vermehrte Themenwechsel und schließlich ihr Wunsch nach vorzeitiger Beendigung der Sitzung. In den Folgesitzungen, die durch auffälliges gemeinschaftliches Schweigen über Hildas Fall geprägt sind, wird die professionelle Verunsicherung der betroffenen Helferin erkennbar, indem sie über ihr mögliches Versagen in einer anderen Sache spricht. Der Eindruck der Verunsicherung wird zudem durch die explizit geäußerte Entlastung der Betreuerin von einem vermeintlichen Fehlervorwurf durch Kollegin Claudia verstärkt. Auch die Schilderung der Geschenkszene durch Kollegin Dora, die die positive Beziehungsentwicklung zwischen Betreuerin Anja und Hilda ausdrücklich hervorhebt, kann in diese Richtung gedeutet werden. Die explizite Anerkennung der positiven Entwicklung durch die Supervisionsgruppe, genauso wie das fehlende Weiterverfolgen von Hildas Fall in den nachfolgenden Sitzungen, erscheinen wie eine unbewusste Reaktion der teilnehmenden Supervisanden auf die professionelle Verunsicherung der Fallvorstellerin mit dem Ziel der Rehabilitierung der Kollegin.

Trotz dieser positiven Entwicklungen wäre es wünschenswert gewesen, dass der Prozess der Anerkennung und Billigung des Selbstkorrekturprozesses der Fallvorstellerin nicht nur implizit durch einen Handlungsdialog in Form von Schweigen, sondern explizit in der Supervision hätte angesprochen werden können. Darüber hinaus wäre es wünschenswert gewesen, die nachträgliche Reflexion einer wichtigen Bruchstelle in der Supervisionssitzung selbst, dem Wunsch nach vorzeitigem Beenden, in einen solchen expliziten Austausch in der Supervision einzubeziehen.

Dem konstruktiven Umgang mit Fehlern im Sinne einer positiven Fehlerkultur kommt aufgrund der Professionalisierungs- und Qualitätssicherungsfunktion von Supervision eine besondere Bedeutung zu. Psychoanalytische Supervision bewegt sich dabei im Spannungsfeld zwischen Kontrollfunktion und psychoanalytischem, verstehendem Umgang mit professionellem Fehlverhalten (Hamburger, 2015; Kächele & Grundmann, 2011; Mertens & Hamburger, 2016). Dieser Balanceakt wird durch die vorgelegte qualitative Fallstudie bestätigt. Zu berücksichtigen ist dabei, dass die Ergebnisse dem Vorbehalt der Subjektivität und den grundsätzlichen Beschränkungen von audiographischen Aufzeichnungen, wie fehlende Berücksichtigung von Mimik und Gestik, unterliegen. Gelingt die Auseinandersetzung, leistet eine positive Fehlerkultur einen wichtigen Beitrag zur Fehlerprävention zum Nutzen von Patienten und Klienten (Ebrecht-Laermann et al., 2014; Fegert et al., 2011; Hamburger, 2015).

13.5 Literatur

Argelander, H. (1984). Eine vergleichende Textstudie von Verbatim- und Gedächtnisprotokollen. *Psyche* – Zeitschrift für *Psychoanalyse und ihre Anwendungen*, *38*, 385–419.

Ebrecht-Laermann, A., Löchel, E., Nissen, B. & Picht, J. (Hrsg.). (2014). *Jahrbuch der Psychoanalyse. Bd. 69: Fehler und Fehlleistungen.* Stuttgart: Frommann-Holzboog.

Fegert, J. M., Fangerau, H., Besier, T. & Ziegenhain, U. (2011). Fehlerprävention in der Kinderpsychiatrie. *Psychotherapie & Sozialwissenschaft, 13(2)*, 91–108.

Hamburger, A. (2015). *Error culture and psychoanalytic supervison.* Unveröffentlichtes Manuskript.

Kächele, H. & Grundmann, E. M. (Hrsg.). (2011). Fehlerkultur in der Psychotherapie. *Psychotherapie & Sozialwissenschaft*, 2/2011.

Lucius-Hoene, G. & Deppermann, A. (2004). *Rekonstruktion narrativer Identität. Ein Arbeitsbuch zur Analyse narrativer Interviews* (2. Auflage). Wiesbaden: VS Verlag für Sozialwissenschaften.

Mertens, W. & Hamburger, A. (2016). Psychoanalytische Supervisionskonzepte. In A. Hamburger & W. Mertens (Hrsg.), *Supervision – Konzepte und Anwendungen. Band 1: Supervision in der Praxis – ein Überblick* (S. 17–31). Stuttgart: Kohlhammer.

Selting, M., Auer, P. Barth-Weingarten, D., Bergmann, J., Bergmann, P., Birkner, K., Couper-Kuhlen, E., Deppermann, A., Gilles, P., Günthner, S., Hartung, M., Kern, F., Mertzlufft, C., Meyer, C., Morek, M., Oberzaucher, F., Peters, J., Quasthoff, U., Schütte, W., Stukenbrock, A. & Uhmann, S. (2009). Gesprächsanalytisches Transkriptionssystem 2 (GAT 2). *Gesprächsforschung – Online-Zeitschrift zur verbalen Interaktion, 10*, 353–402. Zugriff am 03.01.2017 unter www.gespraechsforschung-ozs.de/heft2009/px-gat2.pdf.

14 Change-Prozesse in der Jugendhilfe. Eine szenisch-mikroanalytische Untersuchung von Supervisionsprozessen

Stephan Schmidt

Institutionell gemanagte Veränderungsprozesse, sogenannte Change-Prozesse, mit denen Unternehmen und Einrichtungen auf die sich immer schneller wandelnden inneren und äußeren Anforderungen reagieren können, erfreuen sich in der heutigen Berufswelt immer größerer Popularität, ohne dabei nur eine Modeerscheinung zu sein. Dies gilt für alle Arbeitsfelder, sowohl in der Wirtschaft, im öffentlich-rechtlichen Bereich, in der Beratung und wie natürlich auch in medizinischen, therapeutischen und sozialen Berufen. Die unterschiedlichen Bereiche greifen ineinander über, bedingen sich teilweise gegenseitig, und die essentielle Schlüsselkompetenz *Veränderungsfähigkeit* wird in Zukunft immer wichtiger werden, um in einer sich stark wandelnden Welt erfolgreich agieren zu können. Eine besondere Rolle beim Thema Change nehmen soziale Berufe, insbesondere die Kinder- und Jugendhilfe (KJH) ein, die mit ganz spezifischen Bedingungen und teilweise konträren Entwicklungen konfrontiert ist. Aufgrund ihrer wichtigen gesellschaftlichen Funktion, ihrer eigenen dynamischen Strukturen und ihrer erfahrenen und speziell ausgebildeten Mitarbeiter benötigt sie vielleicht einen ganz eigenen partizipativen Change-Ansatz. Aber welche Veränderungsprozesse treten in der Jugendhilfe auf, und was zeichnet einen nachhaltigen Change aus? Was tatsächlich bewirkt die Veränderung bei den Beschäftigten und hilft somit auch den Jugendlichen und welche Voraussetzungen können diese Veränderungen erfolgreich beeinflussen? Welche institutionellen Besonderheiten und persönlichen Widerstände können einem erfolgreichen Wandel entgegenstehen, wann kann Widerstand auch hilfreich sein und wie und mit welchen Methoden lassen sich Veränderungsprozesse am besten begleiten?

Im Rahmen eines Forschungsprojektes in der Jugendhilfe an der IPU in Berlin (Psychoanalytische Supervision in der Jugendhilfe PSASUP) sollen diese konkreten Fragen beforscht und psychodynamische Aspekte von Change-Prozessen in der Jugendhilfe aufgezeigt werden. Auszüge der Ergebnisse werden im Folgenden vorgestellt. Dabei wird, wie bei Change-Prozessen üblich, strukturell mit einer Diagnostikphase begonnen, auf deren Basis geeignete Maßnahmen abgeleitet werden, die im Anschluss anhand eines Praxisbeispiels, in Form einer Intervention, analysiert werden können.

14.1 Jugendhilfe im Wandel

Die KJH steht in einem engen Beziehungsgeflecht zu anderen Bereichen der Gesellschaft. Change-Prozesse in der Jugendhilfe anzuschauen, hat somit eine bedeutende gesellschaftliche und prognostische Relevanz. Pluto, Gragert, van Santen & Seckinger (2007) sind der Meinung, »dass die Struktur und Ausformung eines Hilfesystems Ausdruck der sozialen Verhältnisse einer Gesellschaft sind und dass die Veränderung eines solchen Hilfesystems sozialen Wandel ausdrückt« (Pluto et. al., 2007, S. 13). Pühl & Schmidtbauer (1993) stellen in ihrer Analyse der helfenden Berufe den sozialen Bereich dem industrialisierten gegenüber und betonen dabei, dass beide Systeme unabdingbar miteinander verwoben seien und dass »der Sozialsektor nur durch radikale Veränderungen im Industriesektor in seinen Grundstrukturen verändert werden« könne (Pühl & Schmidtbauer, 1993, S. 21 f.).

Somit wird deutlich, dass ein reflexiver Change-Prozess in einem dieser Bereiche nicht nur isoliert betrachtet werden darf, sondern von Anfang an verschiedene Perspektiven berücksichtigt werden müssen. Zu Beginn der Reflexion eines institutionell gemanagten Change-Prozesses steht daher eine umfangreiche diagnostische Analyse des Umfelds, welches zusätzlich auf eine bestehende institutionelle Struktur wirkt, im Mittelpunkt. Nur auf Basis einer guten Diagnostik lassen sich fundierte

Vorhersagen treffen sowie Entscheidungen und vor allem Interventionen, wie zum Beispiel Fördermaßnahmen, einleiten (Kersting, 2018).

Pluto et al. (2007) zeigen im Rahmen einer längsschnittlich angelegten empirischen Strukturanalyse aktuelle Entwicklungen beziehungsweise Veränderungstendenzen und Spannungsfelder in der KJH auf. Demnach zeigt sich ein besonders großes Spannungsverhältnis in der derzeitigen Veränderung der Trägerstrukturen, weg von den öffentlichen, hin zu immer mehr privat-gewerblichen Trägern, und das in einer Zeit, in der die Verantwortung für Jugendhilfeleistungen vermehrt den privaten Raum verlässt, hin zu einer größeren öffentlichen Verantwortung (Pluto et al., 2007, S. 14 f.). Diese wirkmächtigen Verschiebungen sind Ausdruck zunehmend veränderter Familienstrukturen, Mobilitätsanforderungen des Arbeitsmarkts und der Tatsache, dass viele Familien mit einem Einkommen nicht zurechtkommen (Pluto et al., 2007, S. 16).

Eine zentrale Rolle kommt dabei dem Jugendamt zu, dessen Aufgabenverständnis sich offensichtlich dahingehend verändert hat, sich zunehmend von Verwaltungs-, Planungs- und Steuerungsaufgaben zurückzuziehen, um, in der Rolle einer Art »Wettbewerbs- und Regulierungsbehörde für die Jugendhilfe«, mehr die Rahmengestaltung zu koordinieren (Pluto et al., 2007, S. 15). Diese Entwicklungen führen zukünftig dazu, dass sowohl die Ausgabenpolitik als auch die Aufgabenerfüllung zunehmend auf den Prüfstand gestellt werden. Aufgrund leerer Finanzkassen hat ein massiver Einspar- und Umverteilungsprozess eingesetzt, an dessen Ende die KJH steht, da immer noch viele Budgetverantwortliche die Meinung vertreten, hierbei handle es sich um eine freiwillige, im Zweifel auch völlig zur Disposition stehende Infrastrukturausgabe (Pluto et al., 2007, S. 23). Weiteres Konfliktpotenzial entsteht dadurch, dass sich komplexe gesetzliche Veränderungen, auch in ihrer Unbestimmtheit, nicht immer einfach in die konkrete Praxis der Sozialarbeiter und Pädagogen umsetzen lassen (Pluto et al., 2007, S. 18). Berücksichtigt man eine verstärkte Beteiligungsorientierung auf allen Ebenen der Kinder- und Jugendhilfe sowie die gleichzeitigen Öffnungs- und Abgrenzungsprozesse zu anderen gesellschaftlichen Teilbereichen, dann kann man sich vorstellen, in welchem Spannungsverhältnis sich die involvierten Fachkräfte bewegen.

Die Auswirkungen dieser skizzierten komplexen Entwicklungen sind für die Beschäftigten in den entsprechenden Einrichtungen weitreichend und für einen möglichen institutionellen Change-Prozess in vielerlei Hinsicht sehr bedeutsam. So könnte am Ende ein neues Rollenverständnis der Jugendämter diese durch Verlust ihres eminent wichtigen Bezugs zur Alltagpraxis als zuständige Fachbehörde zunehmend in Frage stellen, was auch eine deutlich verringerte Fähigkeit zum fachlichen Austausch zur Folge hätte (Pluto et al., 2007, S. 14). Durch abnehmende Identifikation des Jugendamtes mit seinem Gegenstand könnte sogar ein lokaler Bedeutungsverlust der Kinder- und Jugendhilfe entstehen (Pluto et al., 2007, S. 14). Sollten sich diese Entwicklungen weiter verstärken, bestünde für die Beschäftigten in den Jugendhilfeeinrichtungen ein zunehmender Bedarf an fachlichem und reflexivem Erfahrungsaustausch, der sie zukünftig in die Lage versetzt, tätigkeitsübergreifend erforderliche Verantwortung zu übernehmen und systemübergreifende Handlungsroutinen vor Ort einzuüben. Sehr viel gravierender stellen sich die Auswirkungen eines erhöhten Effizienz- und Einspardrucks dar. Verantwortungsverschiebungen bei abnehmenden Ressourcen erfordern eine zunehmende Umorganisation und Neujustierung der vorhandenen Leistungen (Pluto et al., 2007, S. 16). Diese Prozesse könnten für alle Beteiligten sehr belastend und herausfordernd sein und erfordern höchste Flexibilität und Veränderungsbereitschaft, damit das wesentliche Ziel der Jugendhilfe, nämlich die Erhaltung des Kindeswohls, nicht gefährdet wird. Auch die Tatsache, dass immer mehr privatgewerbliche Träger in den Markt eintreten, erfordert in Zukunft ein radikales Umdenken, denn Organisationssteuerung über marktwirtschaftliche Elemente folgt anderen Gesetzen als in einem derzeitig geprägten System der Gemeinnützigkeit und erfordert bei Change-Prozessen eine ganz andere Form der Partizipation.

14.2 Der Change-Prozess

Die beschriebenen komplexen und schwierigen Rahmenbedingungen werden angesichts einer weiteren Konsolidierung der öffentlichen Haushalte und des damit verbundenen Effizienzdrucks in Zukunft nicht einfacher. Schäfer (2010) prognostiziert in einer auf die Jugendhilfe übertragbaren Analyse von Change-Prozessen im öffentlichen Dienst, »dass Arbeit unter hohem Zeitdruck, ständig wechselnden Rahmenbedingungen, unklaren Vorgaben, bei Fehlen von Regeln und bei einer stetig wachsende Anzahl zuständigkeitsübergreifender Problemlagen, für den Alltag der Beschäftigten in Zukunft auf allen Hierarchieebenen zur Regel wird« (Schäfer, 2010, S. VI). Die Folgen können Spaltungs-, Feind- und Frontenbildungen in und zwischen Teams bzw. Institutionen sowie im familiären Feld sein (Hamburger, 2017, S. 150). Gerade dieser Leidensdruck könnte zukünftig ein bedeutender Katalysator für wirksame und aktiv gestaltete Veränderungsprozesse werden, vor allem, um die eigene Tätigkeit mit den Anforderungen der Gegenwart besser in Einklang zu bringen. Dabei muss berücksichtigt werden, dass Management-Konzepte aus der freien Wirtschaft, mit ihren Sanktions-, Honorierungs- und Selektionsmechanismen nicht einfach in den öffentlichen Dienst und somit auch nicht in den sozialen Bereich übertragen werden können, da dieser nicht den Gesetzen des freien Marktes unterliegt (Schäfer, 2010, S. VI), obwohl er diesem immer mehr ausgesetzt ist. Nachhaltige Profitabilität könnte hier ein Schlüsselfaktor sein, um zukünftige Qualitätsansprüche und -kriterien sicherzustellen. Man unterscheidet hierfür subjektbezogene Management-Konzepte auf der Grundlage einer humanistischen Psychologie und moderne Change-Management-Konzepte, die stärker kontextorientiert sind (Schäfer, 2010, S. 20).

Letztere werden vor allem in marktwirtschaftlich orientierten Unternehmen zur fortwährenden Anpassung von Unternehmensstrategien und -strukturen an veränderte Rahmenbedingungen der internen und externen Arbeitswelt eingesetzt (Vahs & Weiand, 2010, S. 7). In den subjektbezogenen Ansätzen könnte somit der Schlüssel für zukünftige und erfolgreiche Veränderungsprozesse liegen, und zwar in einer systematischen Veränderung der vorhandenen Führungs-, Arbeits- und Kooperationsgewohnheiten der Beschäftigten (Schäfer, 2010, S. VII). Dazu schreibt Schäfer: »Die Bedeutung dieser Gewohnheitsmuster für die Gestaltung der Veränderungsarbeit in ihrem ganzen Ausmaß zu erkennen, gelingt jedoch erst, wenn man den Fokus nicht mehr auf die einzelne Führungskraft oder den einzelnen Mitarbeiter richtet, sondern auf die Rolle der sozialen Gruppen innerhalb einer Institution, deren Gewohnheiten, Einstellungen und ihre für den Einzelnen wiederum handlungsleitende Funktion« (Schäfer, 2010, S. VII). Sollte es nicht gelingen, primär die Arbeitseinstellungen und das Arbeitsverhalten der Beschäftigten zu verändern, misslingt jedes weitere Reformunterfangen, da »letzten Endes Menschen täglich darüber entscheiden, wie mit Strategien, Zahlen und Strukturen umgegangen wird« (Schäfer, 2010, S. XI). Wünschenswert wäre in diesem Zusammenhang eine pädagogisch-therapeutische Grundhaltung, die der Verführbarkeit rein marktwirtschaftlicher Kriterien zu widerstehen vermag. Das Fehlen einer solchen Grundhaltung könnte ein Hauptgrund für das Scheitern von Veränderungsprozessen sein, da Führungskräfte Reformen zumeist auf der Basis eines vernunftgesteuerten Mitarbeiters entwickeln, ohne dabei zu berücksichtigen, dass der Mensch vorwiegend gewohnheitsgesteuert ist. Weitere Gründe für das Scheitern von Change-Prozessen sind nach Schäfer (2010, S. 2 ff.) ein falsches Organisationsverständnis, bei dem das Prinzip der Leistungserbringung durch das Prinzip von »empfundener Gerechtigkeit« ersetzt wird; ein falscher Führungsansatz, bei dem Führungskräfte Veränderungsprozesse auf Basis von eigenen Rückschlüssen gestalten, und ein falsch gesetzter Fokus auf soziale Problemstellungen innerhalb der Belegschaft.

Für den Fall, dass der Schlüssel zur erfolgreichen Veränderung in eher subjektbezogenen Change-Ansätzen liegt, soll an dieser Stelle ergänzend das integrative Paradigma von Veränderungsprozessen von Stern et al. (2012) vorgestellt werden. Ausgehend von einer vor allem therapeutisch-entwicklungspsychologischen Sichtweise und von neurowissenschaftlichen Erkenntnissen vollzieht sich demnach die Veränderung auf zwei Ebenen, der sprachlich deklarativ bewussten Ebene und der implizit prozeduralen Ebene (Stern et al., 2012, S. 20).

In den von Stern et al. untersuchten psychotherapeutischen Prozessen geht es auf der sprachlich deklarativen Ebene ist es die entscheidende Deutung, die die intrapsychische Landschaft umgestalte und das bewusste deklarative Wissen des Patienten neu arrangiert. Auf der implizit prozeduralen Ebene ist der Moment der Begegnung derjenige Vorgang, der das implizite Beziehungswissen für den Patienten und dem Therapeuten neu arrangiert (Stern et al., 2012, S. 24). Implizites Beziehungswissen entsteht demnach nach dem Prinzip der Selbstorganisation, angewandt auf die mentale Organisation des Menschen nach der These, dass die Psyche in Abwesenheit einer entgegenwirkenden Dynamik dazu tendiert, sämtliche Verlagerungen und Veränderungen in der intersubjektiven Umwelt dazu zu benutzen, ein zunehmend kohärenteres implizites Beziehungswissen zu erzeugen (Stern et al., 2012, S. 23). In diesem bedeutsamen Moment der Begegnung, auch *Moment of Meeting* (MoM) genannt, verändert sich die bisherige implizite Beziehung, indem eine neue Beziehungserfahrung geschaffen wird und die frühere Erfahrung in der Gegenwart rekontextualisiert wird und zwar in solcher Weise, dass man von einer anderen mentalen Landschaft ausgehend operieren kann, was neue Verhaltensweisen und Erfahrungen in der Gegenwart und Zukunft ermöglicht (Stern et al., 2012, S. 50f.). Wichtig zu betonen ist, dass das Ausbleiben oder Scheitern eines solchen Bedeutungsmoments auch genau das Gegenteil bewirken kann.

14.3 Die Intervention

Fasst man nun die Erkenntnisse aus der Diagnostik und den beiden vorgestellten Change-Ansätzen zusammen, dann wird deutlich, dass sich zur Begleitung von Change-Prozessen in der KJH vor allem die subjektbezogenen Maßnahmen eignen, die sowohl kontextuelle, organisationale, institutionelle und intrapsychische Besonderheiten berücksichtigen. Eine konzeptuelle Lösung bietet beispielsweise die psychoanalytische Supervision an, die als kritisch angelegter Prozess der Selbstreflexion zur Aufgabe hat, das komplexe Beziehungsgeflecht, welches zwischen Helfern und Klienten mit ihren eigenen Sozialisationserfahrungen besteht und »durch die Person des Helfers verläuft, in seiner bewussten und unbewussten Dynamik zu entwirren«(Pühl & Schmidtbauer, 1993, S. 23). Sie ist auch deswegen besonders geeignet, weil sie als Reflexion in zwei Richtungen funktioniert. Nach innen gerichtet versucht sie, anhand von Übertragungs- und Gegenübertragungsdynamiken zu den Klienten und der Institution, die vorher beschriebenen, implizit gewordenen Beziehungs- und Gewohnheitsmuster aufzudecken und sie den Beteiligten bewusst zu machen. Als Reflexion der »sozialen Realität« untersucht sie aber auch die spezifischen gesellschaftlichen Bedingungen, die ebenfalls für die Entstehung und Verwaltung von psychischem Leid verantwortlich sind. (Pühl & Schmidbauer, 1993, S. 23; Kretschmar & Hamburger, 2019).

14.4 Praxisbeispiel

Exemplarisch wird – aufgezeigt, inwieweit psychoanalytische Supervision Veränderungsprozesse in der KJH wirksam begleiten kann. Hierfür wurden im Rahmen einer Masterarbeit an der IPU Berlin (Schmidt, 2018) im Kontext des PSASUP-Forschungsprojektes in der KJH 103 audiographierte, psychoanalytische Supervisionssitzungen auf Change-relevante Themen hin untersucht. In einer systematischen, themengeleiteten Auswahl der audiographierten Sitzungen aus der PSASUP-Datenbank wurde schwerpunktmäßig der Fokus auf Themen gelegt, die beispielsweise die Teams, die Institution, Hierarchiestrukturen, die Arbeitsbedingungen und Zuständigkeitsfragen betreffen. Aus psychoanalytischer Sicht erschien eine strikte Trennung von Team- und Fallsupervision nicht valide, da sich in der Fallarbeit auch unbewusste Teamkonflikte widerspiegeln – und möglicherweise aktivierte Abwehrmechanismen gegenüber Klienten auftreten können (Hamburger, 2017, S. 156). Insgesamt konnten sechs Change-relevante Sitzungen identifiziert werden. Mithilfe der Szenisch-narrativen Mikroanalyse (SNMA), die im Rahmen der Analyse von Zeugnissen von Überlebenden der Shoa entwickelt wurde (Hamburger, 2015, 2017), ratete eine Gruppe von Forschern diese sieben Sitzungen in Bezug auf die Erfassung von »Now Moments« (dt: Jetzt-Momente, NM) und »Moments of Meeting« (dt: Momente der Begegnung, MoM) im Sinne der Boston Change Process Study Group (Stern, 2012). Der MoM ist dabei das Schlüsselereignis in diesen Prozessen, der Wendepunkt, an dem sich der intersubjektive Kontext verändert, indem sich eine unbewusste Szene und ein neues implizites Beziehungswissen manifestieren. Im Anschluss wurden im Rahmen einer Konsenssitzung unter der Leitung eines Moderators jene übereinstimmenden NM und MoM diskutiert, die jeweils von mindestens drei Ratern als bedeutsam eingeschätzt wurden. Ziel der SNMA ist, mithilfe unabhängiger Rater-Übereinstimmungen die wichtigsten Momente innerhalb einer psychoanalytischen Supervisionssitzung zu identifizieren und durch eigene Übertragungs- und Gegenübertragungsmuster auf die unter der Oberfläche liegenden Dynamiken, impliziten Beziehungsmustern und Gewohnheiten der Sitzungsteilnehmer zu schließen. Die SNMA zeichnet sich als qualitative Forschungsmethode vor allem dadurch aus, dass sie systematisch die Subjektivität der Forscher in die Analyse miteinbezieht und alles Unvorhergesehene, das sich im Umgang mit dem Material ereignet, radikal mit aufnimmt und mit dem Material in Beziehung setzt (Hamburger & Bleimling, 2018). Im Folgenden werden nun zwei kurze Sequenzen einer Supervisionssitzung in einer Jugendschutzstelle im süddeutschen Raum vorgestellt. Schutzstellen unterscheiden sich von anderen Jugendhilfeeinrichtungen vor allem dadurch, dass den Kindern, für die ein Zusammensein mit ihren Eltern kindeswohlgefährdend ist, kurzfristig ein Schutzraum geboten wird.

In dieser exemplarischen Supervisionsstunde ist der identifizierte Change-Aspekt das Elterngespräch, welches das zentrale Steuerungselement in der Kommunikation zwischen Betreuern, Eltern und Kindern einer Jugendeinrichtung ist. Dieses Elterngespräch wird üblicherweise über das zuständige Jugendamt, welches als Entscheidungsträger fungiert, initiiert und durchgeführt. Wie in der Diagnostik angedeutet, finden diese Gespräche wegen Engpässen und Kapazitätsüberlastungen des Jugendamtes nicht mehr statt, die Folge sind Kommunikationsdefizite und Missverständnisse zwischen allen Beteiligten. In dieser Stunde wird der Fall der 15-jährigen Lea vorgestellt, die von ihrer Mutter in die Schutzstelle gebracht wurde. Mutter und Tochter liegen ambivalent im Clinch miteinander, die Mutter wirkt auf die Tochter und die Mitarbeiter äußerst kontrollierend und schreibt den Betreuern sowie der Heimleitung sogar vor, wie sie zu arbeiten hätten. Lea, die in letzter Zeit häufig ohne Erlaubnis weggegangen ist, droht nun eine Verlegung in eine andere Schutzstelle. Die Betreuer beklagen in der Stunde, nie richtig in Kontakt mit Lea gekommen zu sein. Auf die Frage des Supervisors, ob es mit Lea anders hätte laufen können und welche Fehler das Team gemacht haben könnte, beginnen die Teammitglieder mögliche Gründe für ihr Scheitern zu externalisieren. Verzicht auf Elterngespräche wegen Überlastung des Jugendamts, mangelnde Unterstützung durch die eigene Heimleitung und die generell schwierigen Arbeitsbedingungen in einer Schutzstelle werden beispielsweise als Gründe aufgezählt. Einer Raterin der SNMA-Forschergruppe, die die Mitarbeiter der Schutzstelle als sehr reflektiert erlebt, fehlt es an dieser Stelle der erzählten Geschichte von Lea an Wertschätzung, Empathie, Zuwendung sowie Perspektivübernahme dem Mädchen gegenüber. Der Supervisor fragt in der Folge, ob es nicht möglich gewesen sei, zu Anfang ein grundsätzliches Gespräch, gemeinsam mit Mutter und Tochter, zu führen. Drei von fünf Ratern rateten die folgende Stelle bedeutsam im Sinne eines »Now-Moments« (Stern, 2012).

> Betreuerin: »Ich glaube, das ist auch eine Klientelfrage, wissen Sie, wir sind ja hier nicht in so einem Ayurveda Club, in welchem das Gespräch was ganz Wertvolles und Zielführendes ist, sondern wir sind hier leider in einer Art Einrichtung, wir haben es mit Menschen zu tun, die mögen keine Sozialpädagogen, verstehen Sie? Und Psychologen, mit denen wollen sie sowieso nichts zu tun haben. Also das Gespräch als Kommunikationsform ist eher selten in Anwendung«.
>
> Supervisor: »…weil ich habe das Gefühl, dass Sie nicht rausgekommen sind aus der Rolle, die die Mutter für sie hatte, Sie wurden als genauso kontrollierend und entwertend und sonst was erlebt und wurden von ihr dann halt genauso behandelt, ja, komm mir bloß nicht nah. Und dann könnte man überlegen, ob vielleicht-, und dann läuft es wie es läuft«.

Auch der Supervisor scheint gemerkt zu haben, wie sehr die Betreuer in der kontrollierenden Rolle verharren, die ihnen die Mutter von Lea unbewusst zuschreibt. Im Konsens war sich die Forschergruppe einig, dass an dieser ersten bedeutsamen Stelle eine Deutung gegeben wurde, die im Anschluss bereits auf erste, wenn auch noch zögerliche Resonanz im Betreuerteam stößt. Dies möglicherweise deswegen, weil man tatsächlich von der aussichtslosen Realität ein Stück weit überwältigt ist. Die Betreuer scheinen zwischen »das ist ein neuer Gedanke« und »wird es aber jemals in unserem Team realisierbar sein?« zu schwanken. Eine Raterin vertrat die Meinung, dass dieser NM einen Wendepunkt in der Sitzung darstellt und in der Folge mehr Wertschätzung für das Mädchen und Kritik an der eigenen Person geäußert wurde. Die Sitzung setzte sich mit moderaterer Einsicht, aber auch weiteren Externalisierungen fort, indem die erpresserischen Machenschaften der Eltern und wieder die fehlende Unterstützung der Leitung thematisiert wurden. Schließlich setzt der Supervisor erneut an:

> Supervisor: »Überlegen Sie doch mal! Könnte es denn sein, dass Sie sich die Lea leicht in Positionen bringen, wo Sie denken, Sie kontrollieren sie oder Sie wollen nur was Bestimmtes wieder von ihr wissen, damit nichts passiert oder? Also, dass die Lea eben leicht vermittelt, jetzt bin ich schon wieder auch kontrolliert? Und das muss ja nicht sein. Es geht ja nur immer darum, dass man Kontakt zu ihr bekommt, überhaupt ja. Aber dass sie, die Lea, das fertigbringt, dass man, dass sie sich sozusagen benimmt, kontrolliert. Und dann-. Ihr sagt, na das bringt ja auch nichts und kontrollierend will man ja nicht sein und das ist ja nicht der Sinn der Sache und dann eher keinen Kontakt zu ihr habt. Könnte das sein, ist da etwas dran?«
>
> Betreuerin: »Wenn das so wäre, dann hätten wir einen fatalen Fehler gemacht. Fatal nicht, aber total. Weil es kann natürlich sein, sie nutzt das aus und damit weichen wir ihr aus. Und das braucht sie eigentlich nicht in erzieherisch-pädagogischer Hinsicht. Wir sollten es eigentlich ihr gegenüber aushalten, das ist auch unser Job. Dass sie sich da ausagieren, dass sie also ein Gegenüber hat, dass sie damit spielen kann und dass das Gegenüber nicht so reagiert wie die Mutter. Weil es ja auch gar nicht so persönlich reagieren kann, sondern

aber doch reagiert oder es aushält. Das kann sein, dass wir uns, also ich für mich kann, dass ich mich dem entzog. Mit der guten Ausrede ›ich möchte ja nicht der verlängerte Arm der Mutter sein‹. Und damit meine Position, was ich hier eigentlich zu tun habe, vergessen habe.«

Dieser zweite Moment wurde von allen fünf Ratern als NM, bzw. von zweien sogar als MoM, identifiziert. Die Resonanz ist nun deutlich stärker und es scheint in diesem emotionalen Moment wirklich eine Veränderung bzw. Einsicht in der Gruppe angekommen zu sein. Bei einer Raterin entstehen aber auch ambivalente Gefühle, denn es ist ehrlich und traurig zugleich. Der Moderator der SNMA-Gruppe interpretiert diese Gegenübertragungsgefühle als mögliche konkordante Bahnung der hoffnungslosen Perspektive des Kindes, dass, wenn alle Erwachsenen Gescheites ansagen und Supervisoren Deutungen geben, das alleine noch lange nicht hilft. Es bleibt die Hoffnung, dass diese gewonnene wichtige Erkenntnis in Form eines professionellen Übergabeberichtes an die nächste Schutzstelle weitergegeben werden kann, vor allem um das bisherige, implizit gewordene Verhaltensschema des Mädchens zu durchbrechen und ihm die dringend benötigte Zuwendung zukommen lassen zu können. Der Moderator beendete die Sitzung mit den treffenden Worten: »Veränderung kommt nicht allein von Einsicht, aber ohne auch nicht«.

14.5 Diskussion

Change-Prozesse in der Kinder- und Jugendhilfe unterliegen einem komplexen Wirkgefüge äußerer und innerer Einflüsse. Vor allem die äußeren Rahmenbedingungen sind es, die sich in Zukunft stark wandeln und die Beschäftigten somit auf ganz besondere Art und Weise belasten und herausfordern werden. Wie wichtig dabei die innere Veränderungsfähigkeit ist, war als Ziel in dieser exemplarischen Darstellung zu zeigen. Aber nicht jede Veränderung ist positiver Natur, weswegen die Veränderungsfähigkeit an dieser Stelle ganz deutlich vom Konstrukt der Widerstandskraft abgegrenzt werden muss. Gerade diese inneren Widerstände sind es aber, die uns gerne die Sicht auf die eingespielten Gewohnheiten und Verhaltensmuster unzugänglich machen. Sie sind implizit und streben danach, es zu bleiben.

Dies zeigt der hier skizzierte Sitzungsverlauf sehr deutlich auf. Genau die in der Diagnostik identifizierten Kapazitäts- und Entscheidungsprobleme seitens des Jugendamtes und eine gefühlt mangelnde Unterstützung durch die Heimleitung bewirken in diesem Fall Empörung, Stagnation und Misslingen einer Kommunikation. Erst als es dem Team durch die Supervision gelang, auf die unterschiedlichen, zum Teil unbewussten Aspekte zu schauen und sich freizuschwimmen von den institutionellen Hemmnissen und den implizit gewordenen Verhaltensmustern, war es möglich, sich dem zuzuwenden, worum es in der KJH geht, der professionellen Betreuung einer Heimbewohnerin.

In den insgesamt sechs untersuchten Supervisionssitzungen wurden neben psychodynamischen Aspekten – wie zum Beispiel unbewusste Verstrickungen, Übertragungsprozesse, Projektionen, Spiegelungen, Identifikationen und unbewusstes Verharren in Verhaltensmustern – aber auch diverse Bewältigungsstrategien und massive Widerstände als Symptom verschiedener Ängste identifiziert, die institutionellen Change-Prozessen erfahrungsgemäß entgegenstehen und diese oftmals zum Scheitern bringen. Als sehr hilfreich im Umgang mit diesen zum Teil unbewussten Verhaltensmustern hat sich auch ein einfühlsames, verständnisvolles, ordnungs- und strukturgebendes sowie schrittweises Vorgehen der Supervisoren erwiesen. Ausreichend Containment, Perspektivwechsel auf einer Metaebene und ein offenes Ansprechen von Nöten und Sorgen wirkten unterstützend, das teilweise verlorengegangene Vertrauen wiederaufzubauen, die eigene Haltung zu überprüfen und somit, mit Blick auf die zu lösenden Probleme der Jugendlichen, die eigene und institutionelle Arbeitsfähigkeit wiederherzustellen.

Psychoanalytische Supervision als Form der psychoanalytischen Beratung (Datler, Steinhardt & Gstach, 2004) ist eine geeignete Maßnahme, mit der man diese unbewussten Verhaltens- und Beziehungsmuster bewusst machen kann. Die Bewusstmachung alleine reicht aber nicht aus. Es sind auch die bedeutsamen emotionalen Momente, die mit der Deutung möglichst einhergehen sollten und die eine nachhaltige Veränderung bewirken (Stern, 2012, S. 24).

Dies geschieht vor allem durch eine gefühlte Rekontextualisierung des impliziten Wissens in der Gegenwart. Ist vielleicht das Ausbleiben solch bedeutsamer Momente ein wichtiger Grund, weswegen so viele institutionell initiierte Change-Prozesse scheitern? Supervision ist immer auch Institutionsanalyse (Pühl & Schmidtbauer, 1993, S. 12). Deswegen sind die institutionellen Bedingungen wichtig und damit einhergehend auch die Kommunikation, die einen strukturierten Change Prozess begleitet. Nur mit einer zielgerichteten, offenen und wertschätzenden Informationskultur lassen sich Vorbehalte und somit Widerstände im Vorfeld reduzieren. Supervision, die mit der Bitte verbunden wird, möglichst schnell ein geeignetes Handwerkszeug an die Hand zu bekommen, um Probleme rasch lösen zu können, gibt es nicht. Change-Prozesse benötigen Zeit und beginnen in jedem Einzelnen. Psychoanalytische Supervision kann diese Prozesse vor allem durch zielgerichtete Interaktion und Intersubjektivität unterstützen. Es zeichnet sie dabei aus, dass sie sowohl für eine umfangreiche Diagnostik als auch für die Intervention bei institutionellen Change-Prozessen geeignet ist.

14.6 Literatur

Datler, W., Steinhardt, K. & Gstach, J. (2004). Psychoanalytisch orientierte Beratung. In F. Nestmann, F. Engel, U. Sickendieck (Hrsg.), *Das Handbuch der Beratung. Band 2: Ansätze, Methoden und Felder* (S. 613–627). Tübingen: DGVT-Verlag.

Hamburger, A. (2015). Refracted attunement, affective resonance: scenic-narrative microanalysis of entangled presence in a Holocaust survivor's testimony. *Contemporary Psychoanalysis, 51*, 239–257.AH

Hamburger, A. (2017). Supervision in der Jugendhilfe. In A. Hamburger & W. Mertens (Hrsg.), *Supervision – Konzepte und Anwendungen. Band 1: Supervision in der Praxis – ein Überblick* (S. 148–166). Stuttgart: Kohlhammer.

Hamburger, A. (2017). Scenic Narrative Microanalysis. Controlled psychoanalytic assessment of session videos or transcripts as a transparent qualitative research instrument. In D. Laub & A. Hamburger (Eds.), *Psychoanalysis and Holocaust testimony: Unwanted memories of social trauma* (pp. 166–182). London: Routledge.

Hamburger, A. & Bleimling J. (2018). Das Baby auf dem Kompost – Now Moments im Spiel einer Kinderanalyse. *Paragrana – Internationale Zeitschrift für Historische Anthropologie* 27(1), 278–294.

Kersting, M. (2018). Psychologische Diagnostik. *Changement! 3*, 8–11.

Kretschmar, T. & Hamburger, A. (2019). *Coaching und Supervision. Psychodynamische Beratung von Führungskräften.* Stuttgart: Kohlhammer.

Pluto, L., Gragert, N., van Santen, E. & Seckinger, M. (2007). *Kinder- und Jugendhilfe im Wandel. Eine empirische Strukturanalyse.* München: DJI-Verlag.

Pühl, H., Schmidtbauer, W. (Hrsg.). (1993). *Supervision und Psychoanalyse. Selbstreflexion der helfenden Berufe.* Frankfurt a. M.: Fischer.

Stern, D. N. et al. (The Boston Change Process Study Group) (2012). *Veränderungsprozesse. Ein integratives Paradigma.* Frankfurt a. M.: Brandes & Apsel.

Schäfer, F. (2010). *Kommunales Change Management: Strategien für Reformen im Öffentlichen Dienst.* Berlin: Erich Schmidt Verlag.

Schmidt, S. (2018). *Psychodynamische Aspekte von Change-Prozessen am Beispiel von Jugendhilfeeinrichtungen.* Unveröffentlichte Masterarbeit, IPU-Berlin.

Vahs, D., Weiand, A. (2010). *Workbook Change Management. Methoden und Techniken.* Stuttgart: Schäffer-Poeschel Verlag für Wirtschaft-Steuern-Recht GmbH.

15 Bions Theorie der Grundannahmen als empirischer Zugang zur Analyse von Supervisionsprozessverläufen

Beate Pauluth-Cassel

Die Gruppendynamik stellt im Erleben der Supervisanden und als Erfolgsmaß für den Supervisionsprozess einen bedeutenden Faktor dar (Hamburger, 2017). Sie kann als eine variierende und fluktuierende Interaktion zwischen den kognitiven und den emotionalen Aspekten im Gruppenleben verstanden werden. Nach Bion (2001) repräsentieren die kognitiven Aspekte – er bezeichnete sie als Arbeitsgruppe – eine Orientierung an der primären Aufgabe der Gruppe. Die emotionalen Aspekte hingegen entsprechen den von der Gruppe unbewusst gemeinsam geteilten Phantasien, den Grundannahmen. Arbeitsgruppe und Grundannahmen beschreiben ein Funktionsniveau, auf dem die Gruppe wie ein einziger Organismus operiert (Thelen, 1985) und in dem zu einem bestimmten Zeitpunkt die Grundannahmen über die Arbeitsgruppe dominieren können und umgekehrt. Aus psychodynamischer Perspektive ist ein Verständnis der Gruppe von ihren emotionalen Prozessen daher maßgeblich für eine erfolgreiche Erfüllung der primären Aufgabe. Auf der Grundlage einer systematischen und theoriegeleiten Verhaltensbeobachtung im Rahmen einer empirischen Fallstudie (Pauluth-Cassel, 2018) werden im Folgenden die Muster von Arbeitsgruppe und Grundannahmen in Teamsupervisionsprozessen dargestellt. Zunächst erfolgt ein kurzer Abriss bisheriger empirischer Ansätze zur Kleingruppen- und Supervisionsforschung.

15.1 Empirische Ansätze in der Kleingruppen- und Supervisionsforschung

Für eine empirische Untersuchung der Gruppendynamik stehen verschiedene Methoden zur Verfügung, die sich zu einem unterschiedlichen Ausmaß auf Bions Theorie der Grundannahmen beziehen. Die meisten von ihnen wurden im Hinblick auf spezifische Fragestellungen jenseits von Supervision entwickelt oder modifiziert. Die aus der in 1951 einsetzenden Forschung von Stock und Thelen (1958) hervorgegangenen Methode »Behavioral Rating Systems« (BRS) zur Erforschung der Gruppendynamik in T-Gruppen kann dabei gleichsam als »Urzelle« der Entwicklung einer systematischen Verhaltensbeobachtung auf der Basis von Bions Konzepten betrachtet werden und regte in den Folgejahren zu weiterer, darauf aufbauender Forschung an, u. a. Karterud und Foss (1989) mit dem »Group Emotional Rating System« (GERS), einer Revision des BRS zur empirischen Erforschung von Prozessverläufen in Psychotherapiegruppen, Rothwell Witter, Siharath, Badger, Negley und Piatt (2008) untersuchten mit einer ebenfalls auf dem BRS basierenden Methode die Entwicklung von Trainingsgruppen in einem pädagogischen Setting und Sjøvold (2005) mit dem »Systematizing Person-Group Relations« (SPGR) die emotionalen Aspekte der Gruppendynamik bei organisationalen Veränderungsprozessen. Alle Verfahren betonen die hohe Bedeutung von Emotionalität für eine erfolgreiche Umsetzung der primären Aufgabe.

In der Supervisionsprozessforschung bilden demgegenüber quantitativ-empirische Verfahren noch eine Ausnahme (Wittich, Dieterle, Schüpbach, & Wirsching, 2006). Mertens und Hamburger (2017) stellen mit Bezug auf Kilminster und Jolly (2000) für die Supervisionsforschung gar fest, es gäbe »… keine entwickelte quantitativ-empirische Forschungskultur« (S. 124). Nach Möller (2013) gibt es nur sehr wenige Studien, u. a. eine eigene Studie zum Instrument zur Kodierung von Diskussionen (IKD), in denen die tatsächliche Interaktion mittels teilnehmender Beobachtung oder vermittelt durch Audio- bzw. Videoaufzeichnungen untersucht wird, und plädiert für einen Forschungsansatz, der dem Prozess der sozialen Interaktion und damit der Interpersonalität Rechnung trägt (Möller, 2016). Von den erwähnten Methoden zur Untersuchung der Gruppendynamik erschien das von Karterud und Foss (1989) entwickelte GERS aufgrund seiner Reliabilität und Validität für die Erforschung von Prozessverläufen in psychodynamische Supervisionsgruppen am besten geeignet. Im Folgenden wird eine kurze Einführung in das Instrument »Rating-System für Grundannahme und Arbeitsgruppe« (RGA) gegeben und der theoretische Hintergrund des Instrumentes, der Kodierprozess sowie die Befunde aus der empirischen Fallstudie dargestellt.

15.2 Das Instrument zur Kodierung von Supervisionssitzungen

Für die Anwendung in psychodynamischen Supervisionsgruppen wurde das GERS einer Revision unterzogen. Den theoretischen Hintergrund für das Untersuchungsinstrument bildet Bions Theorie der Grundannahmen, die aus seiner klinischen Arbeit in den Jahren 1943 bis 1952 mit therapeutischen Kleingruppen hervorging (Bion, 2001) und die ein allgemeines Modell der Gruppe beschreibt. Nachfolgend wird ein kurzer Abriss über die Theorie gegeben und das Kodiersystem sowie seine Anwendung beschrieben.

15.2.1 Theoretischer Hintergrund: Bions Theorie der Grundannahmen

In seiner Arbeit mit Therapiegruppen erkannte Bion (2001) eine dynamische Beziehung zwischen der Arbeitsgruppenebene und der emotionalen Ebene und identifizierte spezifische Qualitäten von Emotionalität, die er als Grundannahmen bezeichnete. Er hatte beobachtet, dass es in der Gruppe zu gewissen Zeitpunkten zu einer unbewussten Verständigung kam, deren Ziel darin lag, individuelles Denken zu verhindern und Homogenität in der Gruppe herzustellen. Den Ursprung für diese Fähigkeit vermutete er im biogenetischen Erbe des Menschen in Form eines protomentalen Systems, das dieses gleichsam instinkthafte Verhalten in der Gruppe hervorbringt und dadurch ihr Überleben sichern soll (Miller, 1998). Neuere neurobiologische Forschungsergebnisse scheinen diese Annahme zu stützen: »Basic assumptions are ›proto‹-mental insofar as the processing is non-conscious (the person not aware of thinking thoughts), rather informing and conditioning our embodied relations with one another.« [...] It is almost as if the group is waiting for members to ›embody‹ it. That is, ›grouping‹ occurs beneath the radar of reflective cognition, in the same manner in which mirror neurons operate« (Schermer, 2013).

Im Zustand der Arbeitsgruppe ist die Gruppe bestrebt, das gemeinsame Ziel durch eine kontinuierliche Klärung der Realität innerhalb und außerhalb der Gruppe zu erreichen (Sandner, 2013). Sie ist zur Kooperation untereinander und mit dem Leiter fähig, orientiert sich an der Zeit, zielt auf Problemlösung und ist handlungsorientiert. Die emotionalen Aspekte sind demgegenüber repräsentiert durch die Grundannahmen, die die Gruppe auf der Basis unbewusster gemeinsam geteilter Phantasien ausrichten und entsprechende Wahrnehmungs- und Handlungsprioritäten sowie -tendenzen und -muster determinieren (Kinzel, 2002). Je mehr die Gruppe nach einer Grundannahme handelt, desto geringer ist ihr rationaler Gebrauch von Kommunikation (Bion, 2001).

Bion (2001) identifizierte drei Grundannahmen, denen jeweils eine spezifische Phantasie bzw. Angst zugrunde liegt.

1. Grundannahme *Kampf-Flucht:* Die Gruppe flieht vor bzw. kämpft gegen einen inneren oder äußeren Feind oder auch neue Ideen, die als Bedrohung des Status quo empfunden werden und nur Kampf oder Flucht kann das Überleben der Gruppe sicherstellen.
2. Grundannahme *Abhängigkeit:* Die Gruppe erwartet Schutz durch einen Führer. Es besteht die magische Erwartung, dass hierdurch Unsicherheit und Bedrohung für den Einzelnen und die Gruppe als Ganzes aufgehoben werden. Die Problemlösung wird an den Führer delegiert.

3. Grundannahme *Paarbildung:* In der Gruppe besteht eine positive und von Hoffnung getragene Stimmung, in der optimistische Gedanken geäußert werden, die alle in die Zukunft verweisen. Der Führer ist eine Art Messias-Hoffnung, der die Gruppe vor Destruktivität, Hass und Verzweiflung retten soll.

Arbeitsgruppe und Grundannahmen verhalten sich nicht antagonistisch zueinander, sondern stehen in einem dynamischen Verhältnis, wobei die Arbeitsgruppe zu einem gewissen Grad mit Grundannahmen durchsetzt ist. In empirischen Untersuchungen in außertherapeutischen Gruppen von Stock und Thelen (1958), Rothwell Witter et al. (2008), McLeod und Kettner-Polley (2004) wird daher auch von »work-emotionality« gesprochen. Nach Stock und Thelen (1958) drückt die Gruppe über die Grundannahmen ihre affektiven Bedürfnisse in der Erfüllung der Arbeitsaufgabe aus: »What he [Bion, d. V.] does mean is that if one makes the assumption that the group is acting as though it needs support and direction from something outside itself, then the diverse and apparently illogical and contradictory behaviors of the members of the group can be understood and will take on a certain coherence and order« (Stock & Thelen, 1958, S. 14).

15.2.2 Das RGA

Mangelnde Reliabilität hatten Karterud und Foss (1989) dazu veranlasst, die Kategorie Arbeitsgruppe fallen zu lassen. Eine erste Modifikation bestand darin, diese Kategorie erneut aufzunehmen. Für ihre Operationalisierung wurden eigene Ankerbeispiele definiert, die einen Bezug zum Thema Supervision und primäre Aufgabe erkennen lassen. Die Kodierung der Supervisionssitzungen erfolgte anhand eines Kategoriensystems durch zwei unabhängige Rater. Jedes Statement eines Supervisanden wird dabei mindestens einer Kategorie zugewiesen. Dauert ein Statement länger als eine Minute, wird es je Folgeminute neu beurteilt. Das in Abbildung 15.1 dargestellte Kategorienschema umfasst Emotionalität mit den Kategorien *Kampf-Flucht*, *Abhängigkeit*, *Paarbildung* und *gemischter Emotionalität* sowie die Kategorien *Arbeitsgruppe* und *Neutral.*

Ist mehr als eine emotionale Äußerung in einem Statement enthalten, z. B. eine Kombination aus Kampf und Abhängigkeit als Ausdruck einer ärgerlichen Anspruchshaltung (»Das hätte uns die Geschäftsführung sagen sollen, wir können das nicht entscheiden!«), wird gemischte Emotionalität zugewiesen (▶ Abb. 15.1).

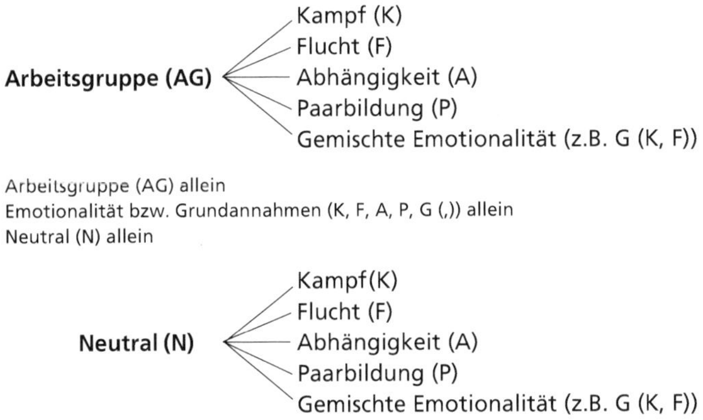

Abb. 15.1: Schema Kategorie-Kombinationen

Jede Kategorie kann allein bzw. in den Kombinationen Arbeitsgruppe und Emotionalität bzw. Neutral und Emotionalität vergeben werden. Eine Kombination von Arbeitsgruppe und Neutral ist ausgeschlossen. Die Kategorie Neutral wurde redefiniert und ist im Wesentlichen auf äußere Störungen der Gruppe begrenzt. Die Zerlegung von Kampf-Flucht in zwei Kategorien wurde aus Gründen einer klaren Abgrenzung der verhaltensbezogenen Einheiten beibehalten. Für alle Kategorien wurden Ankerbeispiele definiert.

15.2.3 Vorgehen bei der Kodierung

Zunächst erfolgte ein Training des RGA. Hierfür wurden Mastertranskripte zur Verfügung gestellt, die alle Arten von Emotionalität enthielten und als Expertenvorlage für den Anwendungskontext dienen. Das Beurteilertraining dauerte ca. 20 Stunden und umfasste eine Einführung in die Theorie, zwei Probebeobachtung und -ratings von Sitzungen sowie Diskussion der Übereinstimmung/Nichtübereinstimmung anhand der Mastertranskripte.

Mit dem RGA werden verhaltensbezogene Einheiten gemessen. Die verhaltensbezogene Einheit ist auf lautsprachliche und verbale Äußerungen in Form von Statements einer Person begrenzt. Ein Statement kann dabei ein Wort oder auch ein längerer Monolog, d. h. eine Wortfolge, einer Person sein. Es beginnt mit der Aufnahme des Statements durch eine Person und endet, wenn eine andere Person ein neues Statement beginnt. Ausgenommen hiervon sind das Nichtantworten auf eine explizite Frage und das Verlassen der Gruppe. Beide Verhaltensweisen werden als Statement bewertet und sind der Kategorie Flucht zuzuordnen. Paraverbale Äußerungen wie z. B. »hm« oder »äh« gelten als Lautfolgen und nicht als Wort. Nichtbeteiligung kann ebenfalls Ausdruck einer Grundannahme sein, z. B. als Flucht vor der Arbeitsanforderung der Supervision. Da das Ratingprinzip jedoch auf verbal ausgedrücktem und somit veröffentlichtem Verhalten basiert, werden Formen eines verdeckten emotionalen Ausdrucks nicht gewertet.

15.3 Ergebnisse der empirischen Fallstudie

Nach Vorstellung des Studiendesigns und der Stichprobe werden das methodische Vorgehen und die Ergebnisse beschrieben.

15.3.1 Design der Studie und Stichprobe

Für die Fallstudie wurden aus einem Sample von N=256 audiographierten Supervisionssitzungen des Projektes »Psychoanalytische Supervision in der stationären und ambulanten Jugendhilfe« sieben audiographierte Supervisionssitzungen aus dem Jahr 2012 verwendet. Es handelt sich um die Sitzungen eins bis sechs sowie die 13. und letzte Sitzung des Supervisionszyklus. An der Supervision nahmen fünf Teilnehmerinnen und die Supervisorin teil.

Um die Reliabilität des RGA für den Kontext Supervision zu prüfen, wurde zunächst eine Vorstudie mit Daten eines anderen als dem zu untersuchenden Team durchgeführt. Hierbei wurden über alle Kategorien hinweg Kappa-Werte von .45 bis 1.00 erreicht und daraufhin die Entscheidung zur Durchführung der Hauptstudie getroffen.

Die abhängigen Variablen sind das Verhalten der Supervisanden auf der Ebene Arbeitsgruppe, Grundannahmen und Neutral. Das Verhalten der Supervisorin wurde nicht erfasst. Unabhängige Variable ist die Supervision.

15.3.2 Interrater-Reliabilität

Für die untersuchte Stichprobe der sieben Sitzungen mit N=3232 Statements liegen je Sitzung Einschätzungen von zwei Ratern vor. Für die Arbeitsgruppe wurde ein mittlerer Kappa-Wert von .60 und für Neutral von .59 errechnet. Die Grundannahmen zeigen eine gute bis sehr gute Reliabilität, wobei Abhängigkeit den niedrigsten Wert mit .72 aufweist, Kampf bei .78 und Paarbildung bei .80 liegen. Flucht hat mit .94 die höchste Reliabilität erreicht. Die Reliabilität des RGA ausgedrückt als prozentualer Anteil der Übereinstimmung am Mittelwert aller Kodierungen ist mit .94 als sehr gut zu bewerten.

Die mittleren Kappa-Werte für Arbeitsgruppe und Neutral konnten auf eine Unklarheit in der Kodieranweisung für diese Kategorien zurückgeführt werden. In der ersten Sitzung wechselt die Gruppe nach ca. zwei Drittel der Zeit von der Fallsupervision zu Themen, die in den Bereich der Institutionsanalyse fallen. Während Rater A weiterhin Arbeitsgruppe vergab, wechselte Rater B bis zum Ende der Sitzung zu Neutral. Hieraus ergab sich die Notwendigkeit einer Präzisierung sowohl der Kategorie Arbeitsgruppe für das Spektrum Fallsupervision, Teamsupervision und Institutionsanalyse als auch für die Kategorie Neutral mit Eingrenzung auf äußere Störungen der Gruppe.

15.3.3 Interpretation und Diskussion der Ergebnisse

Die Verteilung von Arbeitsgruppe und Grundannahmen über alle Sitzungen zeigt, dass Grundannahmen überwiegend in Kombination mit Arbeitsgruppe auftreten (▶ Abb. 15.2).

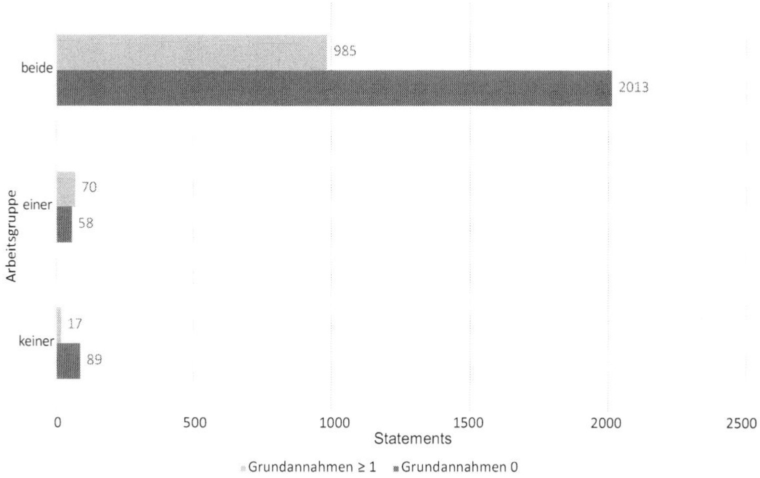

Abb. 15.2: Grundannahmen in Verbindung mit Arbeitsgruppe, N=3232; Anmerkung: Wenn beide Rater Gemischte Emotionalität vergeben, erfolgt eine Aufteilung und Zuordnung zu den einzelnen Grundannahmen. Die Bezeichnungen »beide«, »einer« und »keiner« beziehen sich auf den Grad an Beurteilerübereinstimmung.

In 3 % aller Fälle wurden weder Arbeitsgruppe noch Grundannahmen vergeben, dies entspricht der Anzahl der 89 neutralen Statements. 33.75 % der Statements, die von mindestens einem Rater als Arbeitsgruppe geratet wurden, traten in Kombination mit Grundannahmen auf und 66.25 % der Statements, die von mindestens einem Rater als Arbeitsgruppe geratet wurden, traten ohne Grundannahmen auf. Der Anteil Statements, von denen kein Rater eine Arbeitsgruppe vergab aber mindestens ein Rater eine Grundannahme, lag bei 16 %. Der Anteil Statements für Grundannahmen ohne Arbeitsgruppe oder Neutral lag unter 1 %. Das Muster einer Kombination von Grundannahmen und Arbeitsgruppe konnte über alle Sitzungen hinweg festgestellt werden und korrespondiert mit den in Kapitel 15.2 angeführten Forschungsergebnissen einer »work-emotionality« (vgl. u. a. Stock & Thelen 1958; ► Abb. 15.1).

Die Häufigkeit von Grundannahmen und Arbeitsgruppe in den einzelnen Sitzungen spiegelt sowohl die jeweilige Gruppendynamik als auch die Dynamik des in der Sitzung vorgestellten Falls wider.

Abbildung 15.3 zeigt über alle Sitzungen annährend gleich hohe Mittelwerte der Arbeitsgruppe (auf die Abweichung in Sitzung 1 wurde bereits hingewiesen). Anders die Grundannahmen, die deutlich abweichende Mittelwerte zwischen den einzelnen Sitzungen aufweisen. Die signifikanten Abweichungen der ersten Sitzung zu fast allen und der 13. Sitzung zu allen anderen Sitzungen in der Grundannahme Flucht ($p=.001$) stehen sehr wahrscheinlich im Zusammenhang mit den besonderen Bedingungen der Anfangs- und Beendigungssituation wie z. B. Erstkontakt und Abschied nehmen. Auffällig ist, dass alle Sitzungen Anzeichen einer Kampf-Flucht-Gruppe zeigen. Bis auf Sitzung 3, in der ein Teamkonflikt ausgetragen wurde, konnte regelhaft beobachtet werden, dass Kampf-Flucht im Kontext einer Falldarstellung auftrat und es ist sehr wahrscheinlich, dass dieser Effekt auf Spiegelphänomene (Rappe-Giesecke, 2009) zurückzuführen ist. In der Beziehung zwischen Supervisor und dem Fallvortragenden spiegelt sich die unbewusste Beziehung zwischen Team und Klient in Form einer Übertragungs-Gegenübertragungsbeziehung wider. Klienten in Einrichtungen der Jugendhilfe sind oftmals beziehungstraumatisiert und weisen maligne Beziehungsmuster auf, die sie auf das Team übertragen (Hamburger, 2017). Impulsivität und eine paradoxe Nähe-Distanz-Regulation stellen für das Team eine große Herausforderung in der Beziehungsgestaltung dar. Das Team ist infolgedessen oftmals sehr schwierigen Gefühlen wie Ohnmacht, Wut, Verzweiflung und Enttäuschung ausgesetzt. Indem es sich in der Fallinszenierung in der Grundannahme Kampf-Flucht zusammenschließt, kann es den eigenen Zusammenhalt stärken und zugleich diese schwierigen Gefühle abwehren.

Der Deutung und dem Zeitpunkt der Intervention durch den Supervisor kommt dabei eine hohe Bedeutung zu. Um Grundannahmen deuten zu können, müssen sie zunächst von der Gruppe als Ganzes oder stellvertretend von einem Teammitglied zum Ausdruck gebracht wer-

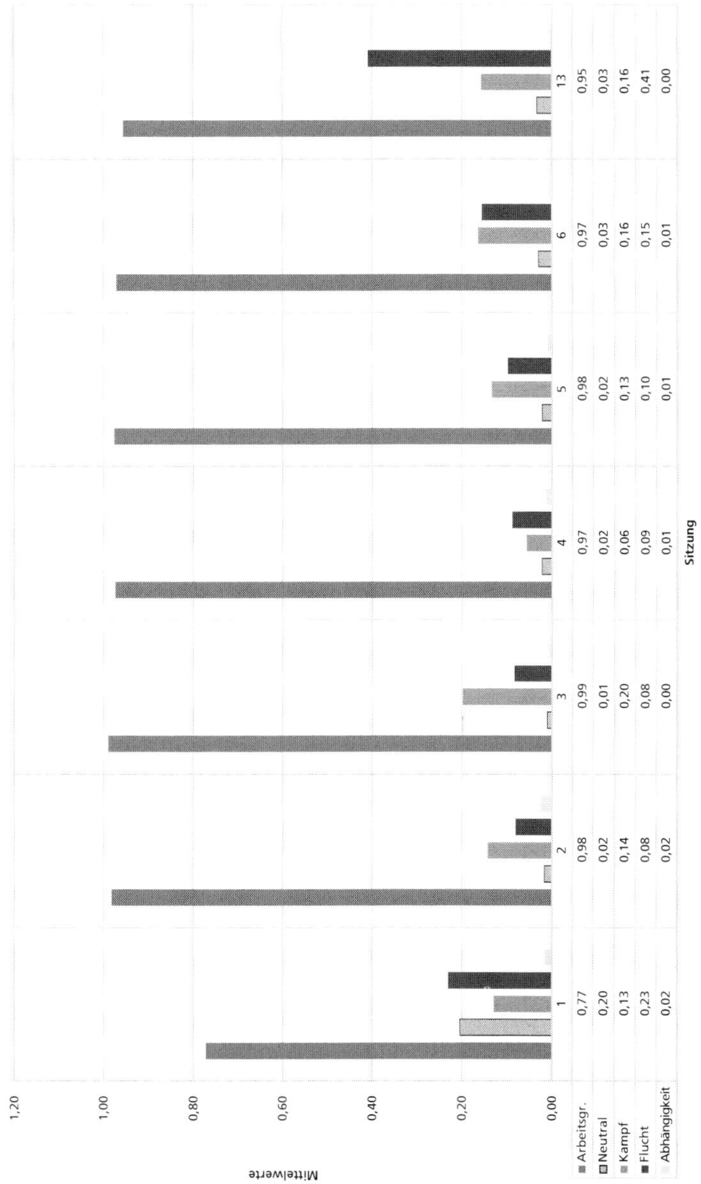

	1	2	3	4	5	6	13
Arbeitsgr.	0,77	0,98	0,99	0,97	0,98	0,97	0,95
Neutral	0,20	0,02	0,01	0,02	0,02	0,03	0,03
Kampf	0,13	0,14	0,20	0,06	0,13	0,16	0,16
Flucht	0,23	0,08	0,08	0,09	0,10	0,15	0,41
Abhängigkeit	0,02	0,02	0,00	0,01	0,01	0,01	0,00

Abb. 15.3: Mittelwerte der Kategorien für alle Sitzungen

den. Indem der Supervisor vorübergehend die regressiven Zustände durch die positive Besetzung der Gruppe als Ganzes in der Grundannahme zulässt, schafft er die Basis für eine erneute Differenzierung auf Arbeitsgruppenebene (Graf-Deserno & Deserno, 1998). Je sicherer dabei der Selbsterhalt der Gruppe als Ganzes vom Einzelnen empfunden wird, desto eher wird die Differenzierung möglich (Finger-Trescher, 1991). Das wiederholte Oszillieren zwischen Regression und Progression in der Falldiskussion fördert dabei die Strukturbildung sowohl in der Gruppe als Ganzes als auch im Einzelnen (Graf-Deserno & Deserno, 1998; Heltzel, 2009). Grundannahmen und Arbeitsgruppe sind daher gleichermaßen für die Entwicklung der Gruppe förderlich (vgl. McLeod & Kettner-Polley, 2004). Entwicklung als ein Ausdruck zunehmender psychosozialer Kompetenzen tritt dann ein, wenn das Verfahren der psychodynamischen Supervision über einen längeren Zeitraum umgesetzt wurde (Graf-Deserno & Deserno, 1998). Ob der Zeitraum von einem Jahr, wie im vorliegenden Fall, hierfür hinreichend ist, muss an dieser Stelle offenbleiben.

15.4 Fazit und Ausblick für den Einsatz des RGA im Rahmen von Supervisionsforschung

Die Ergebnisse der empirischen Fallstudie konnten darstellen, dass das RGA einer wesentlichen Forderung in der Supervisionsforschung nachkommt, indem es auf der manifesten Verhaltensebene aufzeigt, was in Supervisionen tatsächlich geschieht. Die durchgängige Kodierung ganzer Sitzungen erwies sich als eine Stärke für die Darstellung der Interaktionsmuster, da die Gruppendynamik als eine wechselnde Abfolge von Grundannahmen in Verbindung mit Arbeitsgruppe bzw. ausschließlicher Arbeitsgruppenfunktion sichtbar gemacht werden konnte. Die Visualisierung von Wendepunkten zwischen den Grundannahmen als auch im Wechsel von einer Grundannahme zur Arbeitsgruppe bietet dabei auch die Möglichkeit, spezifische Muster im kodierten Material aufzuspüren, um diese anschließend qualitativ zu untersuchen, z. B. auf supervisorische Interventionen oder Interaktionsstile im Zusammenhang mit der Ermittlung von Erfolgsmaßen oder Wirkfaktoren. Das RGA kann hierfür als Screening-Instrument genutzt werden und eröffnet so die Möglichkeit der Kombination einer quantitativ und an Verteilung orientierten mit einer qualitativ interpretativen und rekonstruierenden Auswertungsperspektive.

Eine Schwäche in der vorliegenden Arbeit war, dass Paarbildung in den beiden Probesupervisionen nicht auftrat und entsprechend auch nicht in den Mastertranskripten abgebildet werden konnte. Ein negativer Einfluss auf die Validität der Ergebnisse für diese Kategorie lässt sich daher nicht sicher ausschließen, obgleich die Kategorie in einer Sitzung der Hauptstudie reliabel vergeben wurde.

Die Validierung konnte bislang nur an einer begrenzten Anzahl psychodynamischer Supervisionssitzungen vorgenommen werden und es bedarf weiterer Längsschnittstudien, um das Instrument an einer größeren Stichprobe weiterzuentwickeln.

15.5 Literatur

Bion, W. R. (2001). *Erfahrungen in Gruppen und andere Schriften* (3., um ein Vorw. erw. Auflage). Stuttgart: Klett-Cotta.

Finger-Trescher, U. (1991). *Wirkfaktoren der Einzel- und Gruppenanalyse*. Stuttgart-Bad Cannstatt: Frommann-Holzboog.

Graf-Deserno, S. & Deserno, H. (1998). *Entwicklungschancen in der Institution. Psychoanalytische Teamsupervision*. Frankfurt a. M.: Fischer Taschenbuch.

Hamburger, A. (2017). Supervision in der Jugendhilfe. In A. Hamburger & W. Mertens (Hrsg.), *Supervision in der Praxis – ein Überblick* (S. 148–166). Stuttgart: Kohlhammer.

Heltzel, R. (2009). Supervision und Beratung in der Psychiatrie. In H. Pühl (Hrsg.), *Handbuch Supervision und Organisationsentwicklung* (S. 353–370). Wiesbaden: Verlag für Sozialwissenschaft.

Karterud, S. W. & Foss, T. (1989). The Group Emotionality System. A Modification of Thelen's Method of Assesing Emotionality in Groups. *Small Group Behavior, 20*.

Kilminster, S. M., & Jolly, B. C. (2000). Effective supervision in clinical practice settings: a literature review. *Medical education*, 34(10), 827–840.

Kinzel, C. (2002). *Arbeit und Psyche. Konzepte und Perspektiven einer psychodynamischen Organisationspsychologie*. Stuttgart: Kohlhammer.

McLeod, P. L. & Kettner-Polley, R. B. (2004). Contributions of psychodynamic theories to unterstanding small groups. *Small Group Research, 35*(3), 333–361.

Mertens, W., & Hamburger, A. (2017). Supervision in der Ausbildung. In W. Mertens & A. Hamburger (Eds.), *Supervision – Konzepte und Anwendungen* (S. 124–138). Stuttgart: Kohlhammer.

Miller, E. (1998). A Note on the Protomental System and »Groupishness«: Bion's Basic Assumptions Revisited. *Human relations, 51*(12), 1495–1508.

Möller, H. (2013). Standardisierte Verhaltensbeobachtung als Forschungszugang zu Gruppen- und Teamsupervision mit Hilfe des IKD. In B. Hausinger & S. Busse (Hrsg.), *Supervisions- und Coachingprozesse erforschen. Theoretische und methodische Zugänge* (Vol. 7, S. 152–179). Göttingen: Vandenhoeck Ruprecht.

Möller, H. (2016). Supervision- und Coaching Kompetenz-Forschung. *Psychotherapie Forum, 21*(3), 74–81.

Pauluth-Cassel, B. (2018). *Bions Theorie der Grundannahmen als Analysetool für Prozessverläufe in psychodynamischen Supervisionsgruppen. Eine empirische Fallstudie.* (M.A. Master), Internationale Psychoanalytische Universität Berlin, unveröffentlicht.

Rappe-Giesecke, K. (2009). *Supervision für Gruppen und Teams. Mit 16 Tabellen* (4., aktualisierte Auflage). Heidelberg: Springer.

Rothwell Witter, E., Siharath, K., Badger, H., Negley, S. & Piatt, J. (2008). The emotional dynamics of a group during a challange course experience. *Journal of Adventure Education and Outdoor Learning, 8*(2), 1–19.

Sandner, D. (2013). *Die Gruppe und das Unbewusste*. Berlin: Springer VS.

Schermer, V. L. (2013). Mirror neurons: their implications for group psychotherapy. In S. P. Gantt & B. Badenoch (Eds.), *The interpersonal Neurobiology of Group Psychotherapy and Group Process* (S. 25–50). London: Karnac Books.

Sjøvold, E. (2005). Bion's Theory on Group Emotionality. In A. P. Hare (Ed.), Analysis of social interaction systems. SYMLOG research and applications (pp. 35–56). Dallas [u. a.]: University Press of America. Retrieved from http://www.gbv.de/dms/hbz/toc/ht014547517.pdf.

Stock, D. & Thelen, H. A. (1958). *Emotional dynamics and group culture: Experimental studies of individual and group behavior.* Washington, DC, US; New York, NY, US: National Education Association New York University Press.

Thelen, H. A. (1985). Research with Bion's Concepts. In M. Pines (Ed.), *Bion and group psychotherapy* (pp. 114–138). London: Routledge & Kegan Paul.

Wittich, A., Dieterle, W. E., Schüpbach, H. & Wirsching, M. (2006). Teamsupervision in der Krankenpflege – Erwartungen, Effekte und Nutzen. *Psychotherapie, Psychosomatik, Medizinische Psychologie, 56*(11), 450–456.

Stichwortverzeichnis

F

G

H

I

J

K

L

M

N

O

P

Q

R

S

T

U

V

W

Z